독자의 1초를
아껴주는 정성을
만나보세요!

세상이 아무리 바쁘게 돌아가더라도 책까지 아무렇게나 빨리 만들 수는 없습니다.

인스턴트 식품 같은 책보다 오래 익힌 술이나 장맛이 밴 책을 만들고 싶습니다.

땀 흘리며 일하는 당신을 위해 한 권 한 권 마음을 다해 만들겠습니다.

마지막 페이지에서 만날 새로운 당신을 위해 더 나은 길을 준비하겠습니다.

길벗IT 도서 열람 서비스

도서 일부 또는 전체 콘텐츠를 확인하고 읽어볼 수 있습니다.
길벗만의 차별화된 독자 서비스를 만나보세요.

더북(TheBook) ▶ https://thebook.io

더북은 (주)도서출판 길벗에서 제공하는 IT 도서 열람 서비스입니다.

한 걸음 앞선 개발자가
지금 꼭 알아야 할 클로드 코드
Mastering Claude Code

초판 발행 • 2025년 9월 12일
초판 2쇄 발행 • 2025년 9월 22일

지은이 • 조훈, 정찬훈
발행인 • 이종원
발행처 • (주)도서출판 길벗
출판사 등록일 • 1990년 12월 24일
주소 • 서울시 마포구 월드컵로 10길 56(서교동)
대표 전화 • 02)332-0931 | **팩스** • 02)323-0586
홈페이지 • www.gilbut.co.kr | **이메일** • gilbut@gilbut.co.kr

기획 및 책임편집 • 안윤경(yk78@gilbut.co.kr) | **디자인** • 박상희 | **제작** • 이준호, 손일순, 이진혁
마케팅 • 임태호, 전선하, 박민영, 서현정, 박성용 | **유통혁신** • 한준희 | **영업관리** • 김명자 | **독자지원** • 윤정아

교정교열 • 안윤경 | **전산편집** • 박진희 | **CTP 출력 및 인쇄** • 정민문화사 | **제본** • 정민문화사

▶ 이 책은 저작권법의 보호를 받는 저작물로 이 책에 실린 모든 내용, 디자인, 이미지, 편집 구성은 허락 없이 복제하거나 다른 매체에 옮겨 실을 수 없습니다.
▶ 인공지능(AI) 기술 또는 시스템을 훈련하기 위해 이 책의 전체 내용은 물론 일부 문장도 사용하는 것을 금지합니다.
▶ 잘못 만든 책은 구입한 서점에서 바꿔 드립니다.

ⓒ조훈, 정찬훈, 2025

ISBN 979-11-407-1572-5 93000
(길벗 도서번호 080484)

정가 26,000원

독자의 1초를 아껴주는 정성 길벗출판사

(주)도서출판 길벗 | IT교육서, IT단행본, 경제경영, 교양, 성인어학, 자녀교육, 취미실용 www.gilbut.co.kr
길벗스쿨 | 국어학습, 수학학습, 어린이교양, 주니어 어학학습, 학습단행본 www.gilbutschool.co.kr

페이스북 • www.facebook.com/gbitbook
예제소스 • https://github.com/sysnet4admin/_Book_Claude-Code

추천사

AI는 더 이상 특정 전문가만의 전유물이 아닙니다. 특히 클로드 코드 같은 인공지능 코딩 에이전트는 개발의 문턱을 낮춰, 전문적인 코딩 능력 없이도 아이디어를 빠르게 구현할 수 있는 기회를 제공합니다. 이 책은 단순한 개념 소개에 그치지 않고, 4주 동안 따라 할 수 있는 실습 과정을 통해 독자가 직접 클로드 코드를 경험하도록 안내합니다. 반복적이고 번거로운 작업이 자동화되고, 복잡하게만 보였던 개발 과정이 한층 단순해지면서, 누구나 AI와 함께 새로운 프로젝트를 시작할 수 있다는 자신감을 얻게 될 것입니다. 결국 중요한 것은 기술 그 자체가 아니라, AI를 어떻게 받아들이고 자신의 도구로 삼느냐에 달려 있습니다. 새로운 가능성을 탐구하고 앞서가는 한 걸음을 내딛고자 한다면, 이 책이 가장 든든한 동반자가 되어줄 것입니다.

박찬성_한국전자통신연구원, 선임연구원

개발 환경은 빠르게 변하고 있으며, 새로운 도구를 얼마나 익숙하게 다루느냐가 곧 경쟁력입니다. 이 책은 클로드 코드를 이용한 작은 실습을 이어 나가며 생산성 향상을 자연스럽게 체감할 수 있도록 안내합니다. 단순한 기능 습득이 아니라 사고의 습관을 바꾸고 문제 해결 방식을 확장하는 기회를 제공하므로, 실무에서 AI와 함께하는 감각을 키워줄 것이라 확신합니다.

남경균_신한은행, 엔터프라이즈 아키텍트

지난 10년간 소프트웨어 엔지니어로 일하면서 느낀 어떤 변화보다도 큰 파도가 지금 다가오고 있습니다. AI를 활용한 개발 방식이 현장을 어떻게 바꾸는지 매일 체감하지만, 동시에 이 거대한 흐름에 첫발을 내딛는 것을 어려워하는 분들도 많아 늘 아쉬웠습니다. 그래서 이 책을 만났을 때, 그 아쉬움을 달래 줄 든든한 동반자를 발견한 듯 반가웠습니다.

이 책은 단순히 클로드 코드의 사용법이나 예제 코드에 그치지 않습니다. 실제 현장과 가까운 환경에서 프로젝트를 분석하고 개발하며, AI 도구로 확장하는 과정을 함께 체험하게 해줍니다. 4주간의 여정을 안내할 훌륭한 여행 가이드가 되어줄 것이며, 책을 마친 뒤에는 AI와 함께 개발을 주도하고 성장하는 자신을 발견하게 될 것입니다. 저는 이 책을 만나 먼저 그 길을 걸어가기 시작했습니다. 이제 여러분도 한 걸음 앞서, 더 빠르게 성장하는 길에 함께 하시면 좋겠습니다.

심근우_LG유플러스 CTO UCubeDAX 팀장

지은이 소개

조훈

메가존에서 쿠버네티스와 컨테이너 인프라에 관해 Tech Evangelist, CoE(Center of Excellence) 역할을 담당하고 있습니다. 주요 역할은 회사의 SaaS 제품에서 사용하는 쿠버네티스 환경을 현대화하고 비용을 최적화하는 것이며, 외부 고객을 위해 Tech Advisory와 Container Architecture Design 등을 지원합니다.

클라우드 네이티브 컴퓨팅 재단(CNCF)의 글로벌 앰버서더로, 클라우드 네이티브 기술, 나아가 인공지능 네이티브 기술이 널리 전파되는 데도 기여하고 있습니다. 그 외에 'IT 인프라 엔지니어 그룹'의 운영진을 맡고 있으며, 오픈소스 컨트리뷰터로도 활동합니다. 평소에 지식을 공유하는 것을 좋아하여 인프런/유데미에서 앤서블 및 쿠버네티스에 관한 강의를 하고 있고, 지식은 문서로 남겨야 진정한 의미가 부여된다고 생각하여 〈컨테이너 인프라 환경 구축을 위한 쿠버네티스/도커〉, 〈우아하게 앤서블〉, 〈시스템/네트워크 관리자를 위한 파이썬 실무 프로그래밍〉을 집필하였으며, 요즘IT와 같은 온라인 플랫폼 등에 종종 글을 기고합니다.

- 링크드인: https://www.linkedin.com/in/hoonjc/
- 깃허브: https://github.com/sysnet4admin/
- 유튜브: https://www.youtube.com/@HoonJo
- 인프런: https://www.inflearn.com/users/@kubernetes

정찬훈

2012년부터 소프트웨어 엔지니어로 활동해 왔습니다. 삼성SDS에서 임베디드 환경의 DRM 개발을 시작으로, 이후 컨테이너 기반 SW 아키텍처를 연구했습니다. 네이버 검색에서 통합 검색 서비스를 위한 플랫폼을 개발/운영하며 대규모 분산 시스템과 검색 인프라를 다뤘고, 현재는 센드버드에서 글로벌 스케일의 클라우드 플랫폼과 SRE 업무를 맡아 서비스 인프라를 설계하고 운영하고 있습니다. 시스템 성능 개선과 가시성 확보에 관심이 많으며, 이를 바탕으로 〈BPF를 활용한 리눅스 시스템 트레이싱〉을 집필했습니다.

최근에는 에이전틱 코딩을 이용한 소프트웨어 엔지니어링(SWE)의 가능성을 살펴보고 있습니다. 그동안 Docker, Istio/Envoy eBPF, Pyroscope 등 여러 오픈소스 프로젝트에 기여해 왔고, 터미널 기반 SWE 환경을 꾸미는 일과 키보드 커스터마이징 등에 소소하게 시간을 쓰고 있습니다.

지은이의 말

잠시 유행하고 사라지는 많은 기술처럼, 인공지능도 일시적인 유행에 그칠 것이라 생각했던 때가 있었습니다. 그러나 지금은 상황이 완전히 달라졌습니다. 인공지능은 이미 우리가 사용하는 다양한 개발 관리 도구에 통합되었고, 이제는 그 이상으로 국가 단위의 경쟁으로까지 치닫고 있습니다. 이러한 흐름은 앞으로도 상당히 오랜 기간 지속될 것으로 보입니다.

이러한 상황에서도 개발자/엔지니어의 실제 작업 환경은 의외로 인공지능과의 직접적인 통합이 이루어지지 않고 있었습니다. 그러던 중 2025년 초, 앤트로픽에서 내놓은 획기적인 인공지능 에이전트 '클로드 코드'의 등장으로 비로소 개발자/엔지니어의 작업 환경이 인공지능과 직접적으로 통합되었습니다. 이는 기존의 작업 방식을 완전히 바꾸는 중요한 계기가 될 것입니다.

지금까지 사용되었던 ChatGPT나 커서 AI는 보조적인 역할에 머물러 있었습니다. 하지만 클로드 코드는 터미널이라는 작업 도구에 직접 통합됨으로써, 단순한 보조자가 아니라 주도적인 역할을 담당하는 인공지능 에이전트로 활용할 수 있는 길을 열었습니다. 이 책은 나의 작업 환경과 인공지능 에이전트의 결합이 얼마나 놀라운 변화를 가져올 수 있는지를 독자 여러분에게 분명히 보여줄 것입니다.

사실 취업 준비생이나 주니어 개발자의 일자리는 인공지능의 흐름 속에서 위협을 받는 것이 현실입니다. 그러나 동시에 새로운 시장이 열릴 것이고, 이러한 새로운 시장에서는 더 빠르게 적응하고, 새롭게 등장한 도구를 잘 활용할 수 있는 사람이 필요해질 것입니다. 따라서 이러한 시장에서 소외되지 않고 기회를 잡기 위해서는 지금까지의 배움과 경험만으로는 충분하지 않습니다. 새로운 도구와 방식을 익히고 이를 반영한 이력서와 포트폴리오를 준비해야 합니다. 기존의 개발자/엔지니어 역시 마찬가지로, 일하는 방식을 바꾸고 새로운 접근과 사고를 받아들일 필요가 있습니다. 이러한 변화를 적극적으로 수용할 때, 책 제목처럼 '한 걸음 앞선' 개발자/엔지니어가 될 수 있습니다. 그렇게 한다면 원하는 직군에 도전하거나 새로운 구직 기회를 얻고, 나아가 승진의 기회까지 반드시 잡을 수 있을 것이라 믿습니다.

이 책이 나오기까지 많은 도움을 주신 길벗출판사의 안윤경 팀장님, 그리고 저희 프로젝트 팀인 심근우, 문성주, 이성민 님께 진심 어린 고마움을 전합니다. 또한 공저자인 정찬훈 님이 아니었다면 이처럼 깊이 있는 책은 꿈조차 꾸지 못했을 것입니다. 다시 한 번 감사의 마음을 전합니다. 그리고 사랑하는 어머니 문현자 여사님께도 감사 인사를 올리고 싶습니다.

마지막으로 이 책을 선택하고 학습을 시작하신 모든 분께 진심으로 감사드립니다. 지금 인공지능 시장은 마치 모든 것을 새롭게 리셋하는 상황과 같습니다. 그러니 누구보다 빠르게 도전하고 시작하시기를 바랍니다. 이 책이 여러분에게 그 첫걸음을 내딛는 든든한 계기가 되기를 진심으로 바랍니다. 감사합니다.

조훈

클로드 코드가 지난 5월 공개되었을 때, 사실 처음에는 큰 기대를 하지 않았습니다. 그러다 6월부터 조금씩 사용해 보기 시작했는데, 그전까지는 vim-ai, avante.nvim 같은 터미널 중심의 도구들을 통해 AI를 활용해 왔습니다. 물론 도움이 되긴 했지만 어디까지나 '보조'의 역할에 머무는 느낌이었고, 자율주행이라기보다 스마트 크루즈에 가까웠습니다.

하지만 클로드 코드는 달랐습니다. 약간의 요령이 필요하긴 했지만, 마치 한 명의 유능한 동료가 곁에 생긴 듯한 감각을 주었습니다. 짧은 시간 안에 다양한 과제를 해결해 낼 수 있었고, 쌓여만 가던 백로그가 줄어들면서 제 자신이 확장되는 듯한 경험을 하게 되었습니다. 솔직히 이제는 예전 방식으로 돌아가기 어렵겠다는 생각이 듭니다.

제 경력 속에서 강한 인상을 남긴 기술들이 있습니다. 도커, 쿠버네티스, eBPF 같은 것들이었는데, 클로드 코드를 처음 경험했을 때도 그와 비슷한 충격을 받았습니다. 물론 출시된 지 얼마 되지 않았고, 변화의 속도도 매우 빠르기 때문에 이 책이 독자 여러분들이 필요로 하는 내용을 충분히 담았는지 걱정이 되는 것도 사실입니다. 부족한 부분은 앞으로 다양한 채널을 통해 함께 채워 나갈 수 있기를 바랍니다.

별다른 생각 없이 클로드 코드를 사용해 보고 흥분을 감추지 못하던 저를 이 책의 집필로 이끌어준 공저자인 조훈 님과 길벗출판사에 감사드립니다. 무엇보다도 이 책을 선택해주신 독자 여러분께 고개 숙여 감사의 마음을 전합니다. 저 역시 새로운 길을 계속 찾아 나서는 소프트웨어 엔지니어(SWE)로서, 이 책이 여러분이 변화의 흐름 속에서 작은 단서를 발견하고 기회를 잡는 데 도움이 되기를 진심으로 바랍니다.

정찬훈

들어가며

인공지능이란 무엇인가요?

2022년 11월 ChatGPT가 등장하기 전까지, 인공지능은 일반인뿐만 아니라 개발자/엔지니어에게도 신기루처럼 느껴지거나 연구실에서만 다루어지는 단어에 불과했습니다. 그러나 2025년 현재, 인공지능을 활용한 다양한 서비스가 거의 모든 산업군에 도입되었거나 도입을 앞두고 있습니다.

그중 개발자/엔지니어는 주로 ChatGPT처럼 서비스 형태로 제공되는 인공지능이나 커서 AI처럼 개발 도구로 만들어진 인공지능을 사용해 왔습니다. 이 역시 매우 유용하며, 활용 방식에 따라 높은 생산성을 만들어 낼 수 있습니다. 하지만 이러한 서비스들은 개발자와 엔지니어의 실제 작업 환경에 직접 접근하지는 못했습니다. 적어도 **클로드 코드(Claude Code)**가 등장하기 전까지는 말이죠.

클로드 코드는 2025년 2월에 연구용 미리보기(Research Preview)로 발표되었으며, 대중에게는 2025년 5월에 공개되었습니다. 클로드 코드는 지금까지와 다르게 특정 도구 내에서 머무는 것이 아니라 현재의 데스크탑/랩탑이 접근할 수 있는 모든 정보에 접근하고 수집한 후에 수행하기 때문에 지금까지와는 차원이 다른 사용성을 보여줍니다. 특히 터미널을 기반으로 실행되는 인공지능 에이전트 도구이기 때문에 개발자/엔지니어에게는 더할 나위 없는 최고의 도구 중 하나입니다.

'인공지능'을 이용하면 환각(Hallucination) 때문에 코드에 문제가 생길 수 있다거나, 도구에 의존하면 안 되니 인공지능을 제한적으로 사용하려는 분들도 있을 것 같습니다. 하지만 단언하건대 인공지능 도구를 얼마만큼 잘 사용하는가로 여러분의 생산성 그리고 능력의 성장폭은 완전히 달라지게 될 것입니다. 저 또한 인공지능에 대해서 부정적이었던 사람으로서 '세종대왕 맥북프로 던짐 사건'과 같은 것을 보며, 기업 환경에서는 쓰기 어렵겠구나라는 생각을 했습니다. 그래서 초창기에는 메타버스와 같이 시장성을 찾지 못하고 표류하다가 사라지거나, 블록체인처럼 일부 시장에서만 제한적으로 사용될 것으로 예상했습니다.

하지만 현재의 인공지능은 이미 다양한 분야로 퍼지고 있고, 특히 클라우드의 인공지능을 서비스는 이미 '환멸의 골짜기(Trough of Disillusionment)'를 넘어 그 다음 단계인 '깨달음의 경사(Slope of Enlightenment)'로 도달한 상태입니다.

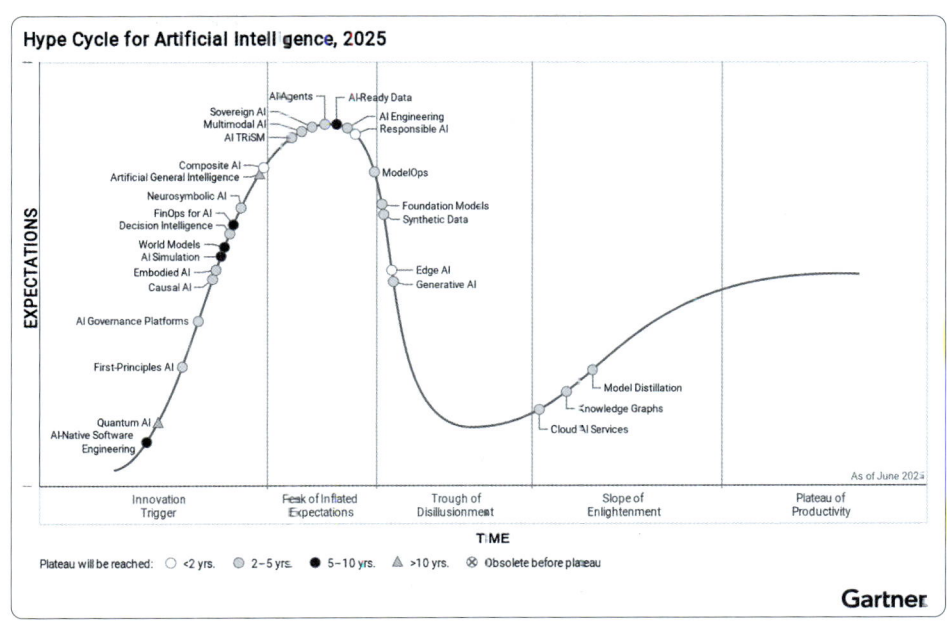

출처: https://www.pasqal.com/resources/new-gartner-hype-cycle-for-ai-report-2025/

사실 이러한 공식적인 근거를 대지 않아도 개발자/엔지니어로서 어렵지 않은 간단한 작업간으로 그동안 복잡했던 과정이 한 번에 해결될 때 우리는 그것을 선택하고 사용해 왔습니다.

예를 들어볼까요? 깃(Git)이 없던 시절에 대규모 협업은 어땠을까요? 도커(Docker)가 없던 시절에 애플리케이션의 배포와 동작은 어떻게 이루어졌을까요? 쿠버네티스(Kubernetes)와 같은 도구를 빼고 컨테이너들을 개별로 관리한다면 어떨까요?

지금까지 우리는 이러한 도구들을 활용해 높은 생산성과 안정성을 확보하며 비용 절감을 이루어 왔습니다. 그렇다면 이제 과연 다시 과거로 돌아갈 수 있을까요? 기술은 언제나 더 높은 생산성을 추구해 왔고, 그 결과 비용 최적화라는 성과를 만들어 왔습니다.

현재 보고 계시는 인공지능이 그러하고, 이제는 단순히 흥미를 넘어 개발자/엔지니어의 주요 생산성 도구가 되었습니다. 특히 클로드 코드와 같은 인공지능 에이전트는 인공지능 코딩 도구를 넘어 개인 비서 수준의 도움을 줄 수 있습니다.

지금 사용 중인 랩탑/데스크탑에는 이미 다양한 종류의 인증 정보가 담겨 있습니다.

```
$ ls -d .[^.]*
~/.aws/credentials
~/.git-credential
~/.docker/config.json
...
```

터미널 환경은 이미 이러한 정보에 모두 접근할 수 있으며, 그렇기 때문에 필요한 모든 작업을 자동화할 수 있습니다. **핵심은 현재 나의 작업 환경에 접근해 이를 이해한 뒤 작업을 수행할 수 있다는 것이고, 이 과정에서 터미널 명령어를 몰라도 '자연어'로 요청할 수 있다는 사실입니다.**

바로 이 두 가지 특장점 덕분에 생산성을 극대화할 수 있습니다.

클로드 코드 진행 단계

단계	설명
❶ 자연어 입력	"빌드가 실패하는 원인을 추측해서 수정해줘" 등 요청 입력
❷ 문맥 + 의도 분석	이전 코드, 대화, 파일 구조 기반으로 파악
❸ 코드 생성	함수, 테스트, 쿼리 등 정확한 코드 작성
❹ 실행 또는 적용	CLI 실행, 코드 삽입, 테스트 수행 등
❺ 결과 확인 및 반복	결과 분석 후 필요 시 자동 수정 또는 사용자 피드백을 받아 재작업

언젠가 써야 한다면, 가야 하는 길이라면 누구보다 먼저 가고 그곳을 선점하는 것이 좋습니다. 특히 클로드 코드와 같은 도구는 많이 써보고 사용 자체에 익숙해져서 본인만의 방향성에 적합하게 사용하는 것이 중요합니다. 그렇게 하기 위해 4주간, 하루에 1시간 이내로 학습을 진행하도록 구성하였습니다.

이 책의 구성

각 주차에 진행되는 내용을 간략히 설명하면 다음과 같습니다.

- 1주차: 클로드 코드를 설치하고 익숙해지는 시간
- 2주차: 클로드 코드의 활용성을 높이기 위한 주요 기능을 실습을 통해 배우기
- 3주차: 클로드 코드를 사용해 5일간 프로젝트 진행
- 4주차: 클로드 코드를 더 잘 쓰기 위해 다양한 기능 사용해 보기

또한, 터미널 화면과 클로드 코드 입력 화면을 스타일로 구분했습니다.

터미널에서 진행되는 내용은 다음처럼 표기합니다.

```
# Download and install rvm:
$ curl -o- https://raw.githubusercontent.com/nvm-sh/nvm/v0.40.3/install.sh | bash

# in lieu of restarting the shell
$ \. "$HOME/.nvm/nvm.sh"

# Download and install Node.js:
```

클로드 코드에서 진행되는 내용은 다음처럼 표기합니다.

```
> /help

  Claude Code v1.0.83

  Always review Claude's responses, especially when running code. Claude has read
  access to files in the current directory and can run
```

예제 소스

이 책에서 사용하는 각 주차별 예제 파일 또는 실행의 결과물은 다음 깃허브에서 내려받을 수 있습니다.

- https://github.com/sysnet4admin/_Book_Claude-Code

그 외 주차별로 내용을 진행할 때 필요한 다양한 실습 환경 구성 문서도 해당 저장소에서 pdf로 제공할 예정입니다(순차적 완료).

151쪽	devcontainer 설명 및 실습	https://gilbut.co/c/25094344mr	
198쪽	깃허브 MCP 서버 추가하기	https://gilbut.co/c/25097213tC	
199쪽	Context7 MCP 설명 및 실습		
236쪽	Playwright 설명 및 실습 (w/ MCP)	https://gilbut.co/c/25093264Rp	
329쪽	npx/uvx 설명과 나아가 AI 시대의 보다 높은 보안 요구 사항	https://gilbut.co/c/25094941sH	
352쪽	Claude Squad 설명 및 실습	https://gilbut.co/c/25095254lv	
353쪽	Claude Swarm 설명 및 실습		

눈에 보이면 신경을 쓰게 되고 신경을 쓰게 되면 한 번이라도 더 실행해 볼 가능성이 높아집니다. 약 한 달간 이 책을 책상 위 또는 잘 보이는 곳에 두고 하루에 1번씩 클로드 코드를 실행하고 학습을 진행해 보신다면 1달 후에 생각하는 방법, 일하는 방법이 완전히 달라진 나를 발견하고 앞서가는 개발자/엔지니어가 될 것이라고 자신합니다.

자주 사용하고 익숙해지고 그걸 통해서 생산성을 높이는 길이 인공지능 시대에 꼭 필요한 능력 중 하나입니다. 친구로서 동료로서 인공지능을 받아들이고 지금 바로 시작하세요.

목차

1주차 클로드 코드 시작하기 019

월 클로드 코드 설치하기 021
1. 클로드 코드 설치 021
2. 클로드 코드 실행 032

화 클로드 코드에서 제공하는 내장 명령어 038
1. 기본 기능 및 대화 제어 038
2. 모델 설정 및 계정 관리 040
3. 파일 및 프로젝트 관리 041
4. 시스템 점검 및 요금 통계 042
5. 보기 및 입출력 설정 043
6. 코드 리뷰 및 분석 043
7. 편의성 044
8. 기능 확장 045
9. 기타 046

수 인공지능으로 내 컴퓨터에만 있는 정보 분석하기 048
1. 내가 사용하는 데스크탑/랩탑의 정보를 알아내기 049
2. 로컬 파일들의 정보를 읽고 계산하기 053

목 넘겨받은 디렉터리 분석 및 조치 056
1. 디렉터리 분석 056
2. 학습 계획 수립 061

금 고양이 웹 페이지를 만들고 공개하기 068
1. 고양이가 나오는 웹 페이지 생성 068
2. 만든 웹 페이지를 인터넷에 올리고 확인하기 077

주말 읽을거리 클로드 코드 vs 제미나이 CLI 092

2주차 클로드 코드 설정하기 097

월 CLAUDE.md 098
1. CLAUDE.md 099
2. /init 명령어로 시작하기 101
3. 실제 프로젝트로 실습하기 103
4. CLAUDE.md 커스터마이징 107
5. CLAUDE.md 활용 전략 114
6. 문제 해결 및 팁 116

화 프롬프트 잘 작성하기 118
1. 프롬프트 엔지니어링 기초 119
2. 컨텍스트 최적화 전략 121
3. 특수 문자 숏컷으로 프롬프트의 편의성 극대화 129
4. 계층적 질문 전략 135
5. 실전 프롬프트 템플릿 136
6. 실습: 프로젝트 기획 138
7. 고급 프롬프트 기법 140
8. 문제 해결 및 팁 142

수 클로드 실행 모드 마스터하기 144
1. 클로드 코드의 실행 모드 개요 145
2. 인터랙티브 모드(대화형 모드) 146
3. 프린트 모드(비대화형 모드) 148
4. YOLO 모드(권한 스킵 옵션) 150
5. 인터랙티브 모드의 특수 키 기능 156
6. 모드별 상세 설명 158
7. 모드별 사용 시나리오 161
8. 문제 해결 및 팁 163

목 클로드 코드의 내장 도구와 터미널 확장   164

1. 클로드 코드의 내장 도구 이해하기   165
2. 파일 시스템 도구   165
3. 시스템 실행 도구   167
4. 웹 리소스 도구   169
5. 작업 관리 도구   170
6. 내장 도구 조합 패턴   171
7. 터미널 도구 활용   173
8. 도구 활용 베스트 프랙티스   178

금 MCP 연동   180

1. 프롬프트 엔지니어링에서 컨텍스트 엔지니어링으로   181
2. MCP 이해하기   182
3. MCP vs 프롬프트 엔지니어링 비교   184
4. MCP 연결 방식 이해하기   186
5. 실습: PostgreSQL 데이터베이스와 MCP 연동해 보기   188
6. 실습: 깃허브 API와 연동해 보기   190
7. 고급 활용 패턴   193
8. 실전 활용 예시   193
9. MCP 서버 구성하기   194

주말 읽을거리 클로드 코드와 개발자 생산성   201

1. 클로드 코드의 생산성 최적화 전략   201
2. 멘탈 모델과 인지 공학적 접근   202
3. 미래의 소프트웨어 엔지니어링   203
4. 측정 가능한 생산성 지표   205
5. 참고 자료와 커뮤니티   206

3주차 클라우드 워크플로 전략 207

월 프로젝트 설계 208

1. 프로젝트 아키텍처 설계 209
2. 프로젝트 구조 설계 213
3. WBS 작성 216
4. 리스크 분석과 대응 계획 218
5. 프로젝트 문서 템플릿 생성 220
6. 레시피 공유 서비스 설계 222
7. 문제 해결 228

화 부트스트래핑: 프로젝트 초기 구성 자동화 229

1. 프로젝트 템플릿 생성 229
2. 의존성 관리 230
4. 컨테이너 환경 구성 233
5. 테스트 환경 부트스트래핑 236
6. 부트스트래핑 238
7. 문제 해결 240
8. 체크리스트 241

수 테스트: 클로드 코드와 함께하는 TDD 242

1. 단위 테스트 242
2. TDD 워크플로 246
3. 통합 테스트(Integration Testing) 250
4. E2E 테스트(End-to-End Testing) 253
5. 테스트 자동화와 CI/CD 256
6. 테스트 모니터링과 리포팅 259

목 개선: 코드 리뷰, 리팩토링, 성능 최적화 260

    1. 코드 리뷰 자동화 260
    2. 리팩토링 전략 265
    3. 성능 최적화 268
    4. 코드 품질 메트릭 272
    5. 기술 부채 관리 272
    6. 레거시 코드 개선 273

금 명세 작성 및 문서화: 살아 있는 문서 만들기 276

    1. API 문서 자동 생성 276
    2. 사용자 가이드 작성 282
    3. 기술 문서 구조화 283
    4. 코드와 문서 동기화 288
    5. 배포 및 운영 문서 291

주말 읽을거리 AI에 최적화된 워크플로 293

    AI 시대에 적합한 개발 워크플로란? 293

4주차 클로드 코드 효율 극대화하기 297

월 LLM 엔진 최적화와 컨텍스트 관리 298

    1. LLM 엔진 최적화 298
    2. 메모리 시스템 활용 304

화 사용자 정의 명령어 만들기 307

    1. 사용자 정의 명령어의 이해 308

수 클로드 코드 확장하기 313

    1. Hooks 시스템 이해하기 313
    2. Output Style로 응답 방식 바꾸기 316

목 다양한 MCP 활용 전략　325

1. Context7　325
2. Serena　328
3. 검증 도구로써의 MCP　332
4. MCP를 통한 프로젝트 관리　333
5. Thinking MCP　334
6. 다양한 LLM 모델 활용　335
7. MCP 만들기　337

금 멀티에이전트 시스템　345

1. 클로드 코드의 Task Tool과 서브에이전트　345
2. Custom Subagent　346
3. Claude Squad　352
4. Claude Swarm　353

주말 읽을거리 AI 코딩 도구의 현재와 미래　356

찾아보기　360

WEEK

1

1주차:
클로드 코드 시작하기

MONDAY	클로드 코드 설치하기
TUESDAY	클로드 코드에서 제공하는 내장 명령어
WEDNESDAY	인공지능으로 내 컴퓨터에만 있는 정보 분석하기
THURSDAY	넘겨받은 디렉터리 분석 및 조치
FRIDAY	고양이 웹 페이지를 만들고 공개하기
WEEKEND	클로드 코드 vs 제미나이 CLI

개요

인공지능 도구를 친구이자 동료로 받아들이기 위해 가장 필요한 부분은 무엇일까요?

사람과의 관계를 떠올려 보면 쉽게 이해할 수 있습니다. 우리가 새로운 친구를 사귀고 친해지는 과정은 단순히 인사로 끝나지 않습니다. 함께 밥을 먹고 수다도 떨고 쇼핑을 하거나 사우나를 하며 시간을 보내면서 조금씩 친밀감을 쌓아 가고 서로의 생각을 이해하게 됩니다.

우리가 인공지능 도구와 친해지는 과정도 이와 크게 다르지 않습니다. 항상 가까이하고 자주 사용해 보고 궁금한 것을 물어보며, 함께하는 시간이 필요합니다. 꾸준히 시간을 투자하고 가까이 할수록 도구와 점점 호흡이 맞아갑니다. 결국 인공지능 도구인 클로드 코드를 잘 활용하기 위해 가장 중요한 부분은 **시간을 들여 많이 사용해 보는 것**이라고 할 수 있습니다.

이번 1주차에는 클로드 코드를 설치하고 직접 다루며 익숙해지는 시간을 가질 것입니다. 또한 대중에게 가장 잘 알려진 ChatGPT나 개발자/엔지니어 사이에서 주목받는 커서(Cursor) AI가 아닌, 클로드 코드만의 고유한 장점을 실습을 통해 직접 체험할 수 있습니다. 특히 1주차의 학습 과정은 어렵거나 부담스럽지 않고, 오히려 쉽고 간단하면서도 재미있게 구성되어 있어 진행하다 보면 "이렇게도 쉽게 되는구나"라는 놀라운 경험을 하게 될 것입니다.

새로운 시작은 언제나 설레지만 동시에 약간의 불안감을 동반하기도 합니다. "잘할 수 있을까?", "나에게 맞는 도구일까?"와 같은 여러 가지 고민은 잠시 내려놓고, 1주차의 내용을 차근차근 따라가다 보면 어느새 인공지능 도구에 익숙해진 자신을 발견할 수 있을 것입니다.

그럼 이제, 편안한 마음으로 클로드 코드와 함께하는 첫걸음을 시작해 볼까요?

클로드 코드 설치하기

한 주의 시작인 월요일입니다. 사실 월요일은 무언가 시작하기에는 굉장히 좋은 날이지만 주말이 지나 피곤하고 기운이 나지 않는 날이기도 합니다. 하지만 오늘 하루 새로운 무언가를 설치하고 구성하면 남은 평일에 굉장히 재미있는 실습을 할 수 있으니 조금만 힘을 내어 '클로드 코드 설치'를 진행해 봅시다.

> **NOTE**
>
> **클로드 코드(Claude Code)란?**
> 클로드 코드는 앤트로픽(Anthropic)에서 만든 에이전트형 인공지능 도구로, 사용자의 터미널 환경에서 직접 작동한다는 특징이 있습니다. 사용자·터미널에 접근할 수 있다는 것은 각종 인증 정보를 얻을 수 있다는 것이며, 이러한 특징 외에도 사용자 고유의 개발 환경과 도구를 함께 이용할 수도 있습니다.
> 따라서 웹에서 이용할 수 있는 ChatGPT와는 다르게 둘어보고 대답하는 과정을 연결하여 코드 편집, 오류 수정, 명령 실행, 커밋 생성, 테스트 실행 등의 전체 개발 워크플로를 완전히 자동화할 수 있습니다.

1. 클로드 코드 설치

클로드 코드를 설치하기 위해서는 먼저 다음 조건을 확인해야 합니다.

사전 체크 사항

▼ 표 1-1 클로드 코드 설치 조건

운영 체제	macOS 10.15 이상, Ubuntu 20.04+/Debian 10+ 이상, 또는 Windows 10 이상(WSL 1, WSL 2, 또는 Git for Windows 사용)
하드웨어	RAM 4GB 이상
소프트웨어	Node.js 18 이상
네트워크	인증 및 AI 처리에 인터넷 연결 필요
셸(Shell)	Bash, Zsh 또는 Fish에서 최적 작동
지역	앤트로픽 지원 국가

클로드 코드는 macOS와 윈도우에서 모두 사용 가능하지만, **개인적으로는 macOS 사용을 추천**합니다. 윈도우 같은 경우에는 WSL2를 사용해서 새로운 환경을 구성해야 하고, 디렉터리에 접근하는 구조가 유닉스/리눅스와 다르기 때문입니다. 따라서 이 책은 macOS를 기준으로 하며, 윈도우 사용을 희망하는 독자분들을 위해 윈도우에서 설치하는 방법도 함께 소개합니다.

클로드 코드 요금제

클로드 코드는 유료 서비스이기 때문에 필요한 요금제를 선택해서 구매해야 합니다. 요금제는 크게 다음과 같이 구분됩니다.

▼ 표 1-2 클로드 코드의 요금제 비교

클로드 구독 플랜 요금제	API 사용량 기반 요금제
• Free: 무료 • Pro: 월 $20(연간 구독 시 $17) • Max: 월 $100 또는 $200(사용량에 따라) • Team: 월 $30(연간 구독 시 $25, 최소 5명) • Enterprise: 맞춤형 가격	• Claude Opus 4: 입력 $15/MTok, 출력 $75/MTok • Claude Sonnet 4: 입력 $3/MTok, 출력 $15/MTok • Claude Haiku 3.5: 입력 $0.80/MTok, 출력 $4/MTok

*주의: Free, Team, Enterprise 플랜은 클로드 코드가 포함되어 있지 않습니다.

> **NOTE**
>
> **백만 토큰(MTok, Million Tokens)이란?**
>
> 토큰은 인공지능에 사용자가 입력한 내용과 출력된 내용을 이해하고 만드는 기본 단위입니다. 따라서 토큰 사용량은 매우 중요하며, 비용 및 효율과 관련하여 이 책의 전체를 관통하는 주제이기도 합니다.
>
> 앞에서 설명한 API 사용량 기반 요금제에서 이야기하는 백만 토큰으로는 어느 정도 사용되는지 감이 잡히지 않을 수 있으니 각 모델별로 $5(최소 단위) 출력 토큰을 사용하는 경우 어느 정도 사용 가능한지 다음과 같이 정리하였으며, 여기서는 **최신 모델이 토큰당 가격이 비싼 부분과 영어에 비해서 한국어가 토큰을 많이 사용**한다는 2가지 부분만 확인하고 넘어가도록 하겠습니다. 토큰과 관련해서는 2주차에 다시 한 번 더 자세히 다룹니다(참고 사이트: https://docs.anthropic.com/en/docs/about-claude/pricing).
>
> **Claude 4 Opus($75/MTok)**
> - $5 사용 시: 6.7만 토큰 사용 가능
> - 영어: 약 5만 단어(약 100-200페이지)
> - 한국어: 약 6.7만 글자(약 35-65페이지)
>
> **Claude 4 Sonnet($15/MTok)**
> - $5 사용 시: 33만 토큰 사용 가능
> - 영어: 약 25만 단어(약 500-1,000페이지)
> - 한국어: 약 33만 글자(약 165-330페이지)

Claude 3 Haiku($1.25/MTok)
- $5 사용 시: 400만 토큰 사용 가능
- 영어: 약 300만 단어(약 6,000-12,000페이지)
- 한국어: 약 400만 글자(약 2,000-4,000페이지)

우리는 클로드 코드를 사용할 것이므로 '구독 플랜 요금제' 또는 'API 사용량 기반 요금제'를 선택해야 하는데, API 사용량 기반은 폭넓은 모델을 자유롭게 쓸 수 있고, 쓰는 만큼 낸다는 장점이 있으나 총 금액을 예측하기 어렵고 초반에는 절약하며 쓰는 법(책을 진행하면서 이 부분도 설명합니다)을 알기 어렵기 때문에 **구독 플랜 요금제**를 선택하겠습니다.

구독 플랜 요금제로는 Pro와 Max가 있는데, 4주차까지의 전체 실습 과정은 Pro 수준의 구독 플랜으로도 충분히 진행이 가능하므로 굳이 더 비싼 Max를 구독하진 않겠습니다. 또한, 마지막 선택으로 월간으로 할 것인지 연간으로 할 것인지를 선택할 수 있는데, 책의 진행만을 위해서는 월간만으로도 충분합니다. 다만 이 책을 통해 클로드 코드를 사용하게 되면, 다시 클로드 코드를 사용하기 전으로 돌아가기 어려울 것이므로, 가능하다면 **Pro 연간 플랜**으로 결제하는 것을 추천드립니다.

▼ 그림 1-1 클로드 코드의 구독 플랜 종류

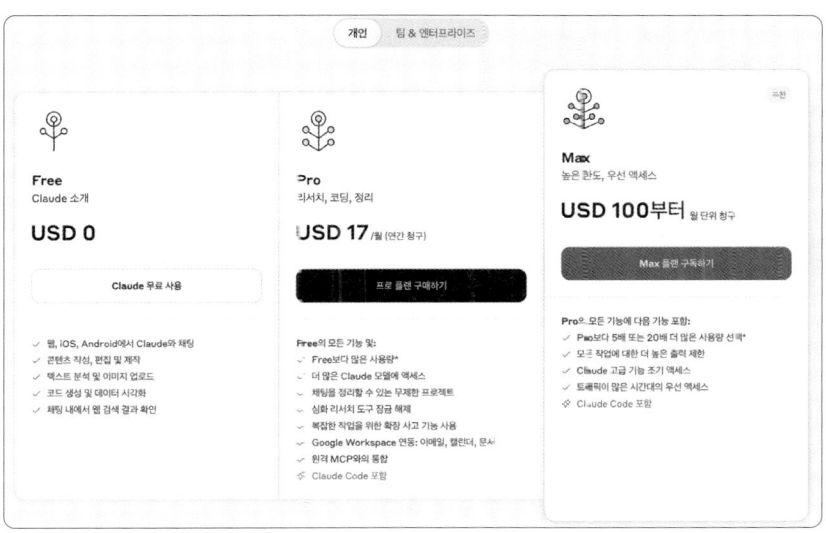

자 그러면 이제 클로드 코드를 설치해 보겠습니다. macOS와 윈도우 각각에 대해 설명하드로 독자 여러분의 환경에 맞춰 진행해주세요.

macOS에 클로드 코드 설치

1. 호스트 운영 체제에 Node.js를 설치하기 위해 Node.js 내려받기 화면(https://nodejs.org/ko/download)에 접속한 후 **macOS**와 **nvm**을 선택하고 **클립보드에 복사(Copy to clipboard)**를 누릅니다.

   ▼ 그림 1-2 Node.js 설치 및 확인 스크립트

   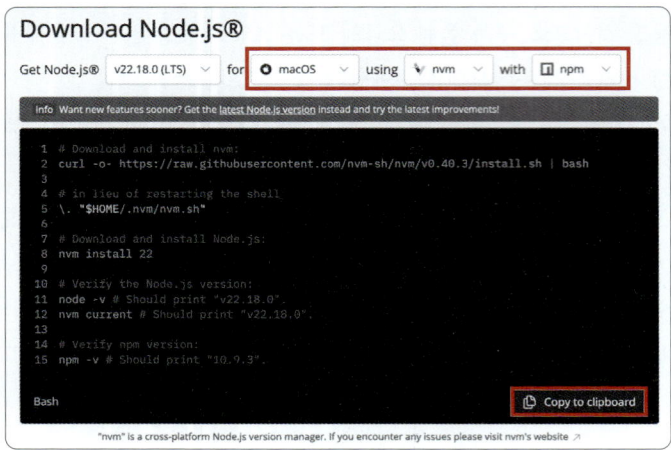

2. 복사한 Node.js의 설치 및 확인 스크립트를 호스트 터미널에 붙여넣습니다. 마지막에 npm -v로 실행되는 부분이 에러 없이 정상적으로 출력되는지 확인합니다.

```
                                                                    Terminal
# Download and install nvm:
$ curl -o- https://raw.githubusercontent.com/nvm-sh/nvm/v0.40.3/install.sh | bash

# in lieu of restarting the shell
$ \. "$HOME/.nvm/nvm.sh"

# Download and install Node.js:
$ nvm install 22

# Verify the Node.js version:
$ node -v       # Should print "v22.18.0".
$ nvm current   # Should print "v22.18.0".

# Verify npm version:
$ npm -v        # Should print "10.9.3".

  % Total    % Received % Xferd  Average Speed   Time    Time     Time  Current
                                 Dload  Upload   Total   Spent    Left  Speed
```

```
100 16631  100 16631    0     0  71349      0 --:--:-- --:--:-- --:--:-- 71377
=> Downloading nvm from git to '/Users/hj/.nvm'
=> Cloning into '/Users/hj/.nvm'...
remote: Enumerating objects: 383, done.
remote: Counting objects: 100% (383/383), done.
remote: Compressing objects: 100% (326/326), done.
remote: Total 383 (delta 43), reused 178 (delta 29), pack-reused 0 (from 0)
Receiving objects: 100% (383/383), 392.12 KiB | 14.00 MiB/s, done.
Resolving deltas: 100% (43/43), done.
* (HEAD detached at FETCH_HEAD)
  master
=> Compressing and cleaning up git repository

=> Appending nvm source string to /Users/hj/.zshrc
=> Appending bash_completion source string to /Users/hj/.zshrc
=> Close and reopen your terminal to start using nvm or run the follcwing to use it now:

export NVM_DIR="$HOME/.nvm"
[ -s "$NVM_DIR/nvm.sh" ] && \. "$NVM_DIR/nvm.sh"  # This loads nvm
[ -s "$NVM_DIR/bash_completion" ] && \. "$NVM_DIR/bash_completion"  # This loads nvm bash_completion
Downloading and installing node v22.18.0...
Downloading https://nodejs.org/dist/v22.18.0/node-v22.18.0-darwin-arm64.tar.xz...
##################################################################################
##################################################################################
100.0%
Computing checksum with sha256sum
Checksums matched!
Now using node v22.18.0 (npm v10.9.3)
Creating default alias: default -> 22 (-> v22.18.0)
v22.18.0
v22.18.0
10.9.3
```

3. Node.js 패키지 관리자를 통해서 클로드 코드를 설치합니다.

```
$ npm install -g @anthropic-ai/claude-code

added 3 packages in 11s

2 packages are looking for funding
  run `npm fund` for details
```

4. 클로드 코드가 정상적으로 설치된 것을 확인하기 위해 claude -v를 실행합니다. 다음과 같이 나오면 문제없이 설치된 것입니다.

```
$ claude -v
1.0.83 (Claude Code)
```

윈도우에 클로드 코드 설치

윈도우에 직접 클로드 코드를 설치해서 진행할 수도 있지만, 디렉터리 구조도 다르고 통일성 있는 실습이 어려우므로 **WSL2(Window Subsystem for Linux)**를 구성하겠습니다. WSL 버전 1에 비해 2가 적은 자원을 사용할 뿐만 아니라 일반적으로 성능이 더 좋기 때문에 버전 2로 진행하겠습니다.

1. WSL2를 구성하기 위해, 윈도우 파워셸을 **관리자 권한으로 실행**합니다.

    ▼ **그림 1-3** 윈도우 파워셸을 관리자 권한으로 실행

    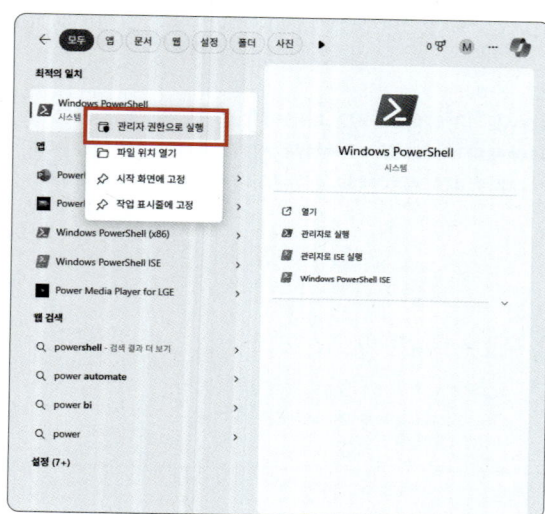

2. WSL2 설정을 위해 **Linux용 Windows 하위 시스템**과 **Virtual Machine Platform** 기능을 활성화합니다.

```
$ dism.exe /online /enable-feature /featurename:Microsoft-Windows-
Subsystem-Linux /all /norestart
```

```
배포 이미지 서비스 및 관리 도구
버전: 10.0.26100.1150

이미지 버전: 10.0.26100.4770

기능을 사용하도록 설정하는 중
[==========================100.0%==========================]
작업을 완료했습니다.

$ dism.exe /online /enable-feature /featurename:VirtualMachinePlatform /all /
norestart
배포 이미지 서비스 및 관리 도구
버전: 10.0.26100.1150

이미지 버전: 10.0.26100.4770

기능을 사용하도록 설정하는 중
[==========================100.0%==========================]
작업을 완료했습니다.
```

해당 작업을 완료하면, **제어판 > 프로그램 > 프로그램 및 기능 > Windows 기능 켜기/끄기**에서 **Linux용 Windows 하위 시스템**과 **Virtual Machine Platform**이 활성화되어 있는 것을 확인할 수 있습니다. 명령어보다 GUI를 더 선호한다면 'Windows 기능 켜기/그기'에서 작업해도 됩니다. 그리고 윈도우 10의 경우 빌드 19041부터 지원되므로, 빌드 버전이 낮다면 업데이트 후에 진행하시기 바랍니다.

▼ **그림 1-4** WSL2 설정 이후 윈도우 기능 켜기/끄기의 상태

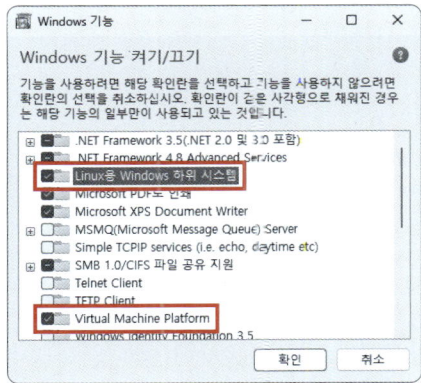

3. 해당 설정을 적용하기 위해 윈도우 시스템을 다시 시작합니다(주의: CPU의 가상화 기능이 활성화되어 있지 않다면, 다시 시작하는 과정에서 활성화시켜야 합니다).

```Terminal
$ Restart-Computer
```

4. WSL2를 설치 및 업데이트하고, WSL 버전 2를 기본 설정 값으로 하도록 설정합니다.

```Terminal
$ wsl --update
설치 중: Linux용 Windows 하위 시스템
Linux용 Windows 하위 시스템이(가) 설치되었습니다.

$ wsl --set-default-version 2
WSL 2와의 주요 차이점에 대한 자세한 내용은 https://aka.ms/wsl2를 참조하세요

작업을 완료했습니다.
```

5. `wsl --list --online`으로 설치 가능한 가상 머신을 확인합니다. 이 중 가장 대표적으로 사용되는 **우분투(Ubuntu) 24.04**를 설치하겠습니다.

```Terminal
$ wsl --list --online
다음은 설치할 수 있는 유효한 배포 목록입니다.
'wsl.exe --install <Distro>'을 사용하여 설치합니다.

NAME                          FRIENDLY NAME
AlmaLinux-8                   AlmaLinux OS 8
AlmaLinux-9                   AlmaLinux OS 9
AlmaLinux-Kitten-10           AlmaLinux OS Kitten 10
AlmaLinux-10                  AlmaLinux OS 10
Debian                        Debian GNU/Linux
FedoraLinux-42                Fedora Linux 42
SUSE-Linux-Enterprise-15-SP6  SUSE Linux Enterprise 15 SP6
SUSE-Linux-Enterprise-15-SP7  SUSE Linux Enterprise 15 SP7
Ubuntu                        Ubuntu
Ubuntu-24.04                  Ubuntu 24.04 LTS
archlinux                     Arch Linux
kali-linux                    Kali Linux Rolling
openSUSE-Tumbleweed           openSUSE Tumbleweed
openSUSE-Leap-15.6            openSUSE Leap 15.6
Ubuntu-18.04                  Ubuntu 18.04 LTS
Ubuntu-20.04                  Ubuntu 20.04 LTS
```

```
Ubuntu-22.04         Ubuntu 22.04 LTS
OracleLinux_7_9Oracle Linux 7.9
OracleLinux_8_10                 Oracle Linux 8.10
OracleLinux_9_5Oracle Linux 9.5
```

6. **wsl --install Ubuntu-24.04**를 실행해 우분투 24.04를 설치합니다. 설치가 완료되면 사용자 이름과 암호를 입력해야 합니다. 모두 **claude**로 입력합니다. 해당 작업을 마치면, WSL2 환경은 우분투에 이미 접근해 있고 사용할 수 있지만 우분투 앱을 호출하여 사용하는 것이 더 편리하므로 앞 환경에서 클로드 코드를 설치하겠습니다.

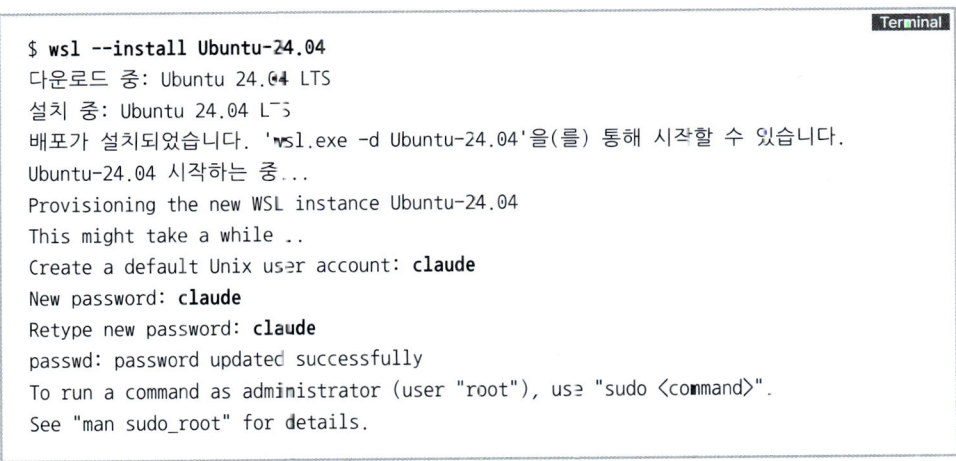

```
$ wsl --install Ubuntu-24.04
다운로드 중: Ubuntu 24.04 LTS
설치 중: Ubuntu 24.04 LTS
배포가 설치되었습니다. 'wsl.exe -d Ubuntu-24.04'을(를) 통해 시작할 수 있습니다.
Ubuntu-24.04 시작하는 중...
Provisioning the new WSL instance Ubuntu-24.04
This might take a while ..
Create a default Unix user account: claude
New password: claude
Retype new password: claude
passwd: password updated successfully
To run a command as administrator (user "root"), use "sudo <command>".
See "man sudo_root" for details.
```

7. 윈도우 검색에서 **Ubuntu**를 검색하고 실행합니다.

   ▼ **그림 1-5** 윈도우 검색으로 찾은 우분투 24.04 앱

   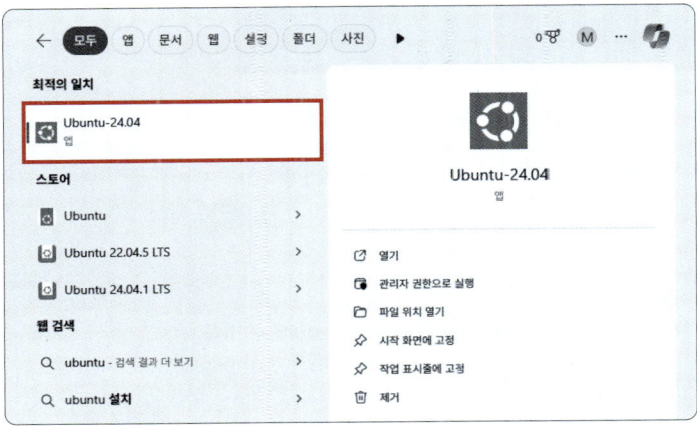

8. 실행된 우분투 터미널을 확인합니다.

   ▼ **그림 1-6** WSL2 환경에서 실행된 우분투 터미널

   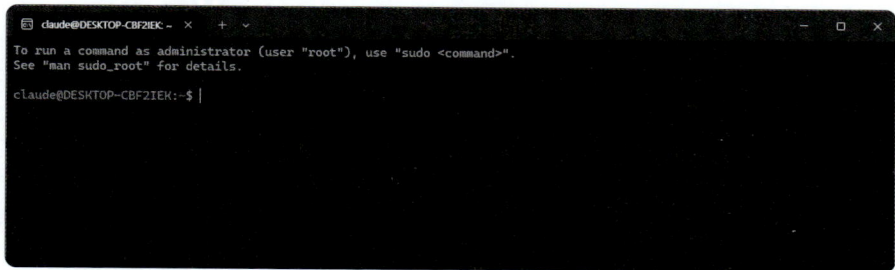

9. Node.js는 호스트의 환경을 자동으로 인식해서 설치 스크립트를 제공합니다. 하지만 현재 WSL2의 경우에는 사용자가 선택해주어야 합니다. Node.js 내려받기 화면(https://nodejs.org/ko/download)에 접속한 후 다음 화면과 같이 **Linux**와 **nvm**을 선택하고 **클립보드에 복사(Copy to clipboard)**를 누릅니다.

   ▼ **그림 1-7** WSL2 환경의 우분투에 Node.js를 설치하기 위해 Linux와 nvm을 선택함

   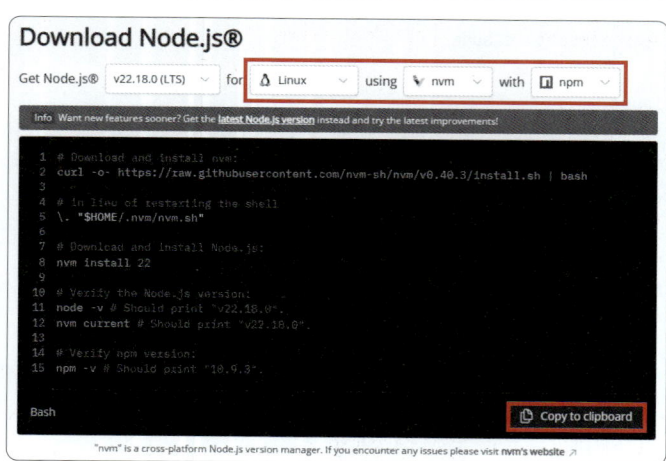

10. 복사한 내용을 우분투 터미널에서 마우스 오른쪽 버튼을 클릭해 붙여넣어 Node.js를 설치합니다. 마지막에 npm -v로 실행되는 부분이 에러 없이 정상적으로 출력되는지 확인합니다.

```
# Download and install nvm:
$ curl -o- https://raw.githubusercontent.com/nvm-sh/nvm/v0.40.3/install.sh | bash

# in lieu of restarting the shell
$ \. "$HOME/.nvm/nvm.sh"
```

```
# Download and install Node.js:
$ nvm install 22

# Verify the Node.js version:
$ node -v     # Should print "v22.18.0".
$ nvm current # Should print "v22.18.0".

# Verify npm version:
$ npm -v      # Should print "10.9.3".
  % Total    % Received % Xferd  Average Speed   Time    Time     Time  Current
                                 Dload  Upload   Total   Spent    Left  Speed
100 16631  100 16631    0     0  61132      0 --:--:-- --:--:-- --:--:-- 61369
=> Downloading nvm from git to '/home/claude/.nvm'
=> Cloning into '/home/claude/.nvm'...
remote: Enumerating objects: 383, done.
remote: Counting objects: 100% (383/383), done.
remote: Compressing objects: 100% (326/326), done.
remote: Total 383 (delta 43), reused 178 (delta 29), pack-reused 0 (from 0)
Receiving objects: 100% (383/383), 392.12 KiB | 8.71 MiB/s, done.
Resolving deltas: 100% (43/43), done.
* (HEAD detached at FETCH_HEAD)
  master
=> Compressing and cleaning up git repository

=> Appending nvm source string to /home/claude/.bashrc
=> Appending bash_completion source string to /home/claude/.bashrc
=> Close and reopen your terminal to start using nvm or run the following to use it
now:

export NVM_DIR="$HOME/.nvm"
[ -s "$NVM_DIR/nvm.sh" ] && \. "$NVM_DIR/nvm.sh"  # This loads nvm
[ -s "$NVM_DIR/bash_completion" ] && \. "$NVM_DIR/bash_completion"  # This loads nvm
bash_completion
Downloading and installing node v22.18.0...
Downloading https://nodejs.org/dist/v22.18.0/node-v22.18.0-linux-x64.tar.xz...
############################################################################
######################### 100.0%
Computing checksum with sha256sum
Checksums matched!
Now using node v22.18.0 (npm v10.9.3)
Creating default alias: default -> 22 (-> v22.18.0)
v22.18.0
v22.18.0
10.9.3
```

11. Node.js 패키지 관리자를 이용해서 클로드 코드를 설치합니다.

```
Terminal
$ npm install -g @anthropic-ai/claude-code

added 3 packages in 7s

2 packages are looking for funding
  run `npm fund` for details
npm notice
npm notice New major version of npm available! 10.9.3 -> 11.5.2
npm notice Changelog: https://github.com/npm/cli/releases/tag/v11.5.2
npm notice To update run: npm install -g npm@11.5.2
npm notice
```

12. 클로드 코드가 정상적으로 설치된 것을 확인하기 위해 claude -v를 실행합니다. 다음과 같이 나오면 문제없이 설치된 것입니다. 이후 과정은 macOS와 윈도우 환경에서 모두 동일하게 실습할 수 있습니다.

```
Terminal
$ claude -v
1.0.83 (Claude Code)
```

2. 클로드 코드 실행

클로드 코드를 실행하면 현재 디렉터리에 접근해도 되는지 확인하고, 그곳을 작업 공간으로 삼습니다. 따라서 일반적으로 작업을 위한 디렉터리를 만들게 되는데, 1주차에서는 디렉터리를 따로 만들지 않고 클로드 코드를 위해 준비된 깃허브 저장소를 내려받은 후에 해당 저장소에서 작업을 진행하겠습니다.

1. 클로드 코드를 위한 깃허브 저장소를 내려받고, 해당 저장소의 **week1** 디렉터리로 이동합니다. 그리고 claude라는 명령으로 클로드 코드를 실행합니다.

```
Terminal
$ git clone https://github.com/sysnet4admin/_Book_Claude-Code.git
Cloning into '_Book_Claude-Code'...
remote: Enumerating objects: 8, done.
remote: Counting objects: 100% (8/8), done.
remote: Compressing objects: 100% (5/5), done.
```

```
remote: Total 8 (delta 0), reused 8 (delta 0), pack-reused 0 (from 0)
Receiving objects: 100% (8/8), done

$ cd _Book_Claude-Code/week1

$ claude   #실행
```

2. 클로드 코드를 처음 실행하면 다음과 같이 터미널의 테마(theme)를 선택하게 됩니다. **1. Dark mode**가 기본값입니다. 특별히 변경할 내용이 없다면 기본값을 유지하고 진행합니다.

▼ **그림 1-8** 클로드 코드 첫 실행 화면

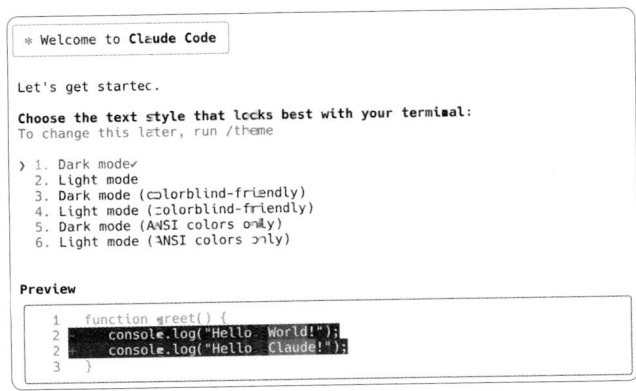

3. 로그인 방법을 선택하라고 적혀 있지만, 실제로는 어떤 요금제로 진행할지를 선택하는 부분입니다. **1. Claude account with subscription**으로 진행할 것이며, 이를 선택하면 계정 연동이 진행됩니다.

▼ **그림 1-9** 클로드 로그인 방법 선택 화면

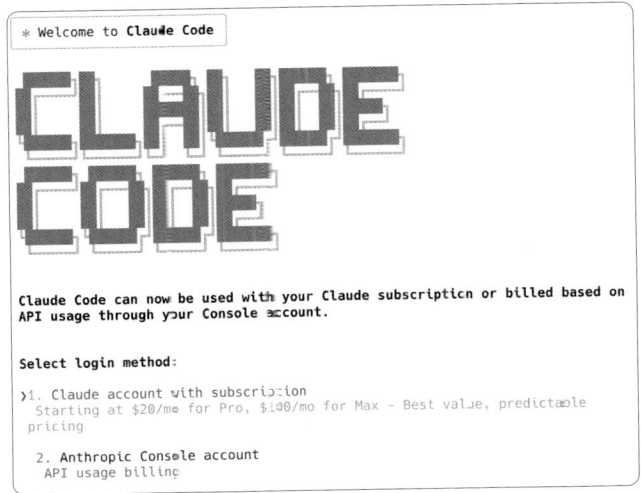

WEEK 1 1주차: 클로드 코드 시작하기

4. 1을 선택하면 다음과 같은 웹 브라우저 창이 뜨고, 일반적으로 **Google로 계속하기**를 눌러서 계정 연동을 진행합니다.

▼ **그림 1-10** 계정 연동하기 화면

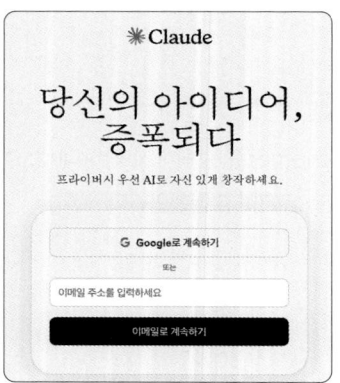

5. 이미 구독이 되어 있다면 계정이 연동된 후에 다음과 같이 **로그인 성공(Login successful)** 메시지가 터미널에 나옵니다. Enter 를 눌러 계속 진행합니다.

▼ **그림 1-11** 로그인 성공 메시지

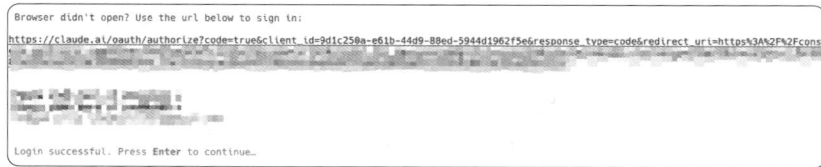

만약 계정에 구독 정보가 없다면, 다음과 같은 화면에서 구독 결제를 진행한 후에 위와 같은 메시지를 볼 수 있습니다.

▼ **그림 1-12** 클로드 코드 Pro 요금제 선택 화면(월간을 선택해도 됩니다)

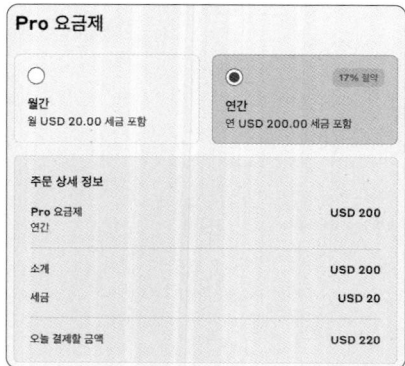

6. 계정에 등록된 구독 정보를 모두 확인하였다면, 이제 클로드 코드에 대한 몇 가지 설정을 진행하게 됩니다. 가장 처음으로 "클로드 코드는 실수할 수 있고, 보안적으로 의심되는 코드는 실행하지 말라"는 일종의 나는 책임지지 않을꺼야 같은 말로 시작합니다. Enter 를 눌러 계속 진행합니다.

▼ 그림 1-13 클로드 코드 안내 화면

7. 그 다음으로 클로드 코드가 실행될 터미널 설정을 진행합니다. 세세한 설정을 할 수 있지만, 일반적으로 기본값이 제일 편합니다. 따라서 **Yes, use recommended settings**를 누릅니다.

▼ 그림 1-14 클로드 코드 터미널 설정 화면

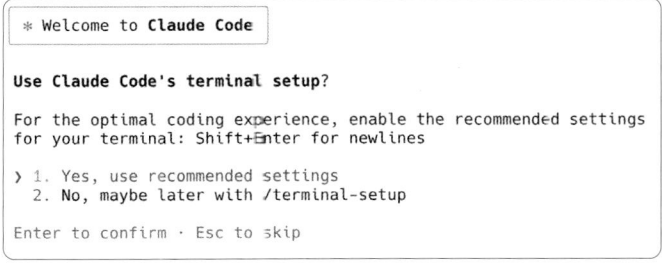

8. 네, 저희가 클로드 코드의 시작 위치를 변경한 이유 중 하나인 부분이 나왔습니다. 현재 폴더(디렉터리)를 신뢰할 수 있는지 사용자에게 확인을 요청합니다. **Yes, proceed**를 눌러 계속 진행합니다.

▼ 그림 1-15 현재 디렉터리 신뢰 여부 확인 화면

WEEK 1 1주차: 클로드 코드 시작하기 **035**

9. 이제 모든 기본 설정을 마쳤고, 클로드 코드를 사용할 수 있습니다.

▼ **그림 1-16** 모든 설정이 완료된 클로드 코드 화면

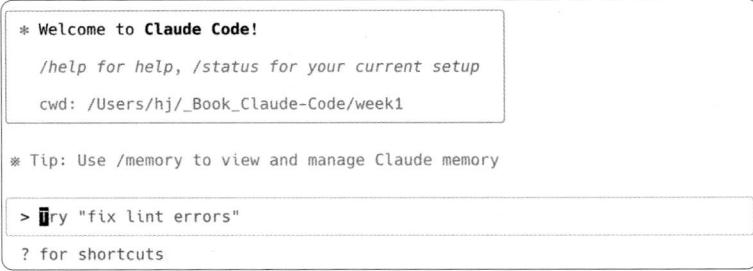

10. 현재 상태에서 /doctor라는 명령으로 클로드 코드를 점검합니다.

▼ **그림 1-17** 클로드 코드 점검 명령 입력: /doctor

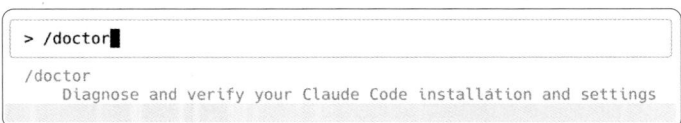

다음과 같이 나온다면 문제가 없는 상태입니다. 점검을 마쳤다면 Enter 를 눌러서 다시 입력창으로 돌아옵니다.

▼ **그림 1-18** 클로드 코드 점검 확인 화면

```
Diagnostics
└ Currently running: npm-global (1.0.77)
└ Path: /Users/hj/.nvm/versions/node/v22.18.0/bin/node
└ Invoked: /Users/hj/.nvm/versions/node/v22.18.0/bin/claude
└ Config install method: unknown
└ Auto-updates enabled: true
└ Update permissions: Yes

Agent Configurations
└ Loaded custom agents: 0

Press Enter to continue…
```

11. /exit 명령을 입력해 나온 후에 다시 **claude**를 입력하고 설정 과정이 반복되지 않는 것을 확인합니다.

▼ **그림 1-19** 클로드 코드 설정 과정이 완료되었는지 확인

월요일 실습은 다소 반복적이고 재미없었을 수 있습니다. 사실 초반의 설치는 모든 책이 그럴 수밖에 없기도 합니다. 딱 화요일까지만 다소 지루하거나 기본적인 얘기를 할 것이고, 그 이후에는 바로 사용할 수 있는 내용 그리고 관심 있는 내용을 다룰테니 책을 덮지 마시고 조금만 힘내시길 바랍니다. 내일 뵙겠습니다!

클로드 코드에서 제공하는 내장 명령어

클로드 코드의 터미널에서(이후 클로드 코드라고 부름) /를 입력하면, 사용 가능한 다음과 같은 내장 명령어들을 볼 수 있습니다. 여기 있는 모든 명령어를 사용하진 않지만, 시작하는 입장에서는 궁금할 수 있으니, 한 번쯤 살펴보는 것이 좋습니다. 따라서 간략히 설명하고 종류별로 1개씩 사용해 보겠습니다.

▼ 그림 1-20 /를 누르면 나오는 내장 명령어

```
> /
/add-dir          Add a new working directory
/agents           Manage agent configurations
/bashes           List and manage background bash shells
/bug              Submit feedback about Claude Code
/clear (reset)    Clear conversation history and free up context
/compact          Clear conversation history but keep a summary in context. Optional: /compact [instructions for summarization]
/config (theme)   Open config panel
/cost             Show the total cost and duration of the current session
/doctor           Diagnose and verify your Claude Code installation and settings
/exit (quit)      Exit the REPL
```

앞으로는 그림이 아닌 텍스트로 진행하여 필요한 부분만 명확하게 표시하고, 그에 맞는 설명을 할 예정입니다.

1. 기본 기능 및 대화 제어

▼ 표 1-3 기본 기능 및 대화 제어 명령어

/help	사용법 도움말 및 사용 가능한 명령어 확인
/clear (reset)	대화 기록 지우기
/compact [instructions]	대화 압축(선택적 집중 지침 포함)
/export	대화를 클립보드 또는 파일로 내보내기
/resume	특정 세션의 대화를 계속 진행
/bug	버그 신고(대화 내용을 앤트로픽으로 전송)
/exit (quit)	현재 세션 종료

/help를 입력하면 다음과 같이 굉장히 많은 내용들이 나오는 것을 확인할 수 있습니다. /clear와 /compact는 2주차 화요일 '프롬프트 잘 적용하기'에서 다룹니다. 그리고 (reset)과 같은 괄호 안의 명령어는 동일한 기능을 하는 별칭 명령이므로 어느 것을 사용해도 동일한 결과가 나옵니다. 확인을 마쳤다면 Enter를 눌러 계속 진행합니다(앞으로 Enter에 대해서는 따로 언급하지 않겠습니다).

```
> /help
  Claude Code v1.0.83

  Always review Claude's responses, especially when running code. Claude has read
  access to files in the current directory and can run
  commands and edit files with your permission.

  Usage Modes:
  • REPL: claude (interactive session)
  • Non-interactive: claude -p "question"

  Run claude -h for all command line options

  Common Tasks:
  • Ask questions about your codebase > How does foo.py work?
  • Edit files > Update bar.ts to...
  • Fix errors > cargo build
  • Run commands > /help
  • Run bash commands > !ls

  Interactive Mode Commands:
   /add-dir - Add a new working directory
   /agents - Manage agent configurations
   /bashes - List and manage background bash shells
   /bug - Submit feedback about Claude Code
   /clear - Clear conversation history and free up context
   /compact - Clear conversation history but keep a summary in context. Optional: /
  compact [instructions for summarization]
   /config - Open config panel
   /cost - Show the total cost and duration of the current session
   /doctor - Diagnose and verify your Claude Code installation and settings
   /exit - Exit the REPL
   /export - Export the current conversation to a file or clipboard
   /help - Show help and available commands
   /hooks - Manage hook configurations for tool events
   /ide - Manage IDE integrations and show status
   /init - Initialize a new CLAUDE.md file with codebase documentation
```

```
  /install-github-app - Set up Claude GitHub Actions for a repository
  /login - Sign in with your Anthropic account
  /logout - Sign out from your Anthropic account
  /mcp - Manage MCP servers
  /memory - Edit Claude memory files
  /migrate-installer - Migrate from global npm installation to local installation
  /model - Set the AI model for Claude Code
  /permissions - Manage allow & deny tool permission rules
  /pr-comments - Get comments from a GitHub pull request
  /release-notes - View release notes
  /resume - Resume a conversation
  /review - Review a pull request
  /security-review - Complete a security review of the pending changes on the
 current branch
  /status - Show Claude Code status including version, model, account, API
 connectivity, and tool statuses
  /statusline - Set up Claude Code's status line UI
  /terminal-setup - Install Shift+Enter key binding for newlines
  /upgrade - Upgrade to Max for higher rate limits and more Opus
  /vim - Toggle between Vim and Normal editing modes

 Learn more at: https://docs.anthropic.com/s/claude-code

 Press Enter to continue…
```

2. 모델 설정 및 계정 관리

▼ 표 1-4 모델 설정 및 계정 관리 명령어

명령어	설명
/model	인공지능 모델 선택 또는 변경
/login	앤트로픽 계정 전환
/logout	앤트로픽 계정에서 로그아웃

지금은 다른 부분을 변경할 필요가 없으니 /model을 입력해 사용 가능한 다른 모델이 있는지 확인합니다. Pro 구독 플랜에서는 Sonnet 외에는 다른 모델을 선택할 수 없지만, Max를 사용하는 경우에는 다른 모델을 사용할 수 있습니다.

```
> /model                                                    Claude Code

    Select Model
    Switch between Claude models. Applies to this session and future Claude Code
  sessions. For custom model names, specify with --model.

    > 1. Sonnet   Sonnet 4 for daily use ✔

  Enter to confirm · Esc to exit
```

3. 파일 및 프로젝트 관리

▼ 표 1-5 파일 및 프로젝트 관리 명령어

/init	클로드 코드가 프로젝트를 이해할 수 있도록 도와주는 초기 명령어
/memory	CLAUDE.md의 메모리 파일 편집
/permissions (allowed-tools)	파일에 접근하는 도구의 허용 여부 설정
/add-dirs	클로드 코드가 여러 디렉터리 간 작업을 가능하게 함

이와 관련한 내용 그리고 CLAUDE.md는 1주차가 끝나는 지점에서 간략히 안내하고 바로 이어서 2주차에서 자세히 설명합니다.

/permissions를 입력해 도구에 대한 접근 제어가 설정되지 않은 것을 확인합니다.

```
                                                            Claude Code
> /permissions
> /pr-comments is fetching PR comments…

  ⬤ I apologize, but I cannot proceed with fetching PR comments as there is no
  specific PR number provided. The command requires a PR
    number to retrieve comments.

    Would you like me to help you list the open pull requests first? I can use the gh
  pr list command to show you the available PRs so
    you can select a specific one to view comments for.
```

```
Permissions: Allow   Ask   Deny   Workspace
Claude Code won't ask before using allowed tools.

❯ 1. Add a new rule…

 Tab to select tab  ·  Enter to confirm  ·  Esc to cancel
```

4. 시스템 점검 및 요금 통계

▼ 표 1-6 시스템 점검 및 요금 통계 명령어

/status	현재 상태 및 시스템 정보 확인
/cost	토큰 사용량 및 비용 통계 표시
/doctor	클로드 코드의 설치 상태 및 건강 상태 검사

/doctor는 이미 살펴봤고, /cost의 경우에는 API 사용량에 따른 요금을 확인하는 목적으로 사용됩니다. 따라서 우리가 사용하는 Pro 구독 플랜의 경우에는 사용할 필요가 없습니다. /status를 통해 현재 상태를 확인해 보세요. 시스템 점검 결과가 포함되는데 npm이 전역으로 설치된 부분에 대해서는 무시해도 클로드 코드 실습에는 지장이 없습니다.

```
                                                                    Claude Code
❯ /status
  Claude Code v1.0.83
   L Session ID: 4eb6d3e5-b99a-420b-9236-ab310bc90def

  Working Directory
   L /Users/hj/_Book_Claude-Code/week1

  System Diagnostics  ·  /doctor
   ⚠ Config mismatch: running npm-global but config says unknown

  Account  ·  /login
   L Login Method: Claude Pro Account
   L Organization: 이메일@gmail.com's Organization
   L Email: 이메일@gmail.com

  Model  ·  /model
```

```
  L Sonnet Sonnet 4 for daily use

Press Enter to continue…
```

5. 보기 및 입출력 설정

▼ 표 1-7 보기 및 입출력 설정 명령어

/config (theme)	클로드 코드의 보기 설정 및 수정
/vim	vim 모드를 사용
!	버시 모드를 사용
/bashes	백그라운드에서 실행 중인 배시 세션들의 조회 및 관리
/output-style	출력 스타일 변경
/output-style:new	새로운 출력 스타일을 생성
/statusline	클로드 코드의 현재 상태를 표시하고 제어

터미널 환경은 특별히 변경할 부분이 없으며, /vim을 입력하여 모드를 변경할 수 있으나 INSERT ↔ NORMAL 모드를 바꿔가며 사용하는 형태이기 때문에 현재는 사용하지 않겠습니다. !을 입력한 후에 셸 명령인 pwd를 입력해 현재 디렉터리 위치를 확인합니다.

```
> !
! pwd
  L /Users/hj/_Book_Claude-Code/week1
```
Claude Code

6. 코드 리뷰 및 분석

▼ 표 1-8 코드 리뷰 및 분석 명령어

/review	코드 리뷰 수행
/security-review	보안 관점의 코드 리뷰 수행
/pr_comments	풀 리퀘스트(Pull Request) 코멘트 관련 기능

/review를 실행해도 현재는 분석할 코드가 없으므로 표시되는 내용이 없습니다(이와 관련된 내용은 4주차 화요일 '사용자 정의 명령어 만들기'에서 다룹니다). 간단히 /pr-comments를 입력해 다음과 같이 표시되는 정도로만 확인합니다.

```
> /pr-comments
> /pr-comments is fetching PR comments…

  ● I apologize, but I cannot proceed with fetching PR comments as there is no
  specific PR number provided. The command requires a PR
    number to retrieve comments.

    Would you like me to help you list the open pull requests first? I can use the gh
  pr list command to show you the available PRs so
    you can select a specific one to view comments for.
```

7. 편의성

▼ 표 1-9 편의성을 높여주는 명령어

명령어	설명
/terminal-setup	사용자의 터미널 환경 설정
/ide	내장 IDE 환경 열기 및 코드 작업(예 VS Code 또는 커서 AI)
/migrate-installer	클로드 코드의 설치를 다른 형태로 마이그레이션(예 npm 로컬)

여기서부터는 클로드 코드가 지향하는 바를 보여주는 내장 명령어들이 나옵니다. 편의성을 높여주는 내장 명령어들이며, 그중 /migrate-installer를 실행하면 /doctor 명령으로 보았던 글로벌 npm 설정을 자동으로 수정하게 됩니다. 하지만 로컬로 설정하는 경우 여러 번거로운 작업들이 있으니 실행하지 않고 다음 내용 정도로만 확인해 보세요.

```
> /migrate-installer
Claude Code Local Installer
This will install Claude Code to ~/.claude/local
instead of using a global npm installation.
Press Enter to continue or Esc to exit
```

```
$ claude        # 다시 실행
```

> **NOTE**
>
> **만약 /migrate-installer를 실행 완료했다면?**
>
> 다음 명령으로 설정을 다시 복원하기 바랍니다.
>
> ```
> $ npm uninstall -g @anthropic-ai/claude-code && npm install -g @anthropic-ai/claude-code
>
> up to date in 257ms
>
> added 3 packages in 997ms
>
> 2 packages are looking for funding
>   run `npm fund` for details
> ```

8. 기능 확장

▼ 표 1-10 기능 확장 명령어

/agents	전문화된 인공지능 서브에이전트의 생성 및 관리
/mcp	MCP(Model Context Protocol) 관련 기능 제어
/install-github-app	깃허브 저장소에 클로드 앱 설치 및 프로젝트 연동
/hooks	사용자 정의 훅(Hook) 설정 및 이벤트 연동

클로드 코드가 보여주는 또 다른 지향점인, 기능을 확장하는 명령어들이며, 다른 인공지능 에이전트와의 차별점을 만들어 내는 부분이라고 할 수 있습니다. 이 부분은 3주차와 4주차에 걸쳐서 폭넓게 쓰이며, 단순한 기능을 뛰어넘는 차이나는 기능과 확장성을 만들어 냅니다. 맛보기로 /agents를 실행해 서브에이전트가 어떤 느낌인지만 확인하고 esc를 누릅니다.

```
> /agents

  Agents
  No agents found

  > Create new agent
```

```
    No agents found. Create specialized subagents that Claude can delegate to.
    Each subagent has its own context window, custom system prompt, and specific
    tools.
    Try creating: Code Reviewer, Code Simplifier, Security Reviewer, Tech Lead,
or UX Reviewer.

    Built-in (always available):
    general-purpose   · sonnet
    statusline-setup  · sonnet
    output-style-setup · sonnet

 Press ↑↓ to navigate · Enter to select · Esc to go back
```

9. 기타

▼ **표 1-11** 기타 명령어

/release-notes	현재까지의 릴리스 노트 확인
/upgrade	구독 플랜을 업그레이드

분류가 어려운 명령어를 기타로 분류했으며, 릴리스 노트와 구독 플랜을 변경할 수 있습니다. /release-notes로 가장 최근에 변경된 기능을 확인해 봅니다.

```
                                                           Claude Code
 > /release-notes
 … 중략 …
    Version 1.0.80:
    • UI improvements: Fix text contrast for custom subagent colors and spinner
 rendering issues

    Version 1.0.81:
    • Released output styles, including new built-in educational output styles
 "Explanatory" and "Learning". Docs:
    https://docs.anthropic.com/en/docs/claude-code/output-styles
    • Agents: Fix custom agent loading when agent files are unparsable

    Version 1.0.82:
    • SDK: Add request cancellation support
    • SDK: New additionalDirectories option to search custom paths, improved slash
 command processing
```

- Settings: Validation prevents invalid fields in .claude/settings.json files
- MCP: Improve tool name consistency
- Bash: Fix crash when Claude tries to automatically read large files

이와 같이 다양한 내장 명령어가 미리 준비되어 있으며, 사용자의 요구에 따라 추가되는 특성을 보입니다. 간단히 설명하고 실습해서 지금 모두 알기는 어렵습니다. 2주차에서는 사용 사례 형태로 자주 쓰이는 내장 명령어를 다시 구분하고 예시와 함께 설명하겠습니다. 지금은 한 번 살펴봤다 정도로 보면 되고, 브담 가질 필요가 전혀 없습니다. 인공지능 에이전트는 우리를 도와주는 개인 비서의 역할을 하기 때문입니다. 1주차가 끝나는 시점이 되면 이 말을 확실하게 갈게 되실 것입니다.

> **NOTE**
>
> **영어로 나오는 내용을 한글로 보기**
>
> 앞의 릴리스 노트 등 모든 설명 너용이 영어라서 불편하지 않았나요?
>
> 이 경우 간단한 해결책이 있습니다. 현재 입력창에 그냥 물어보면 됩니다.
>
> ```
> Claude Code
> > 버전 1.0.82의 변경사항을 설명해줘
>
>   ● 버전 1.0.82의 주요 변경사항:
>
>     SDK 개선:
>     - 요청 취소 지원 추가
>     - 새로운 additionalDirectories 옵션으로 사용자 경의 경로 검색 가능
>     - 슬래시 명령어 처리 개선
>
>     설정 시스템:
>     - .claude/settings.json 파일의 유효성 검사 추가로 잘못된 필드 방지
>
>     MCP (Model Context Protocol):
>     - 도구 이름 일관성 가선
>
>     Bash 도구:
>     - Claude가 대용량 파일을 자동으로 읽으려 할 때 발생하는 충돌 문제 수정
>
>     이 업데이트는 주로 안정성과 개발자 경험 개선에 초점을 맞춘 것으로 보입니다.
> ```
>
> 쉽지 않나요? **고민되면 입력창에 물어볼 것**. 이것이 클로드 코드의 가장 기본적인 사용법입니다.

인공지능으로 내 컴퓨터에만 있는 정보 분석하기

평일의 중간 요일인 수요일입니다. 영미권에서는 낙타 중간에 있는 혹(Hump) 데이라고도 부르는데 주말로 가기 위한 고비 같은 날이기 때문입니다. 즉, 오늘만 지나면 주말이 곧 온다는 뜻이죠. 클로드 코드 실습 관점으로는 오늘부터 매우 재미있을 것입니다. 지금까지는 계속 설치하고 교과서를 보듯 이론을 익히는 느낌이었지만, 이제부터는 간단한 몇 개의 프롬프트(인공지능과 소통하기 위해 사용되는 텍스트 기반의 정보나 명령)만 넣으면 자동으로 모든 게 이루어지는 일종의 관찰 그리고 경험만 하면 되기 때문입니다.

다른 인공지능 도구와 다르게 **클로드 코드와 같은 인공지능 에이전트의 가장 큰 강점은 현재 시스템의 정보를 읽을 수 있다**는 것입니다. 일반적으로 지금 사용하고 있는 데스크탑/랩탑은 아주 많은 다양한 정보가 들어가 있습니다. 예를 들면 클라우드 서비스와 그 외에 많은 서비스를 이용하기 위한 인증 정보가 현재 시스템에는 포함되어 있습니다.

다양한 클라우드와 서비스들의 인증 정보가 홈 디렉터리에 있음

```
$ ls -a ~/ | grep -E '\.aws|\.azure|\.config|\.ssh|\.kube|\.env|\.git'
.aws
.azure
.config
.gitconfig
.kube
.ssh
```

클로드 코드는 이러한 정보들에 모두 접근하여 읽을 수 있고, 이를 이용해 사용자를 대신해 거의 모든 일을 자동화할 수 있습니다. 이것이 기존의 인공지능 도구를 넘어서는 클로드 코드의 가장 큰 차별점 그리고 강점입니다.

이렇게 현재 시스템의 정보에 접근하고 이를 이용할 수 있다는 것은 문맥적으로는 이해가 되지만, 바로 체감되기 어려울 수 있습니다. 따라서 가벼운 두 가지 실습을 통해 이러한 기능이 얼마나 큰 차이를 불러올 수 있는지 확인해 보겠습니다.

실습을 시작하기에 앞서 이제부터는 각 디렉터리로 이동해서 진행하겠습니다. 수요일이니 **Wed** 디렉터리로 이동합니다. 그러고 나서 **claude**를 실행합니다.

```
$ cd Wed/
$ claude   #실행
```

1. 내가 사용하는 데스크탑/랩탑의 정보를 알아내기

현재 내가 사용하는 데스크탑/랩탑의 가장 중요한 정보는 하드웨어와 운영 체제일 것입니다. 해당 부분을 클로드 코드에 물어보고, 그 외에 추가로 알면 좋을 정보가 있을지도 함께 물어보겠습니다.

1. **현재 클로드 코드가 동작하는 하드웨어 정보를 알려줘**라는 프롬프트를 입력합니다. 그리고 클로드 코드가 생성한 배시 명령어를 확인하고 **Yes**를 누릅니다.

   > **주의**
   > 유의사항: 한 번에 실행될 수 있지만 경우에 따라 배시 명령을 수행하기 위해 여러 번 Yes를 눌러야 할 수 있습니다.

```
> 현재 클로드 코드가 동작하는 하드웨어 정보를 알려줘                                    Claude Code

● Bash(sysctl -n machdep.cpu.brand_string 2>/dev/null || echo "정보 없음"; sysctl
      -n hw.ncpu 2>/dev/null || echo "정보 없음"; uname -m 2>/dev/null || echo "정보
      없음"; sysctl -n h…)
  ⎿  Running…

    ┌─────────────────────────────────────────────────────────────────────────┐
    │  Bash command                                                           │
    │                                                                         │
    │    sysctl -n machdep.cpu.brand_string 2>/dev/null || echo "정보 없음"; sysctl │
    │  -n hw.ncpu 2>/dev/null || echo "정보 없음"; uname -m 2>/dev/null || echo "정보 │
    │  없음";                                                                   │
    │    sysctl -n hw.memsize 2>/dev/null | awk '{print int($1/1024/1024/1024)"GB"}' │
    │  || echo "정보 없음"; df -h / 2>/dev/null | tail -1 | awk '{print $2" 총용량,   │
    │  "$4"                                                                   │
    │    사용가능"}' || echo "정보 없음"                                         │
    │    하드웨어 정보 수집 (CPU, 메모리, 디스크)                                 │
    │                                                                         │
    │  Do you want to proceed?                                                │
    │ ❯ 1. Yes                                                                │
    │   2. No, and tell Claude what to do differently (esc)                   │
    └─────────────────────────────────────────────────────────────────────────┘
```

2. 배시 명령 결과가 다음과 같이 하드웨어에 대한 정보가 상세하게 출력되는 것을 확인하고 틀린 게 없는지 검증합니다. 인공지능이 생성한 내용은 항상 사용자가 확인하는 것이 중요합니다.

```
> 현재 클로드 코드가 동작하는 하드웨어 정보를 알려줘                                    Claude Code

● Bash(sysctl -n machdep.cpu.brand_string 2>/dev/null || echo "정보 없음"; sysctl
      -n hw.ncpu 2>/dev/null || echo "정보 없음"; uname -m 2>/dev/null || echo "정보
      없음"; sysctl -n h…)
  ⎿  Apple M2
     8
     arm64
     … +2 lines (ctrl+r to expand)

●  | 분류    | 항목           | 사양        |
   |--------|---------------|-------------|
   | CPU    | 모델명         | Apple M2    |
   |        | 코어 수        | 8코어        |
   |        | 아키텍처       | arm64       |
   | 메모리  | 총 용량        | 24GB        |
   | 디스크  | 총 용량        | 460GB       |
   |        | 사용 가능한 공간 | 16GB        |
```

3. 다음으로 **현재 클로드 코드가 동작하는 운영 체제 정보를 알려줘**라는 프롬프트를 입력합니다. 그리고 클로드 코드가 생성한 배시 명령어를 확인하고 **Yes**를 누릅니다(마찬가지로 한 번에 실행될 수 있지만 경우에 따라 배시 명령을 수행하기 위해 여러 번 Yes를 눌러야 할 수 있습니다).

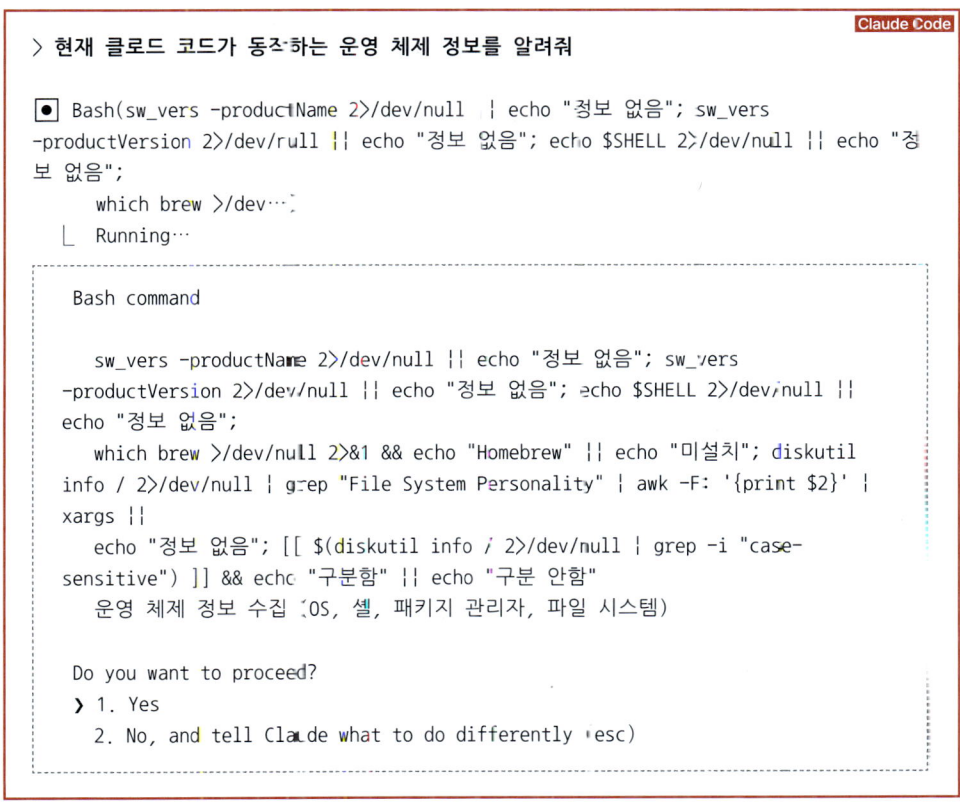

4. 배시 명령 결과 다음과 같이 운영 체제에 대한 정보가 상세하게 출력되는 것을 확인하고 틀린 부분이 없는지 확인합니다.

```
   … +3 lines (ctrl+r to expand)

⏺ | 분류            | 항목              | 사양                          |
  |----------------|-------------------|------------------------------|
  | OS             | 이름              | macOS                        |
  |                | 버전              | 14.4.1                       |
  | 셸             | 종류              | Zsh (/bin/zsh)               |
  |                | 설정 파일 경로    | ~/.zshrc                     |
  | 패키지 관리자  | 관리자 이름       | Homebrew                     |
  | 파일 시스템    | 파일 시스템 타입  | APFS                         |
  |                | 대소문자 구분 여부| 구분 안함 (Case-insensitive) |
```

5. 마지막으로 **그 외에 추가로 알면 좋을 정보를 알려줘**라는 프롬프트를 입력합니다. 그리고 클로드 코드가 생성한 배시 명령어를 확인하고 **Yes**를 누릅니다.

```
> 그 외에 추가로 알면 좋을 정보를 알려줘                                    Claude Code

⏺ Bash(node --version 2>/dev/null || echo "미설치"; python3 --version 2>/dev/null
  || echo "미설치"; java --version 2>/dev/null | head -1 || echo "미설치"; git
     --version 2>/dev/…)
  ⎿  Running…

  ┌─────────────────────────────────────────────────────────────────────────┐
   Bash command

     node --version 2>/dev/null || echo "미설치"; python3 --version 2>/dev/null
  || echo "미설치"; java --version 2>/dev/null | head -1 || echo "미설치"; git
     --version 2>/dev/null || echo "미설치"; docker --version 2>/dev/null || echo
  "미설치"; which aws >/dev/null 2>&1 && echo "AWS CLI 설치됨" || echo "미설치";
     which gcloud >/dev/null 2>&1 && echo "Google Cloud CLI 설치됨" || echo "미설
  치"; which az >/dev/null 2>&1 && echo "Azure CLI 설치됨" || echo "미설치"
     개발 환경 및 클라우드 서비스 정보 수
   Do you want to proceed?
  ❯ 1. Yes
     2. No, and tell Claude what to do differently (esc)
  └─────────────────────────────────────────────────────────────────────────┘
```

6. 배시 명령 결과가 다음과 유사하게 알면 좋을 정보들이 출력되었는지 확인합니다. 인공지능이 생성하는 결과는 항상 똑같을 수 없습니다. 항목이 늘거나 줄어든 것은 자연스러운 현상이며, 이를 줄이기 위한 방법에 대해서는 2주차부터 자세하게 배웁니다.

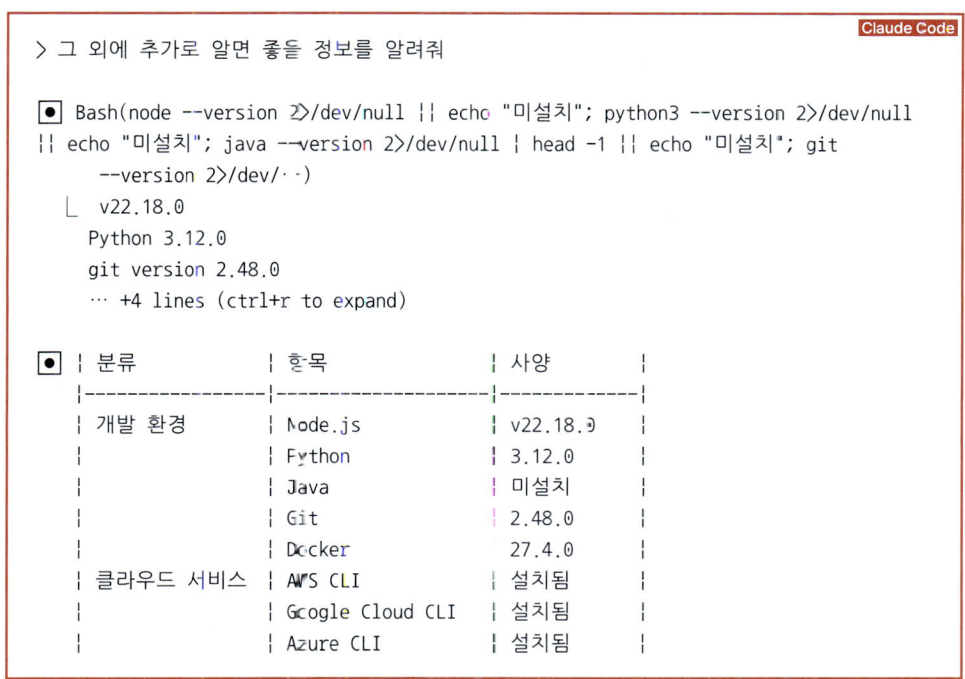

이렇게 단순한 질의로 현재 데스크탑/랩탑에 대한 파악이 완료되었습니다. 이렇듯 인공지능 에이전트는 짧은 시간에 사람이 하는 것보다 훨씬 더 많은 일을 할 수 있어 생산성이 단순 곱셈이 아니라 몇십 배 늘어나기도 합니다.

현재 정보뿐만 아니라 파일을 읽고 해석하는 능력은 어떤지도 함께 파악해 보겠습니다.

2. 로컬 파일들의 정보를 읽고 계산하기

클로드 코드는 현재 시스템의 환경 정보를 가지고 올 뿐만 아니라, 많은 파일을 읽고 계산할 수 있습니다. 현재 Wed 디렉터리에는 굉장히 많은 파일이 있습니다. 각 파일에는 고유의 숫자 값이 이미 입력되어 있습니다. 해당 파일을 읽고 계산하는 작업을 클로드 코드를 통해서 진행해 보겠습니다.

1. 우선 **!**을 입력해 입력 모드를 변경한 후에 **ls**를 입력합니다. 많은 파일이 Wed 디렉터리에 있는 것을 확인할 수 있습니다. 모든 파일을 보고 싶다면 [Ctrl]+[r]을 눌러서 펼칩니다. 그리고 다시 닫는 명령은 동일하게 [Ctrl]+[r] 입니다.

```
> !
! ls
  ∟ 104
    130
    139
    … +98 lines (ctrl+r to expand)
```
Claude Code

2. 많은 파일이 존재하는 것을 확인했으니, **현재 wed 디렉터리에 있는 파일 중에 빈 파일의 개수를 알려 줘**라는 프롬프트를 입력합니다. 50개의 빈 파일들이 있다는 것을 알아냈습니다.

```
> 현재 wed 디렉터리에 있는 파일 중에 빈 파일의 개수를 알려줘

 ● Bash(find . -maxdepth 1 -type f -empty | wc -l)
   ∟ 50
```
Claude Code

3. 이번에는 파일을 읽고 계산하는 능력이 어떤지 확인해 보겠습니다. **빈 파일이 아닌 파일의 내용을 읽고 숫자라면 더해서 총합을 알려줘**라는 프롬프트를 입력합니다. 그리고 클로드 코드가 생성한 배시 명령어를 확인하고 **Yes**를 누릅니다.

```
> 빈 파일이 아닌 파일의 내용을 읽고 숫자라면 더해서 총합을 알려줘

 ● Bash(find . -maxdepth 1 -type f ! -empty -name '[0-9]*' -exec cat {} \; | awk '{sum+=$1} END {print sum}')
   ∟ Running…

   ┌ ─ ─ ─ ─ ─ ─ ─ ─ ─ ─ ─ ─ ─ ─ ─ ─ ─ ─ ─ ─ ─ ─ ─ ─ ─ ─ ─ ─ ─
     Bash command

       find . -maxdepth 1 -type f ! -empty -name '[0-9]*' -exec cat {} \; | awk '{sum+=$1} END {print sum}'
       빈 파일이 아닌 숫자 파일들의 내용을 합산

     Do you want to proceed?
   > 1. Yes
     2. No, and tell Claude what to do differently (esc)
   └ ─ ─ ─ ─ ─ ─ ─ ─ ─ ─ ─ ─ ─ ─ ─ ─ ─ ─ ─ ─ ─ ─ ─ ─ ─ ─ ─ ─ ─
```
Claude Code

4. 계산 결과 **12048**인 것을 확인할 수 있습니다.

```
> 빈 파일이 아닌 파일의 내용을 읽고 숫자라면 더해서 총합을 알려줘

● Bash(find . -maxdepth 1 -type f ! -empty -name '[0-9]*' -exec cat {} \; | awk
  '{sum+=$1} END {print sum}')
   └ 12048

● 12048
```

5. 수요일 실습을 마쳤다면, **/quit**를 입력해서 클로드 코드를 종료합니다.

```
> /quit
```

실습을 통해 확인한 것처럼 클로드 코드와 같은 인공지능 에이전트를 이용하면, 로컬에 있는 파일들을 정말 손쉽게 분석하고 계산할 수 있습니다.

계산하는 것뿐만 아니라 전처 콘텐츠를 읽고 추론하는 능력은 어떤지 목요일에 확인해 보겠습니다.

넘겨받은 디렉터리 분석 및 조치

목요일이 왔습니다. 이제 내일만 지나면 주말이 오겠네요.

이번에는 처음보는 디렉터리 전체를 분석하고, 이와 관련된 질문을 이어가 사용자가 필요로 하는 내용을 얻어내 보겠습니다.

오늘은 목요일이니 Wed 디렉터리에서 **Thu** 디렉터리로 이동합니다. 그러고 나서 **claude**를 실행합니다.

```
$ cd ../Thu/
$ claude    #실행
```

1. 디렉터리 분석

현재 디렉터리의 목적을 저는 알고 있지만 실습을 진행하는 여러분은 모르는 상태입니다. 이와 같이 동료가 갑자기 공유해준 프로젝트 또는 작업 공간이라고 가정하고 진행해 봅시다. 가볍게 점심을 먹으면서 얘기했었는데 기억을 못하는 상황이라고 생각해도 좋습니다.

1. 우선 알고 있는 내용이 없기 때문에 **현재 디렉터리의 목적을 알려줘**라는 프롬프트를 입력합니다.

> 현재 디렉터리의 목적을 알려줘

● List(~/_Book_Claude-Code/week1/Thu)
  ⎿ Listed 244 paths (ctrl+r to expand)

● 이 디렉터리는 쿠버네티스 학습을 위한 실습 환경입니다.

  컨테이너 인프라 환경 구축을 위한 쿠버네티스/도커 책의 각 챕터별 실습 코드와 설정 파일들이 체계적으로 구성되어 있습니다:

  - ch2: Vagrant 테스트 환경 구성
  - ch3: 쿠버네티스 기본 오브젝트 실습 (Pod, Service, Ingress, 볼륨 등)
  - ch4: Docker 컨테이너 관리 및 레지스트리 구성
  - ch5: Jenkins CI/CD 파이프라인 구축

- ch6: Prometheus & Grafana 모니터링 시스템 구성

추가로 app/ 디렉터리에는 kubectl 확장, 대시보드, kubespray 등의 도구들이, docs/ 디렉터리에는 관련 문서들이 포함되어 있습니다.

2. 해당 정보는 너무 간략한 정보만을 담고 있으므로, **각 항목을 좀 더 구체적으로 설명해줘**라는 프롬프트를 입력합니다.

> 각 항목을 좀 더 구체적으로 설명해줘   Claude Code

● Read(README.md)
  ⎿ Read 121 lines (ctrl+r to expand)

● Read(ch2/README.md)
  ⎿ Read 10 lines (ctrl+r to expand)

● Read(ch3/README.md)
  ⎿ Read 19 lines (ctrl+r to expand)

● Read(ch4/README.md)
  ⎿ Read 13 lines (ctrl+r to expand)

● Read(ch5/README.md)
  ⎿ Read 14 lines (ctrl+r to expand)

● Read(ch6/README.md)
  ⎿ Read 9 lines (ctrl+r to expand)

● Read(app/README.md)
  ⎿ Read 7 lines (ctrl+r to expand)

● 각 항목의 구체적인 내용은 다음과 같습니다:

Ch2: 테스트 환경 구성하기

- 2.1.3: Vagrant 기본 구성 및 테스트
- 2.2.1: 가상머신 설정 자동화 (Vagrantfile)
- 2.2.2: 추가 패키지 자동 설치 스크립트
- 2.2.3: 다중 가상머신 구성 및 네트워킹
- 2.3.3: SuperPutty로 다중 VM 터미널 접속

Ch3: 쿠버네티스 핵심 기능

- 3.1.3: 쿠버네티스 클러스터 구축 (마스터+워커노드)
- 3.1.6: Pod 생성 및 기본 검증
- 3.2.4: Deployment, Service YAML 스펙 작성
- 3.2.8: Resource limits, 노드 자원 보호
- 3.2.10: Rolling update, 롤백 실습
- 3.3.1: NodePort 서비스로 외부 접근
- 3.3.2: Ingress Controller로 HTTP 라우팅
- 3.3.4: MetalLB로 온프레미스 LoadBalancer
- 3.3.5: HPA(Horizontal Pod Autoscaler) 자동 스케일링
- 3.4.1-4: DaemonSet, ConfigMap, PV/PVC, StatefulSet

Ch4: Docker 컨테이너 관리

- 4.2.3: 컨테이너 이미지 최적화 (Multi-stage build)
- 4.3.1: Spring Boot 애플리케이션 Dockerfile 작성
- 4.3.2: 호스트에서 빌드 후 컨테이너화
- 4.3.3: DinD(Docker in Docker) 빌드
- 4.3.4: 최적화된 컨테이너 빌드 전략
- 4.4.2: 사설 Docker Registry 구축
- 4.4.3: 커스텀 이미지로 쿠버네티스 배포

Ch5: Jenkins CI/CD

- 5.2.2: Kustomize로 쿠버네티스 매니페스트 관리
- 5.2.3: Helm 패키지 매니저 설치 및 사용
- 5.3.1: Helm으로 Jenkins 설치 (PVC, NFS 연동)
- 5.4.1: Freestyle Job으로 간단한 배포 파이프라인
- 5.5.1-3: Pipeline as Code (Jenkinsfile), Slack 알림, GitOps

Ch6: 모니터링 스택

- 6.2.1: Helm으로 Prometheus 설치 (NFS 볼륨)
- 6.2.3: Service Discovery, Nginx 메트릭 수집
- 6.4.1: Grafana 설치 및 Prometheus 연동
- 6.5.1: AlertManager로 알림 시스템 구축

App: 부록 도구들

- A.kubectl-more: kubectl 자동완성, 별칭 설정
- B.kube-dashboard: 쿠버네티스 웹 대시보드 구성
- C.kubespray: Ansible 기반 쿠버네티스 클러스터 자동 구축
- D.DeepDiveContainer: 컨테이너 네임스페이스, cgroup 심화

Docs: 참고 문서

```
          - 쿠버네티스 표준 아키텍처 연도별 진화
          - Taints/Tolerations 상세 가이드
          - 트러블슈팅 가이드
          - VirtualBox 네트워킹 이슈 해결법
```

3. 내용을 자세히 보다 보니 이상하게, Ch1이 존재하지 않습니다. 이상함을 느끼고, **Ch1은 왜 없는거야?** 라는 프롬프트를 입력합니다. 현재 디렉터리를 통해서는 해당 문제를 파악할 수 없기 때문에 웹 검색을 이용하려고 하며, 이에 대해서 허가를 요청합니다. **Yes**를 누릅니다(추론하는 상황에 따라 웹 검색을 하지 않을 수도 있습니다).

```
> Ch1은 왜 없는거야?                                            Claude Code

⏺ Search(pattern: "ch1|Ch1|chapter 1|1장", output_mode: "content")
  └ Found 0 lines

⏺ Web Search("컨테이너 인프라 환경 구축을 위한 쿠버네티스 도커 1장 목차")

  ┌──────────────────────────────────────────────────────────
  │ Tool use
  │
  │   Web Search("컨테이너 인프라 환경 구축을 위한 쿠버네티스 도커 1장 목차")
  │   Claude wants to search the web for: 컨테이너 인프라 환경 구축을 위한 쿠버네티
  │ 스 도커 1장 목차
  │
  │   Do you want to proceed?
  │ > 1. Yes
  │   2. Yes, and don't ask again for Web Search commands in /Users/hc/_Book_
  │ Claude-Code/week1/Thu
  │   3. No, and tell Claude what to do differently (esc)
  └──────────────────────────────────────────────────────────
```

4. 웹 검색 이후 https://thebook.io/080241/에서 책을 찾았습니다. 해당 책의 정보를 읽어 들여도 되는지 허가를 요청합니다. **Yes**를 누릅니다.

```
> Ch1은 왜 없는거야?                                            Claude Code

⏺ Search(pattern: "ch1|Ch1|chapter 1|1장", output_mode: "content")
  └ Found 0 lines
```

```
● Web Search("컨테이너 인프라 환경 구축을 위한 쿠버네티스 도커 1장 목차")
  └ Did 2 searches in 23s

● Fetch(https://thebook.io/080241/)
  └ Fetching…

   Fetch

   https://thebook.io/080241/
   Claude wants to fetch content from thebook.io

   Do you want to allow Claude to fetch this content?
   ❯ 1. Yes
     2. Yes, and don't ask again for thebook.io
     3. No, and tell Claude what to do differently (esc)
```

5. 인터넷에 공개된 해당 책의 정보를 통해 Ch1이 깃허브에 없는 이유를 찾았습니다.

```
                                                                    Claude Code
❯ Ch1은 왜 없는거야?
  … 중략 …
● 1장이 없는 이유는 이론 중심의 개념 설명 챕터이기 때문입니다.

  1장: 새로운 인프라 환경이 온다

  1.1 컨테이너 인프라 환경이란
  - 모놀리식 vs 마이크로서비스 아키텍처 비교
  - 컨테이너 인프라 환경에 적합한 아키텍처 설명

  1.2 컨테이너 인프라 환경을 지원하는 도구들
  - Docker, Kubernetes, Jenkins, Prometheus & Grafana 개념 소개

  1.3 새로운 인프라 환경의 시작
  - 전반적인 방향성과 학습 로드맵

  1장은 실습용 코드나 스크립트가 필요 없는 개념 설명 위주이므로, GitHub 저장소에는 실습
  파일이 포함된 2장부터만 디렉터리가 구성되어 있습니다.

  실제 hands-on 실습은 2장의 Vagrant 환경 구성부터 시작됩니다.
```

현재 디렉터리는 길벗에서 나온 〈컨테이너 인프라 환경 구축을 위한 쿠버네티스/도커〉에 대한 저장소임을 알게 되었습니다. 그렇다면 이를 이용해서 어떻게 공부하면 좋을지 클로드 코드에게 물어 봅시다.

2. 학습 계획 수립

클로드 코드는 파일의 정보에 모두 접근할 수 있으므로 학습 계획도 잘 작성할 수 있을 것이라고 믿습니다. 1달 이내로 이 모든 내용을 습득하고 이에 대해서 문제될 만한 점이 없을지 함께 물어보겠습니다.

1. 앞에서 문의한 내용이 있으니 바로 **그러면 순서대로 공부하면 돼?**라는 프롬프트를 입력합니다. 예상 외로 목적에 맞는 학습 계획까지 수립해줍니다.

> 그러면 순서대로 공부하면 돼?

● 네, 순서대로 공부하시면 됩니다.

권장 학습 순서:

1. 1장 (이론) → 2장 (환경구성) → 3장 (쿠버네티스 기초) → 4장 (Docker) → 5장 (Jenkins CI/CD) → 6장 (모니터링)

하지만 목적에 따라 조정 가능:

- 빠른 쿠버네티스 실습: 2장 → 3장
- Docker 먼저: 2장 → 4장 → 3장
- CI/CD 중심: 2장 → 3장 → 5장
- 운영 중심: 2장 → 3장 → 6장

필수 선행 과정:
- 2장 (Vagrant 환경) 먼저 완료 필수
- 3장은 모든 후속 챕터의 기반

현재 디렉터리 구조를 보면 각 챕터별로 단계적으로 실습할 수 있도록 잘 정리되어 있습니다.

2. 사실 제가 현재 언급되는 책의 저자라서 일부 문제가 될 만한 부분을 알고 있습니다. 그래서 **일부 이전 내용에 대한 의존성이 있지 않아?**라는 프롬프트를 입력합니다. 거의 모든 의존성 관계를 정확하게 분석했습니다.

```
> 일부 이전 내용에 대한 의존성이 있지 않아?                                    Claude Code

  ● 맞습니다! 각 챕터간에 의존성이 있습니다.

    필수 의존성 관계:

    2장 → 3장 → 4,5,6장
    - 2장: Vagrant로 VM 환경 구축 (모든 실습의 기반)
    - 3장: 쿠버네티스 클러스터 구성 (4,5,6장의 전제조건)

    구체적 의존성:

    3장 의존성:
    - 3.1.3: 쿠버네티스 클러스터 → 모든 후속 실습 필수
    - 3.3.4: MetalLB → 5,6장 LoadBalancer 필요
    - 3.4.3: NFS PV/PVC → 5,6장 데이터 영속성

    4장 → 5장:
    - 4.4.2: 사설 Registry → Jenkins에서 커스텀 이미지 배포시 필요

    5장 → 6장:
    - 5.2.3: Helm 설치 → 6장 Prometheus/Grafana 설치도구
    - Jenkins 파이프라인 → 모니터링 대상

    6장 내부 의존성:
    - 6.2.1: Prometheus → 6.4.1: Grafana 데이터소스
    - Prometheus/Grafana → 6.5.1: AlertManager

    안전한 학습 순서:

    1. 2장 전체 (환경 구축)
    2. 3.1.3 (클러스터 구성)
    3. 3장 나머지 (쿠버네티스 기초)
    4. 4,5,6장 (병렬 가능하지만 위 의존성 고려)

    순서를 건너뛰면 환경 구성 문제나 서비스 연동 오류가 발생할 수 있습니다.
```

3. 이제 방향은 잡혔으니, 공부 계획을 세울 차례입니다. **1달 안에 모든 내용을 다 공부해야 하는데 계획을 상세하게 작성해줘**라는 프롬프트를 입력합니다. 날짜만 얘기해줄 것으로 기대했는데, 퇴근 후에 하루에 몇 시간씩 학습하라고 계획을 작성해줬습니다. 또한 평일보다는 주말에 더 공부하라고 현실적인 가이드도 함께 제공합니다.

> 1달 안에 모든 내용을 다 공부해야 하는데 계획을 상세하게 작성해줘

● Update Todos
  └ ☐ 1달 쿠버네티스 학습 계획 작성

● 📋 30일 쿠버네티스 마스터 플랜

🗓 주차별 학습 계획

1주차 (1-7일): 기초 환경 구축

- 1-2일: 1장 이론 + 2장 Vagrant 환경 구성
- 3-5일: 3.1-3.2 쿠버네티스 클러스터 구축 + 기본 오브젝트
- 6-7일: 3.3 서비스 네트워킹 (NodePort, Ingress, MetalLB)

2주차 (8-14일): 핵심 기능 마스터

- 8-9일: 3.4 고급 오브젝트 (DaemonSet, ConfigMap, PV/PVC, StatefulSet)
- 10-12일: 4장 Docker 전체 (이미지 빌드 최적화, 사설 Registry)
- 13-14일: 1-2주차 복습 + 실습 재수행

3주차 (15-21일): CI/CD 구축

- 15-16일: 5.2-5.3 Kustomize, Helm, Jenkins 설치
- 17-19일: 5.4-5.5 Jenkins 파이프라인, GitOps 구현
- 20-21일: 실제 프로젝트에 CI/CD 적용 실습

4주차 (22-30일): 모니터링 + 종합 실습

- 22-24일: 6장 Prometheus, Grafana, AlertManager 구축
- 25-27일: 전체 스택 통합 실습 (App → CI/CD → 모니터링)
- 28-30일: 트러블슈팅 + 실무 시나리오 연습

📋 일일 학습 스케줄 (2-3시간)

평일 (월-금) 3시간

- 19:00-20:00: 이론 학습 + 문서 읽기

- 20:00-21:30: 실습 진행
- 21:30-22:00: 정리 + 다음날 준비

주말 (토-일) 4-5시간

- 오전 2-3시간: 집중 실습
- 오후 1-2시간: 복습 + 추가 실습

🎯 주차별 상세 목표

1주차 목표

달성 기준
vagrant up 성공
kubectl get nodes 정상 동작
Pod, Service, Ingress 배포 성공
MetalLB LoadBalancer 동작 확인

2주차 목표

달성 기준
NFS PV/PVC 구성 완료
Docker 이미지 빌드 + Registry 업로드
StatefulSet으로 데이터베이스 배포

3주차 목표

달성 기준
Jenkins Pipeline으로 자동 빌드/배포
Git webhook 연동
Slack 알림 설정

4주차 목표

달성 기준
Grafana 대시보드 구성
AlertManager 알림 설정
전체 스택 무중단 운영

⚡ 효율적 학습 전략

병렬 학습 가능 구간

- 2주차: Docker 실습과 동시에 Kubernetes 심화 연습
- 3주차: Jenkins 설정 더기시간에 이론 복습
- 4주차: 모니터링 데이터 수집 중 문서 정리

시간 단축 팁

1. Vagrant 환경 재사용: 한번 구축 후 snapshot 활용
2. 스크립트 자동화: 반복 작업은 스크립트로 처리
3. 에러 로그 수집: 자주 발생하는 이슈 해결책 정리
4. 실습 우선: 이론은 필요시에만 깊게 파기

주말 집중 실습 주제

- 1주차 주말: 3장 전체 실습 완주
- 2주차 주말: Docker 이미지 최적화 + 성능 테스트
- 3주차 주말: 실제 애플리케이션 CI/CD 구축
- 4주차 주말: 장애 시뮬레이션 + 복구 연습

📊 학습 진도 체크리스트

매일 체크

- 목표 실습 완료
- 에러 해결 및 정리
- 다음날 준비사항 확인

주간 체크

- 주요 명령어 암기 확인
- 실습 환경 백업
- 학습 노트 정리

최종 목표

- 쿠버네티스 클러스터 무중단 구축/운영
- 완전 자동화된 CI/CD 파이프라인
- 실시간 모니터링 + 알림 시스템
- 주요 장애 상황 대응 능력

30일 후 목표: 실무에서 바로 사용 가능한 컨테이너 인프라 구축/운영 능력 확보! 🚀

◉ Update Todos
  ⌞ ☒ 1달 쿠버네티스 학습 계획 작성

4. 목요일 실습을 마쳤다면, **/quit**를 입력해서 클로드 코드를 종료합니다.

```
> /quit
```
Claude Code

이와 같이 클로드 코드는 로컬에 있는 파일과 디렉터리를 읽고 분석하고 전략을 짜는 능력이 매우 탁월합니다. 지금은 쉬운 비교를 위해서 저자의 기존 책에 있는 저장소 정보를 미리 넣어놓고 이용했지만, 독자분들의 관심사는 모두 다를 것입니다. 예를 들면 스프링 부트 저장소 (https://github.com/spring-projects/spring-boot)에 관심이 있다면 해당 저장소를 내려받아 디렉터리를 분석해 보고, 궁금한 점을 추가 질의하여 궁금증을 풀어가는 실습을 꼭 진행해 보시기 바랍니다.

스프링 부트 저장소를 분석하는 예시:

```
> 스프링 부트 저장소를 내려받고 클래스 간의 의존성 관계를 파악해줘. 주소는 여기야
  "https://github.com/spring-projects/spring-boot"

  ● Update Todos
    ⎿  ☐ 스프링부트 저장소 다운로드
       ☐ 프로젝트 구조 및 파일 분석
       ☐ 클래스 간 의존성 관계 파악
       ☐ 의존성 다이어그램 생성
  … 중략 …

  🏛 주요 의존성 관계

  SpringApplication의 의존성

  - Spring Framework: ApplicationContext, ConfigurableEnvironment
  - 내부 컴포넌트: Banner, BootstrapRegistry, ApplicationRunner/CommandLineRunner
  - 팩토리: ApplicationContextFactory (전략 패턴)

  설계 패턴별 의존성

  1. 팩토리 패턴: ApplicationContextFactory → ConfigurableApplicationContext
  2. 빌더 패턴: SpringApplicationBuilder → SpringApplication (컴포지션)
  3. 전략 패턴: WebApplicationType (배포 시나리오별 전략)
  4. 템플릿 메서드: SpringApplication.run() (확장 가능한 부트스트랩 흐름)

  ⚡ 아키텍처 특징

  낮은 결합도
```
Claude Code

- @Autowired 어노테이션 사용 최소화
- 프로그래밍 방식 의존성 해결
- 핵심 클래스들은 @Component 미사용

높은 응집도

- 각 클래스별 명확한 책임 분리
- 팩토리 기반 객체 생성으로 제어권 유지
- SPI 메커니즘 활용한 확장성

> "@Bean"에 대해서는 왜 언급이 없어?

⏺ Search(pattern: "@Bean", path: "spring-boot/core/spring-boot", output_mode: "content")
  ⎿ Found 137 lines (ctrl+r to expand)

⏺ Read(spring-boot/core/spring-boot/src/main/java/org/springframework/boot/SpringBootConfiguration.java)
  ⎿ Read 77 lines (ctrl+r to expand)

⏺ 좋은 지적입니다! @Bean에 대한 중요한 내용이 누락되었네요.

🎯 @Bean 의존성 관계 분석

1. SpringBootConfiguration에서의 @Bean 의존성

핵심 발견:
// SpringBootConfiguration.java:25
import org.springframework.context.annotation.Bean;

// Lines 52-74: @Bean 메서드 프록싱 제어
boolean proxyBeanMethods() default true;

2. @Bean의 핵심 역할

Bean 라이프사이클 의존성:
- @SpringBootConfiguration은 @Bean 메서드 프록싱을 제어
- CGLIB 프록시 생성으로 싱글톤 보장
- Inter-bean references 지원 (빈 간 참조)
… 생략 …

지금까지는 클로드 코드를 이용해서 분석을 진행했습니다. 평일의 마지막인 금요일에는 분석이 아닌 창조, 그러니까 새로운 것을 만들고, 데스크탑/랩탑에 있는 인증 정보를 이용해 이를 인터넷에 올리는 작업을 해 보겠습니다.

금 고양이 웹 페이지를 만들고 공개하기

평일의 마지막 날인 금요일입니다. 오늘만 지나면 주말이고, 주말에는 특별한 실습이 아닌 읽을거리 정도만 있으니 오늘 하루만 힘내 봅시다. 오늘은 클로드 코드의 효과를 체험하는 마지막 날이므로 가벼운 실습으로 특정 목적의 웹 페이지를 빠르게 만들고, 해당 웹 페이지를 어디에 올리면 좋을지 또한 클로드 코드에게 물어봐서 진행하도록 하겠습니다.

마지막 평일인 금요일입니다. Thu 디렉터리에서 Fri 디렉터리로 이동합니다. 그러고 나서 **claude**를 실행합니다.

```
$ cd ../Fri/
$ claude   #실행
```
Terminal

1. 고양이가 나오는 웹 페이지 생성

우선 우리는 웹 페이지 제작 방법을 전혀 모르는 사용자라고 가정합시다. 일부 독자분들은 프런트엔드 개발자이실 것 같아서 드리는 말씀입니다. 그래서 아주 단순하게 고양이가 나오는 웹 페이지를 만들고 싶다고 합시다. 그래서 큰 기대를 가지지 않고, 웹 페이지를 클로드 코드로 만들어 보겠습니다.

1. **고양이가 나오는 웹 페이지 만들어줘**라는 프롬프트를 입력합니다. 7단계로 나누어 리액트 웹 페이지를 만들 거라는 메시지를 확인합니다. **Yes**를 누릅니다.

> 고양이가 나오는 웹 페이지 만들어줘
Claude Code

⏺ 고양이 댄싱 애니메이션 웹페이지를 만들어드리겠습니다! 7단계 개발 프로세스를 따라 진행하겠습니다.

⏺ Update Todos
  ⎿ ☐ React 프로젝트 초기 설정 (Vite 사용)
    ☐ 프로젝트 구조 생성 및 기본 파일 설정
    ☐ 이미지/리소스 준비 및 최적화
    ☐ 메인 컴포넌트 개발
    ☐ CSS 애니메이션 구현 (keyframes)

          ☐ 반응형 디자인 적용
          ☐ 최종 애니메이션 제어 기능 추가

  ⦿ Update Todos
     └ ☐ React 프로젝트 초기 설정 (Vite 사용)
        ☐ 프로젝트 구조 생성 및 기본 파일 설정
        ☐ 이미지/리소스 준비 및 최적화
        ☐ 메인 컴포넌트 개발
        ☐ CSS 애니메이션 구현 (keyframes)
        ☐ 반응형 디자인 적용
        ☐ 최종 애니메이션 제어 기능 추가

  ⦿ 1단계: React 프로젝트 초기 설정

  ⦿ Bash(npm create vite@latest cat-dancing-page -- --template react && cd cat-dancing-page && npm install)
     └ Running…

  Bash command

  npm create vite@latest cat-dancing-page -- --template react && cd cat-dancing-page && npm install
    Vite로 React 프로젝트 생성 및 의존성 설치

  Do you want to proceed?
  ❯ 1. Yes
    2. Yes, and don't ask again for npm create and npm install commands in /Users/hj/_Book_Claude-Code/week1/Fri
    3. No, and tell Claude what to do differently (esc)
  ----

2. 진행되는 2번째 단계를 확인하고, 프로젝트 및 기본 파일들을 만들기 위한 단계에 **Yes**를 여러 번 누릅니다. Yes를 여러 번 누르지 않고, 옵션 2번을 선택할 수도 있으나, 시작하는 단계에서는 내용을 하나하나 살펴보는 것이 좋으므로 일단 1주차에서는 모두 확인하고 Yes를 누르겠습니다.

> 고양이가 나오는 웹 페이지 만들어줘
  … 중략 …
  ⦿ Update Todos
     └ ☒ ~~React 프로젝트 초기 설정 (Vite 사용)~~
        ☐ 프로젝트 구조 생성 및 기본 파일 설정
        ☐ 이미지/리소스 준비 및 최적화

```
        ☐ 메인 컴포넌트 개발
        ☐ CSS 애니메이션 구현 (keyframes)
        ☐ 반응형 디자인 적용
        ☐ 최종 애니메이션 제어 기능 추가

  ⦿ 2단계: 프로젝트 구조 생성 및 기본 파일 설정

  Bash(mkdir -p cat-dancing-page/src/components cat-dancing-page/src/assets/images
cat-dancing-page/src/styles cat-dancing-page/src/hooks)
    └ (No content)

  ⦿ Read(src/App.jsx)
    └ Read 36 lines (ctrl+r to expand)

  Update(src/App.jsx)
    └ Updated src/App.jsx with 10 additions and 28 removals
  … 중략 …

  Write(src/styles/global.css)
    └ Wrote 50 lines to src/styles/global.css
  … 중략 …
  Do you want to create global.css?
  › 1. Yes
    2. Yes, for this session only (shift+tab)
    3. No, and tell Claude what to do differently (esc)
```

3. 3번째 단계에서는 춤추는 고양이를 svg 형태로 만듭니다. 내용을 확인하고 **Yes**를 누릅니다.

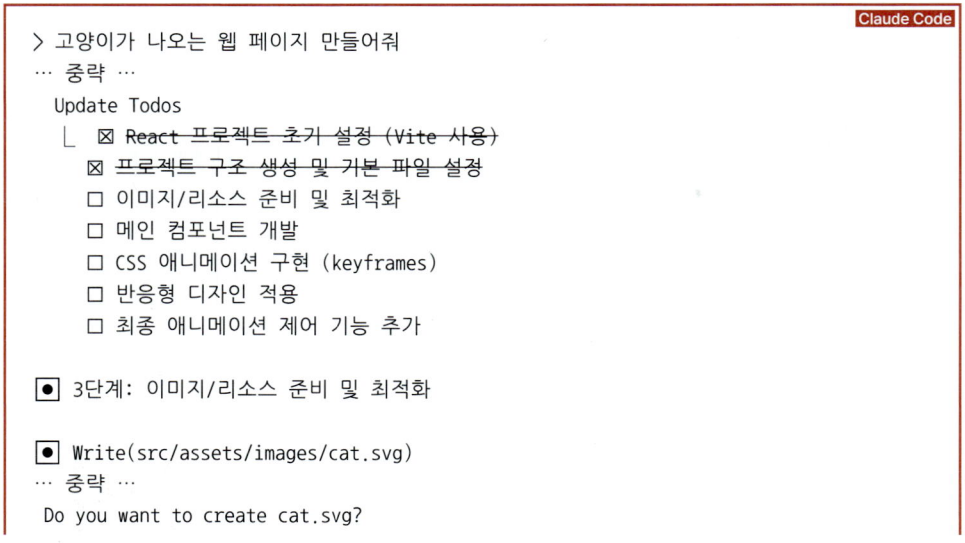

```
> 1. Yes
  2. Yes, for this session only (shift+tab)
  3. No, and tell Claude what to do differently (esc)
```

4. 4번째 단계에서는 메인 컴포넌트를 만듭니다. 내용을 확인하고 **Yes**를 누릅니다

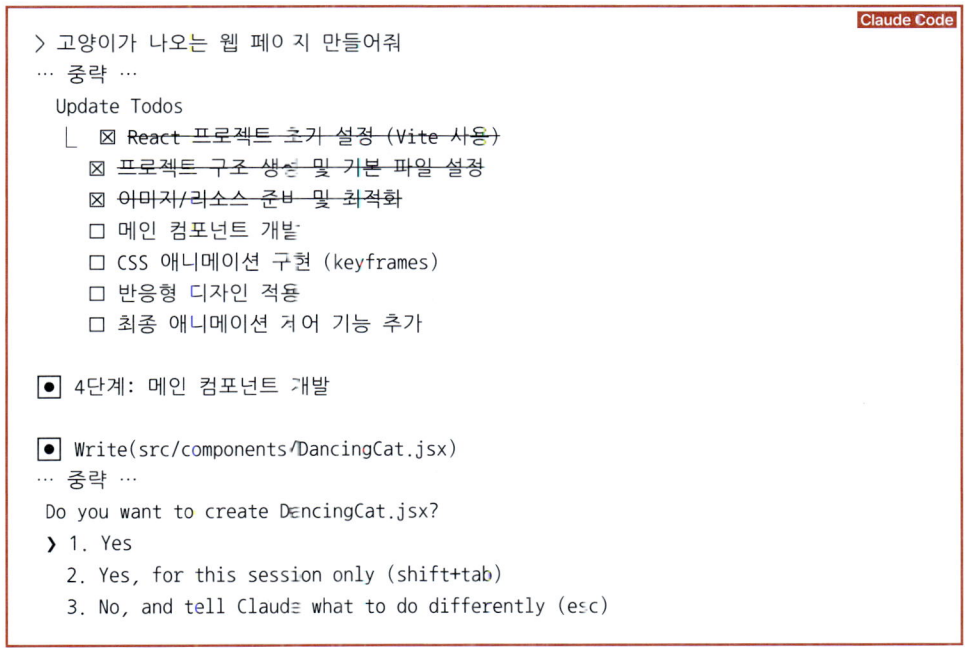

5. 5번째 단계에서는 CSS 애니메이션을 구현합니다. 내용을 확인하고 **Yes**를 누릅니다.

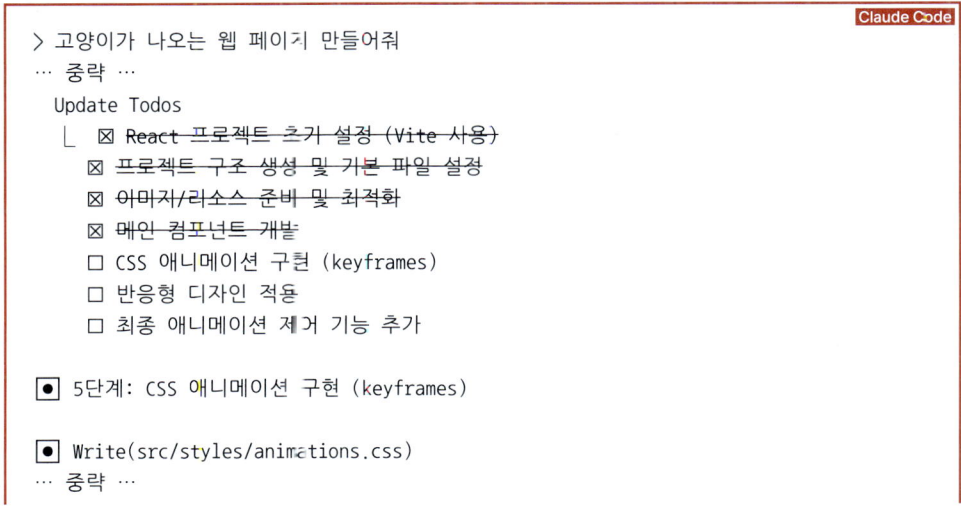

```
Do you want to create animations.css?
❯ 1. Yes
  2. Yes, for this session only (shift+tab)
  3. No, and tell Claude what to do differently (esc)
```

6. 6번째 단계에서는 반응형 디자인을 적용합니다. 내용을 확인하고 **Yes**를 누릅니다.

```
Claude Code
> 고양이가 나오는 웹 페이지 만들어줘
… 중략 …
  Update Todos
  ⎿  ☒ React 프로젝트 초기 설정 (Vite 사용)
     ☒ 프로젝트 구조 생성 및 기본 파일 설정
     ☒ 이미지/리소스 준비 및 최적화
     ☒ 메인 컴포넌트 개발
     ☒ CSS 애니메이션 구현 (keyframes)
     ☐ 반응형 디자인 적용
     ☐ 최종 애니메이션 제어 기능 추가

● 6단계: 반응형 디자인 적용

● Update(src/styles/animations.css)
… 중략 …
Do you want to make this edit to animations.css?
❯ 1. Yes
  2. Yes, for this session only (shift+tab)
  3. No, and tell Claude what to do differently (esc)
```

7. 마지막 7번째 단계에서는 최종 애니메이션 제어 기능을 추가합니다. 책에서는 여러 개의 제어 기능을 추가하지만, 1개의 제어 기능만 제공할 수도 있습니다. 내용을 확인하고 모두 **Yes**를 누릅니다.

```
Claude Code
> 고양이가 나오는 웹 페이지 만들어줘
… 중략 …
  Update Todos
  ⎿  ☒ React 프로젝트 초기 설정 (Vite 사용)
     ☒ 프로젝트 구조 생성 및 기본 파일 설정
     ☒ 이미지/리소스 준비 및 최적화
     ☒ 메인 컴포넌트 개발
     ☒ CSS 애니메이션 구현 (keyframes)
     ☒ 반응형 디자인 적용
     ☐ 최종 애니메이션 제어 기능 추가

● 7단계: 최종 애니메이션 제어 기능 추가
```

```
    Write(src/hooks/useAnimation.js)
  … 중략 …
    Write(src/components/AnimationControls.jsx)
  … 중략 …
 ⏺ Update(src/components/DancingCat.jsx)
  … 중략 …
 ⏺ Update(src/components/DancingCat.jsx)
  … 중략 …
 ⏺ Update(src/styles/animations.css)
  … 중략 …
 ⏺ Update(src/styles/animations.css)
  … 중략 …
Do you want to make this edit to animations.css?
 ❯ 1. Yes
   2. Yes, for this session only (shift+tab)
   3. No, and tell Claude what to do differently (esc)
```

8. 이제 만들어진 웹 페이지가 동작할 수 있는 개발 서버를 실행합니다. **Yes**를 눌러 계속 진행합니다.

```
> 고양이가 나오는 웹 페이지 만들어줘
  … 중략 …
  Update Todos
  ⎿  ☒ React 프로젝트 초기 설정 (Vite 사용)
     ☒ 프로젝트 구조 생성 및 기본 파일 설정
     ☒ 이미지/리소스 준비 및 최적화
     ☒ 메인 컴포넌트 개발
     ☒ CSS 애니메이션 구현 (keyframes)
     ☒ 반응형 디자인 적용
     ☒ 최종 애니메이션 저장 기능 추가

 ⏺ 개발 서버 실행

 ⏺ Bash(cd cat-dancing-page && npm run dev)
  ⎿  Running…

    ╭─────────────────────────────────────────────╮
    │ Bash command                                │
    │                                             │
    │   cd cat-dancing-page && npm run dev        │
    │   개발 서버 실행하여 고양이 댄싱 페이지 확인   │
    │                                             │
    │ Do you want to proceed?                     │
    │ ❯ 1. Yes                                    │
```

```
    2. Yes, and don't ask again for npm run dev commands in /Users/hj/_Book_
  Claude-Code/week1/Fri
    3. No, and tell Claude what to do differently (esc)
```

9. 만들어진 개발 서버 주소 값(http://localhost:5173/)을 확인합니다.

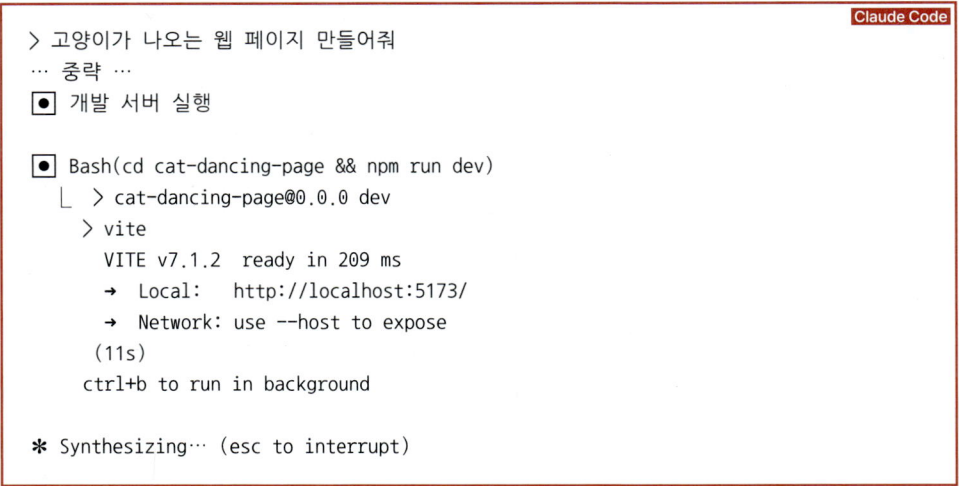

10. 웹 브라우저에 로컬 주소 값을 입력해 **고양이 댄싱 페이지**가 잘 생성되었는지 확인합니다.

▼ **그림 1-21** 클로드 코드로 만든 고양이 웹 페이지

> [!NOTE]
> **윈도우 WSL2 사용자라면?**
>
> 윈도우 WSL2를 사용하고 있다면, 터미널의 로컬 환경이 호스트의 환경과 분리되어 있습니다. 이 경우 연결을 위해서 바인딩 작업이 필요한데 해당 부분 또한 클로드 코드에 물어보면 됩니다. 마찬가지로 **Yes**를 누릅니다.
>
> ```
> Claude Code
> > 지금 윈도우 WSL2 환경이야 호스트에서 접속할 수 있게 바인딩해줘
>   … 중략 …
> ● Bash(cd cat-dancing-page && npm run dev -- --host)
>   └ Running…
>
>     ┌─────────────────────────────────────────────────────┐
>     │ Bash command                                        │
>     │                                                     │
>     │ cd cat-dancing-page && npm run dev -- --host        │
>     │ Start development server with host binding for WSL2 │
>     │ Do you want to proceed?                             │
>     │ > 1. Yes                                            │
>     │   2. Yes, and don't ask again for npm run dev       │
>     │      commands in /Users/hj/_Book_                   │
>     │      Claude-Code/week1/Fri                          │
>     │   3. No, and tell Claude what to do differently (esc)│
>     └─────────────────────────────────────────────────────┘
> ```

호스트에 바인딩된 주소를 확인하고 웹 브라우저에 입력해 macOS와 같은 결과가 나오는지 확인합니다.

```
Claude Code
> 지금 윈도우 WSL2 환경이야 호스트에서 접속할 수 있게 바인딩해줘
  … 중략 …
● Bash(cd cat-dancing-page && npm run dev -- --host)
  └ > cat-dancing-page@0.0.0 dev
    > vite --host

      VITE v7.1.2  ready in 321 ms

      →  Local:   http://localhost:5173/
      →  Network: http://10.120.35.216:5173/
    (31s)
    ctrl+b to run in background
```

11. 브라우저에서 만들어진 웹 페이지를 확인했다면, 터미널에서 `esc`를 눌러 개발 서버를 종료합니다.

```
Claude Code
> 고양이가 나오는 웹 페이지 만들어줘
  … 중략 …
● Bash(cd cat-dancing-page && npm run dev)
  └ Interrupted by user
```

12. 지금까지 작업한 내용을 이해하기 위해 클로드 코드에 **작업 내용을 설명해줘**라는 프롬프트를 입력합니다.

Claude Code

> 작업 내용을 설명해줘

● 고양이 댄싱 웹페이지를 7단계로 개발했습니다:

완성된 기능들

1단계: React 프로젝트 초기 설정
- Vite를 사용한 React 프로젝트 생성
- 의존성 패키지 자동 설치

2단계: 프로젝트 구조 생성
- components/, assets/images/, styles/, hooks/ 폴더 구조
- App.jsx를 고양이 댄싱 페이지로 수정
- 전역 스타일 파일 생성 (그라데이션 배경)

3단계: 이미지 리소스 준비
- 귀여운 주황색 고양이 SVG 이미지 제작
- 반응형 대응을 위한 벡터 형식 사용

4단계: 메인 컴포넌트 개발
- DancingCat.jsx: 핵심 댄싱 컴포넌트
- React Hook 기반 상태 관리
- 애니메이션 시작/정지 기능

5단계: CSS 애니메이션 구현
- 4가지 복합 애니메이션: dance, wiggle, bounce, spin
- @keyframes로 정교한 춤 동작 구현
- GPU 가속 속성 활용한 부드러운 애니메이션

6단계: 반응형 디자인
- 모바일/태블릿/데스크탑 최적화
- 터치 인터페이스 고려
- 가로 모드 지원

7단계: 고급 제어 기능
- 애니메이션 속도 조절 (0.5x~2x)
- 키보드 단축키 (스페이스바, ESC, 1-4)
- useAnimation 커스텀 훅
- AnimationControls 컴포넌트

주요 특징

```
    - 🎨 글래스모피즘 UI 디자인
    - 📱 완전한 반응형 웹
    - ⌨️ 접근성 고려한 키보드 네비게이션
    - 🎵 실시간 상태 표시
    - 🎨 성능 최적화된 CSS 애니메이션

  현재 http://localhost:5173/에서 실행 중입니다!
```

이렇게 만든 웹 페이지를 로컬에서만 동작시킬 수는 없겠죠? 인터넷에 올리고 확인하겠습니다.

2. 만든 웹 페이지를 인터넷에 올리고 확인하기

웹 페이지를 인터넷에 올리고 확인하는 방법은 매우 많습니다. 하지만 시작할 때의 가정과 마찬가지로 어디에 올리고 어떻게 해야 하는지는 모른다고 가정하겠습니다.

1. 그런 이유로 클로드 코드에 **작성된 웹 페이지를 인터넷에 공개하려면 어떻게 해야 돼?** 라는 프롬프트를 입력합니다. 3단계로 진행 가이드를 작성해줍니다. 계속 진행할 것인지를 사용자에게 물어봅니다.

```
> 작성된 웹 페이지를 인터넷에 공개하려면 어떻게 해야 돼?                    Claude Code

● 웹페이지를 GitHub Pages에 공개하는 3단계 과정으로 진행하겠습니다!

● Update Todos
  └ ☐ GitHub 저장소 생성
     ☐ 코드 업로드 및 GitHub Pages 배포
     ☐ GitHub Pages 최종 설정 완료

● GitHub Pages에 배포하여 인터넷에 공개하겠습니다. 3단계로 진행됩니다:

  1. GitHub 저장소 생성
  2. 코드 업로드 및 GitHub Pages 배포
  3. GitHub Pages 최종 설정 완료

  진행하시겠습니까?
```

2. 당연히 계속 진행할 것이므로, **네**라고 입력합니다. 처음 단계인 깃허브 저장소를 생성하는 방법에 대해서 안내해줍니다. 그리고 깃허브 저장소 생성이 완료되면 2단계를 진행할테니 알려달라고 합니다.

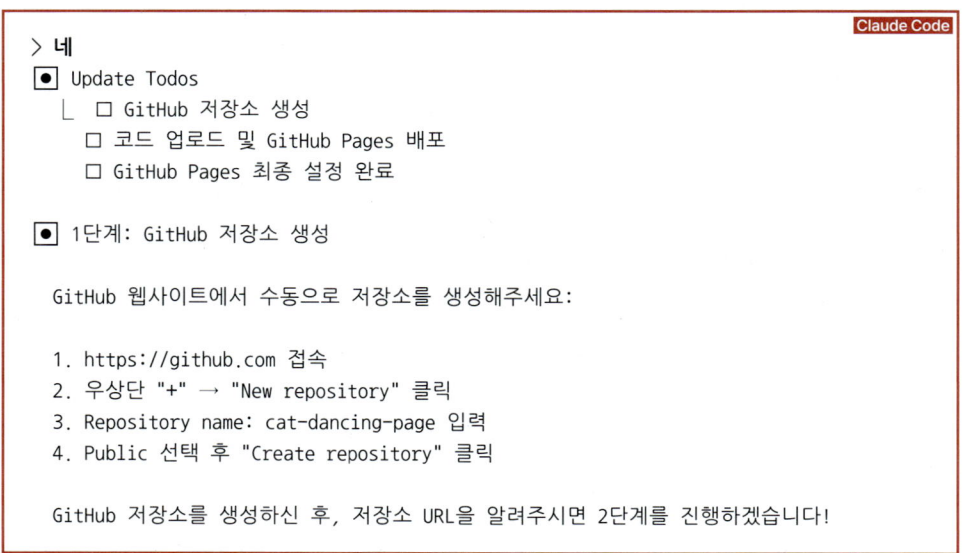

3. 깃허브 저장소를 생성하기 위해 https://github.com/<계정>에 접속합니다. 그리고 오른쪽 상단의 **+**를 누른 후 **New repository**를 누릅니다.

▼ **그림 1-22** 업로드할 깃허브 저장소 접속

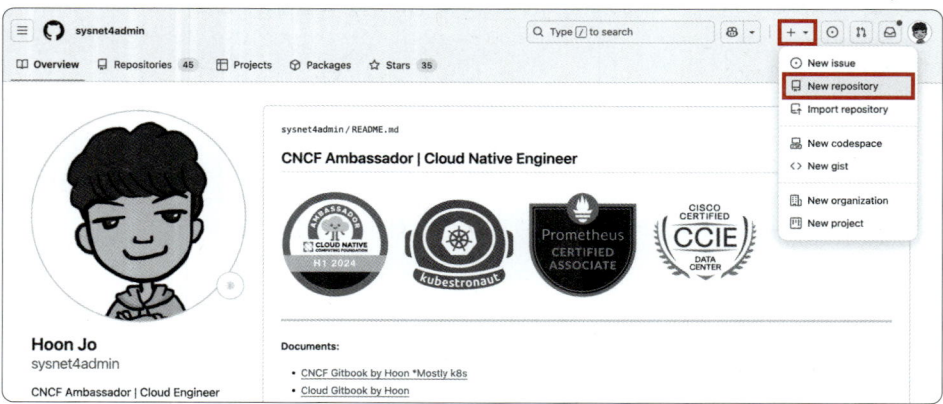

4. 새로운 저장소의 이름은 생성된 웹 페이지의 이름과 동일하게 **cat-dancing-page**로 하고, 하단에 **Create repository** 버튼을 누릅니다.

▼ **그림 1-23** 새 저장소 생성

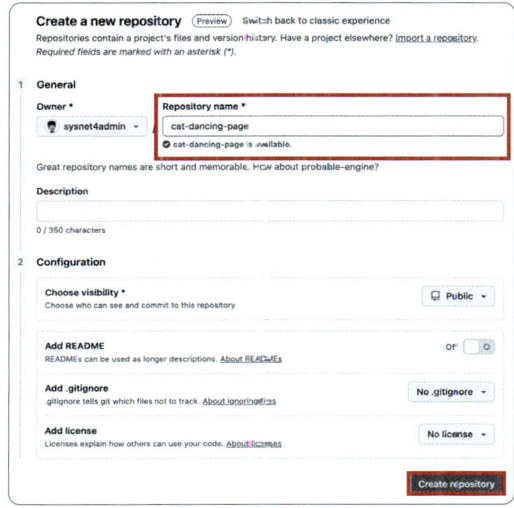

5. 새롭게 만들어진 저장소를 확인하고 주소를 복사합니다.

▼ **그림 1-24** 만들어진 저장소 주소 복사

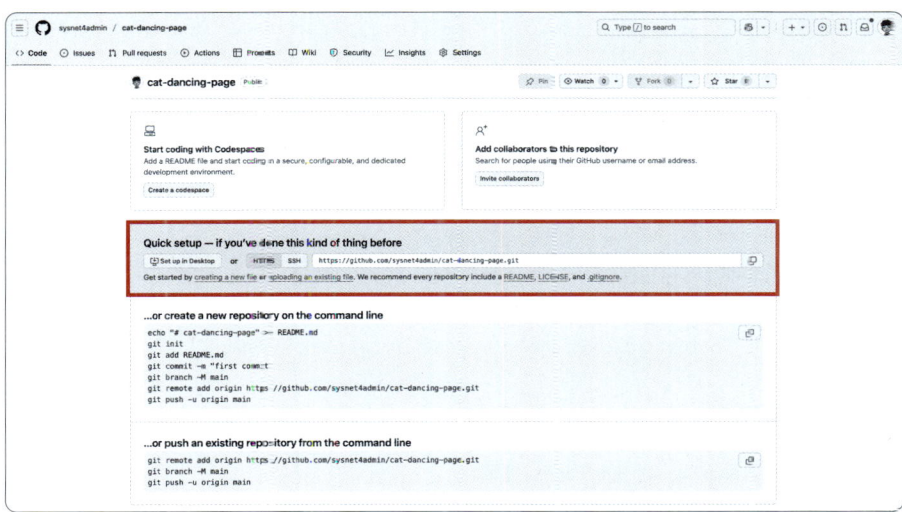

6. 저장소 주소는 "https://github.com/sysnet4admin/cat-dancing-page". 2단계를 진행해 줘라고 입력해 다음과 같이 2단계를 진행하도록 입력합니다(깃허브 저장소는 독자 여러분의 깃허브 주소로 변경해서 진행하세요). 임시 작업 공간을 만들고 깃허브 저장소를 클론한다는 내용을 확인한 후에 **Yes**를 누릅니다.

```
Claude Code
> 저장소 주소는 "https://github.com/sysnet4admin/cat-dancing-page". 2단계를 진행해줘

⏺ Update Todos
  ⎿  ☒ GitHub 저장소 생성
     ☐ 코드 업로드 및 GitHub Pages 배포
     ☐ GitHub Pages 최종 설정 완료

⏺ 2단계: 코드 업로드 및 GitHub Pages 배포

⏺ Bash(mkdir -p /tmp/workspace && cd /tmp/workspace && git clone https://github.com/sysnet4admin/cat-dancing-page.git)
  ⎿  Running…

     ┌──────────────────────────────────────────────────┐
     │ Bash command                                     │
     │                                                  │
     │   mkdir -p /tmp/workspace && cd /tmp/workspace && git clone https://github. │
     │ com/sysnet4admin/cat-dancing-page.git            │
     │   임시 작업공간 생성 및 GitHub 저장소 클론       │
     │                                                  │
     │ Do you want to proceed?                          │
     │ > 1. Yes                                         │
     │   2. Yes, and always allow access to tmp/ from this project │
     │   3. No, and tell Claude what to do differently (esc) │
     └──────────────────────────────────────────────────┘
```

7. 그 다음으로 웹 페이지 파일들을 복사하고 의존성을 재설치한다는 내용을 확인하고, **Yes**를 누릅니다.

```
Claude Code
> 저장소 주소는 "https://github.com/sysnet4admin/cat-dancing-page". 2단계를 진행해줘

⏺ Update Todos
  ⎿  ☒ ~~GitHub 저장소 생성~~
     ☐ 코드 업로드 및 GitHub Pages 배포
     ☐ GitHub Pages 최종 설정 완료

⏺ 2단계: 코드 업로드 및 GitHub Pages 배포

⏺ Bash(mkdir -p /tmp/workspace && cd /tmp/workspace && git clone
```

... 중략 ...
● Bash(cd /tmp/workspace/cat-dancing-page && cp -r /Users/hj/_Book_Claude-Code/week1/Fri/cat-dancing-page/* . && rm -rf node_modules && npm install)
  └ Running…

```
Bash command

  cd /tmp/workspace/cat-dancing-page && cp -r /Users/hj/_Book_Claude-Code/
week1/Fri/cat-dancing-page/* . && rm -rf node_modules && npm install
    웹페이지 파일들 복사 및 의존성 재설치

Do you want to proceed?
❯ 1. Yes
  2. Yes, and always allow access to cat-dancing-page/ from this project
  3. No, and tell Claude what to do differently (esc)
```

8. 프로덕션 빌드 및 gh-pages를 설치한다는 내용을 확인하고, **Yes**를 누릅니다.

> 저장소 주소는 "https://github.com/sysnet4admin/cat-dancing-page". 2단계를 진행해줘

● Update Todos
  └ ☒ GitHub 저장소 생성
    ☐ 코드 업로드 및 GitHub Pages 배포
    ☐ GitHub Pages 최종 설정 완료

● 2단계: 코드 업로드 및 GitHub Pages 배포

● Bash(mkdir -p /tmp/workspace && cd /tmp/workspace && git clone
... 중략 ...
  Bash(cd /tmp/workspace/cat-dancing-page && cp -r
... 중략 ...

● Bash(cd /tmp/workspace/cat-dancing-page && npm run build && npm install gh-pages
--save-dev)
  └ Running…

```
Bash command

  cd /tmp/workspace/cat-dancing-page && npm run build && npm install gh-pages
--save-dev
    프로덕션 빌드 및 gh-pages 설치
```

```
Do you want to proceed?
❯ 1. Yes
  2. Yes, and always allow access to cat-dancing-page/ from this project
  3. No, and tell Claude what to do differently (esc)
```

9. 코드 커밋 및 깃허브에 푸시한다는 내용을 확인하고, **Yes**를 누릅니다.

```
                                                                    Claude Code
❯ 저장소 주소는 "https://github.com/sysnet4admin/cat-dancing-page". 2단계를 진행해줘

⏺ 2단계: 코드 업로드 및 GitHub Pages 배포

⏺ Bash(mkdir -p /tmp/workspace && cd /tmp/workspace && git clone
  … 중략 …
  Bash(cd /tmp/workspace/cat-dancing-page && cp -r
  … 중략 …
⏺ Bash(cd /tmp/workspace/cat-dancing-page && npm run build && npm install gh-pages
  --save-dev)
  … 중략 …
⏺ Bash(cd /tmp/workspace/cat-dancing-page && git add . && git commit -m "Add
  dancing cat webpage project…)
  ⎿ Running…

    ┌────────────────────────────────────────────────────────────────────────┐
    │ Bash command                                                           │
    │                                                                        │
    │   cd /tmp/workspace/cat-dancing-page && git add . && git commit -m "Add│
    │ dancing cat webpage project                                            │
    │                                                                        │
    │   🐱 고양이 댄싱 애니메이션 웹페이지 개발 완료                          │
    │                                                                        │
    │   주요 기능:                                                           │
    │   - SVG 고양이 캐릭터와 복합 CSS 애니메이션                            │
    │   - 4가지 애니메이션 조합 (dance, wiggle, bounce, spin)                │
    │   - 애니메이션 속도 조절 (0.5x~2x)                                     │
    │   - 키보드 단축키 지원 (스페이스바, ESC, 1-4)                          │
    │   - 완전한 반응형 디자인 (모바일/태블릿/데스크탑)                      │
    │   - 글래스모피즘 UI 디자인                                             │
    │                                                                        │
    │   😺 Generated with [Claude Code](https://claude.ai/code)              │
    │                                                                        │
    │   Co-Authored-By: Claude <noreply@anthropic.com>" && git push origin main│
    │   코드 커밋 및 GitHub에 푸시                                           │
```

```
Do you want to proceed?
> 1. Yes
  2. Yes, and always allow access to cat-dancing-page/ from this project
  3. No, and tell Claude what to do differently (esc)
```

10. 중첩 폴더 제거 후 커밋 및 푸시한다는 내용을 확인하고, **Yes**를 누릅니다.

```
> 저장소 주소는 "https://github.com/sysnet4admin/cat-dancing-page". 2단계를 진행해줘

● 2단계: 코드 업로드 및 GitHub Pages 배포

● Bash(mkdir -p /tmp/workspace && cd /tmp/workspace && git clone
 … 중략 …
  Bash(cd /tmp/workspace/cat-dancing-page && cp -r
 … 중략 …
● Bash(cd /tmp/workspace/cat-dancing-page && npm run build && npm install gh-pages
  --save-dev)
 … 중략 …
● Bash(cd /tmp/workspace/cat-dancing-page && git add . && git commit -m "Add
  dancing cat webpage project…)
 … 중략 …
● Bash(cd /tmp/workspace/cat-dancing-page && rm -rf cat-dancing-page && git add .
  && git commit -m "Add dancing cat webpage project…)
  L Running…

   Bash command

     cd /tmp/workspace/cat-dancing-page && rm -rf cat-dancing-page && git add .
   && git commit -m "Add dancing cat webpage project

     🐱 고양이 댄싱 애니메이션 웹페이지 개발 완료

     주요 기능:
     - SVG 고양이 캐릭터와 복합 CSS 애니메이션
     - 4가지 애니메이션 조합 (dance, wiggle, bounce, spin)
     - 애니메이션 속도 조절 (0.5x~2x)
     - 키보드 단축키 지원 (스페이스바, ESC, 1-4)
     - 완전한 반응형 디자인 (모바일/태블릿/데스크탑)
     - 글래스모피즘 UI 디자인

     🐱 Generated with [Claude Code](https://claude.ai/code)
```

```
        Co-Authored-By: Claude <noreply@anthropic.com>" && git push origin main
        중첩 폴더 제거 후 커밋 및 푸시

   Do you want to proceed?
 ❯ 1. Yes
   2. Yes, and always allow access to cat-dancing-page/ from this project
   3. No, and tell Claude what to do differently (esc)
```

11. 깃허브 페이지에 배포한다는 내용을 확인하고, **Yes**를 누릅니다.

```
                                                                      Claude Code
> 저장소 주소는 "https://github.com/sysnet4admin/cat-dancing-page". 2단계를 진행해줘

  ⏺ 2단계: 코드 업로드 및 GitHub Pages 배포

  ⏺ Bash(mkdir -p /tmp/workspace && cd /tmp/workspace && git clone
  … 중략 …
    Bash(cd /tmp/workspace/cat-dancing-page && cp -r
  … 중략 …
  ⏺ Bash(cd /tmp/workspace/cat-dancing-page && npm run build && npm install gh-pages
  --save-dev)
  … 중략 …
  ⏺ Bash(cd /tmp/workspace/cat-dancing-page && git add . && git commit -m "Add
  dancing cat webpage project…)
  … 중략 …
  ⏺ Bash(cd /tmp/workspace/cat-dancing-page && rm -rf cat-dancing-page && git add .
  && git commit -m "Add dancing cat webpage project…)
    Bash(cd /tmp/workspace/cat-dancing-page && rm -rf cat-dancing-page && git add . &&
  git commit -m "Add dancing cat webpage project…)
    ⎿  [main (root-commit) ba979e7] Add dancing cat webpage project
       4006 files changed, 855682 insertions(+)
       create mode 100644 README.md
      … +391 lines (ctrl+r to expand)
    ⎿  Shell cwd was reset to /Users/hj/_Book_Claude-Code/week1/Fri

  ⏺ Bash(cd /tmp/workspace/cat-dancing-page && npx gh-pages -d dist)
    ⎿  Running…

  ┌─────────────────────────────────────────────────────────────────────────────┐
  │ Bash command                                                                │
  │                                                                             │
  │   cd /tmp/workspace/cat-dancing-page && npx gh-pages -d dist                │
  │   GitHub Pages에 배포                                                       │
  └─────────────────────────────────────────────────────────────────────────────┘
```

```
  Do you want to proceed?
> 1. Yes
  2. Yes, and always allow access to cat-dancing-page/ from this project
  3. No, and tell Claude what to do differently (esc)
```

12. gh-pages 브랜치로 체크아웃한다는 내용을 확인하고, **Yes**를 누릅니다.

```
> 저장소 주소는 "https://github.com/sysnet4admin/cat-dancing-page". 2단계를 진행해줘

● 2단계: 코드 업로드 및 GitHub Pages 배포

● Bash(mkdir -p /tmp/workspace && cd /tmp/workspace && git clone
  … 중략 …
  Bash(cd /tmp/workspace/cat-dancing-page && cp -r
  … 중략 …
● Bash(cd /tmp/workspace/cat-dancing-page && npm run build && npm install gh-pages
  --save-dev)
  … 중략 …
● Bash(cd /tmp/workspace/cat-dancing-page && git add . && git commit -m "Add
  dancing cat webpage project…")
  … 중략 …
● Bash(cd /tmp/workspace/cat-dancing-page && npx gh-pages -d dist)
  └ Published
  └ Shell cwd was reset to /Users/hj/_Book_Claude-Code/week1/Fri

● Bash(cd /tmp/workspace/cat-dancing-page && git fetch origin && git stash && git
  checkout gh-pages)
  └ Running…

  ┌─────────────────────────────────────────────────────────────┐
  │ Bash command                                                │
  │                                                             │
  │   cd /tmp/workspace/cat-dancing-page && git fetch origin && git stash && git │
  │ checkout gh-pages                                           │
  │   gh-pages 브랜치로 체크아웃                                │
  │                                                             │
  │ Do you want to proceed?                                     │
  │ > 1. Yes                                                    │
  │   2. Yes, and always allow access to cat-dancing-page/ from this project │
  │   3. No, and tell Claude what to do differently (esc)       │
  └─────────────────────────────────────────────────────────────┘
```

13. 절대 경로를 상대 경로로 변경하는 내용을 확인하고, **Yes**를 누릅니다.

> 저장소 주소는 "https://github.com/sysnet4admin/cat-dancing-page". 2단계를 진행해줘

⏺ 2단계: 코드 업로드 및 GitHub Pages 배포

⏺ Bash(mkdir -p /tmp/workspace && cd /tmp/workspace && git clone
  … 중략 …
  Bash(cd /tmp/workspace/cat-dancing-page && cp -r
  … 중략 …
⏺ Bash(cd /tmp/workspace/cat-dancing-page && npm run build && npm install gh-pages
  --save-dev)
  … 중략 …
⏺ Bash(cd /tmp/workspace/cat-dancing-page && git add . && git commit -m "Add
  dancing cat webpage project…")
  … 중략 …
⏺ Bash(cd /tmp/workspace/cat-dancing-page && npx gh-pages -d dist)
  … 중략 …
⏺ Bash(cd /tmp/workspace/cat-dancing-page && git fetch origin && git stash && git
  checkout gh-pages)
  … 중략 …
⏺ Update(/tmp/workspace/cat-dancing-page/index.html)

```
  Edit file

    ../../../../tmp/workspace/cat-dancing-page/index.html

      2     <html lang="en">
      3       <head>
      4         <meta charset="UTF-8" />
      5 -       <link rel="icon" type="image/svg+xml" href="/vite.svg" />
      5 +       <link rel="icon" type="image/svg+xml" href="./vite.svg" />
      6         <meta name="viewport" content="width=device-width, initial-scale=1.0" />
      7 -       <title>Vite + React</title>
      8 -       <script type="module" crossorigin src="/assets/index-jqnrVJWH.js"></script>
      9 -       <link rel="stylesheet" crossorigin href="/assets/index-BYtPq8ts.css">
      7 +       <title>고양이 댄싱 페이지</title>
      8 +       <script type="module" crossorigin src="./assets/index-jqnrVJWH.js"></script>
      9 +       <link rel="stylesheet" crossorigin href="./assets/index-BYtPq8ts.css">
```

```
10      </head>
11      <body>
12         <div id="root"></div>
```

Do you want to make this edit to index html?
❯ 1. Yes
  2. Yes, for this session only (shift-tab)
  3. No, and tell Claude what to do differently (esc)

14. 수정된 내용을 깃허브 저장소에 푸시하는 것을 확인하고, **Yes**를 누릅니다.

> Claude Code

> 저장소 주소는 "https://github.com/sysnet4admin/cat-dancing-page". 2단계를 진행해줘

⏺ 2단계: 코드 업로드 및 GitHub Pages 배포

⏺ Bash(mkdir -p /tmp/workspace && cd /tmp/workspace && git clone
… 중략 …
  Bash(cd /tmp/workspace/cat-dancing-page && cp -r
… 중략 …
⏺ Bash(cd /tmp/workspace/cat-dancing-page && npm run build && npm install gh-pages
--save-dev)
… 중략 …
⏺ Bash(cd /tmp/workspace/cat-dancing-page && git add . && git commit -m "Add
dancing cat webpage project…)
… 중략 …
⏺ Bash(cd /tmp/workspace/cat-dancing-page && npx gh-pages -d dist)
… 중략 …
⏺ Bash(cd /tmp/workspace/cat-dancing-page && git fetch origin && git stash && git
checkout gh-pages)
… 중략 …
⏺ Update(/tmp/workspace/cat-dancing-page/index.htnl)
… 중략 …
⏺ Bash(cd /tmp/workspace/cat-dancing-page && git add . && git commit -m "Fix asset
paths for GitHub Pages…
  └ Running…

Bash command

  cd /tmp/workspace/cat-dancing-page && git add . && git commit -m "Fix asset
paths for GitHub Pages

```
    - 절대 경로를 상대 경로로 수정
    - 페이지 제목을 '고양이 댄싱 페이지'로 변경
    - GitHub Pages 환경에서 정상 작동하도록 최적화

    🤘 Generated with [Claude Code](https://claude.ai/code)

    Co-Authored-By: Claude <noreply@anthropic.com>" && git push origin gh-pages
    상대 경로 수정 후 커밋 및 푸시

Do you want to proceed?
❯ 1. Yes
  2. Yes, and don't ask again for similar commands in /Users/hj/_Book_Claude-
Code/week1/Fri
  3. No, and tell Claude what to do differently (esc)
```

15. 3단계는 따로 물어보지 않고 진행되었으며, 몇 분 후에 생성된 웹 페이지를 확인할 수 있습니다.

```
⏺ Update Todos
  ⎿  ☒ GitHub 저장소 생성
     ☒ 코드 업로드 및 GitHub Pages 배포
     ☐ GitHub Pages 최종 설정 완료

⏺ 3단계: GitHub Pages 최종 설정 완료

  GitHub 웹사이트에서 Pages 설정을 완료해주세요:

  1. GitHub 저장소 접속: https://github.com/sysnet4admin/cat-dancing-page
  2. Settings → Pages로 이동
  3. Source 설정:
    - "Deploy from a branch" 선택
    - Branch: "gh-pages" 선택
    - Folder: "/ (root)" 선택
  4. Save 클릭

⏺ Update Todos
  ⎿  ☒ GitHub 저장소 생성
     ☒ 코드 업로드 및 GitHub Pages 배포
     ☒ GitHub Pages 최종 설정 완료

⏺ 🎉 GitHub Pages 배포 완료!

  🌐 웹사이트 주소
```

```
https://sysnet4admin.github.io/cat-dancing-page/
```

설정 완료 후 몇 분 내에 웹사이트가 활성화됩니다! 고양이 댄싱 애니메이션을 인터넷에서 즐기실 수 있습니다. 🐱💃

16. 웹 브라우저에서 깃허브 페이지 주소 값을 입력해 **고양이 댄싱 페이지**가 잘 보이는지 확인합니다.

▼ 그림 1-25 웹 브라우저에서 깃허브 페이지 주소 값을 입력해 고양이 웹 페이지 확인

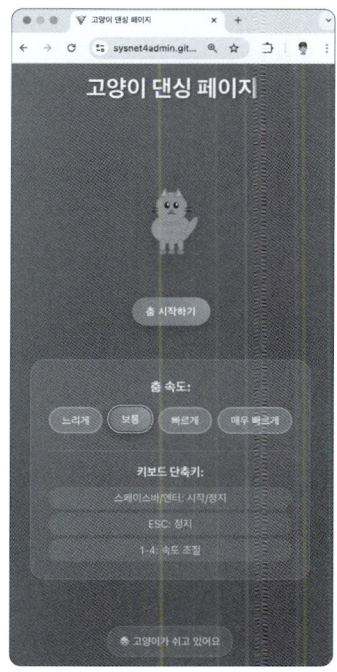

> **NOTE**
>
> **만약 웹 페이지에 접속되지 않거나 진행 중에 문제가 생긴다면?**
>
> 다양한 경우의 수로 웹 페이지어 접속되지 않을 수 있습니다. 이 경우 클로드 코드에 "웹 사이트 접속 안 됨" 등을 물어보면, 로컬의 파일과 원격 깃허브 저장소를 비교하면서 문제를 자체적으로 수정합니다.

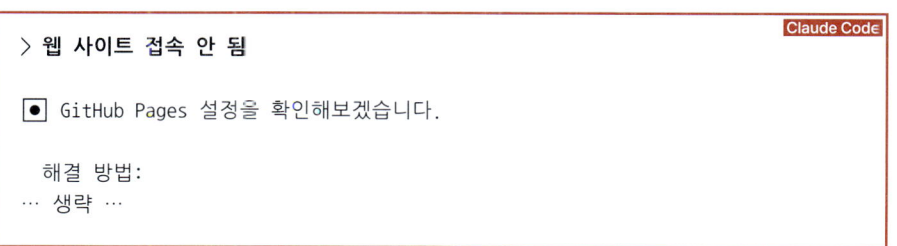

또는 깃허브에 대한 인증 정보가 없어서 진행 중에 다음과 같은 메시지가 나올 수도 있습니다. 이런 경우에는 지시하는대로 진행하면 되고, 만약 지시하는 내용에 대해서 바로 이해하기 어렵다면 그 자체를 물어보면 됩니다.

> Claude Code
>
> ● GitHub 인증이 필요합니다. 다음과 같이 진행하세요:
>
> 방법 1: Personal Access Token 생성
> 1. GitHub.com 로그인
> 2. Settings → Developer settings → Personal access tokens → Tokens (classic)
> 3. "Generate new token (classic)" 클릭
> 4. Note에 "cat-dancing-page" 입력
> 5. repo 권한 체크
> 6. 토큰 생성 후 복사
>
> 방법 2: 수동으로 파일 업로드
> 저장소 https://github.com/anyk0917/cat-dancing-page 에서:
> 1. "Add file" → "Upload files" 클릭
> 2. 현재 프로젝트의 모든 파일을 드래그하여 업로드
> 3. "Commit changes" 클릭
>
> 어떤 방법을 사용하시겠습니까? Personal Access Token을 생성하신다면 토큰을 알려주세요.

> **Personal Access Token이 뭐야?**

> ● Personal Access Token(PAT)은 GitHub에서 제공하는 비밀번호 대신 사용하는 인증 토큰입니다.
>
> 간단 설명
>
> - 용도: GitHub 계정에 안전하게 접근하기 위한 임시 비밀번호
> - 형태: ghp_abcdefg123456789... 같은 긴 문자열
> - 보안: 실제 비밀번호보다 안전 (필요시 언제든 삭제 가능)
>
> 왜 필요한가?
>
> - GitHub가 보안 강화를 위해 2021년부터 일반 비밀번호 대신 토큰 사용 강제
> - 코드 업로드, 저장소 관리 등에 필요
>
> 토큰 vs 비밀번호
>
> | 구분 | 비밀번호 | Personal Access Token |
> |------|----------|------------------------|
> | 보안 | 낮음 | 높음 |

| 권한 | 모든 권한 | 필요한 권한만 선택 가능 |
| 관리 | 변경 어려움 | 언제든 생성/삭제 가능 |

결론: GitHub 작업을 위한 임시 비밀번호라고 생각하시면 됩니다.

토큰 생성하시겠습니까, 아니면 수동 업로드 방식을 선택하시겠습니까?

화요일 끝에 '영어로 나오는 내용을 한글로 보기'에서 얘기한 것과 동일하게 모르는 내용이 있다면 언제라도 클로드 코드에 물어가며 진행할 수 있습니다. 클로드 코드는 이전까지의 상황을 모두 기억하고 있기 때문에 관련된 어떠한 질문이라도 친절하게 대답해줄 것입니다.

클로드 코드를 통해 리액트, CSS, 깃허브 페이지 등에 대한 지식이 없이도 웹 페이지를 만들고 이를 인터넷에 공개할 수 있었습니다. 물론 클로드 코드가 만들어라 이러한 지식이 쓸데없다는 것은 아닙니다. 중간중간 나오는 내용과 방향성을 가지고 확인하고 수정해야 하기 때문입니다. 하지만 분명한 것은 클로드 코드를 이용하면 모르는 것에 대해서 조언을 구할 수 있고, 이미 아는 것에 대해서는 빠르게 확인하고 진행할 수 있다는 것입니다.

17. 금요일 실습을 마쳤다면, /quit를 입력해서 클로드 코드를 종료합니다.

```
> /quit
```
Claude Code

지금까지의 실습은 책에 있는 내용과 흡사하게 진행되었을 것입니다. 사실 이렇게 유사하게 진행될 수 있었던 이유는 각 디렉터리에 가이드가 되는 CLAUDE.md 파일이 존재했기 때문입니다. CLAUDE.md는 클로드 코드를 원하는 방향으로 다루기 위한 가장 기초적인 내용이고, 그만큼 중요한 내용이므로 2주차 시작하는 부분에서 바로 해당 내용을 설명하겠습니다.

또한 1주차의 경우에는 시작하는 주이므로, 가능한 설명을 많이 그리고 쉽게 하였지만, 2주차부터는 상세한 설명보다는 빠른 실습 그리고 많은 내용을 다루는 형태로 진행하겠습니다. 클로드 코드는 사실 매우 쉬우니 그러한 형태가 독자 여러분에게 더 많은 정보를 압축적으로 전달할 수 있다고 판단하였습니다.

주말동안에는 머리를 식힐 수 있게 준비한 읽을거리를 가볍게 읽어 보시고, 다음 주 2주차에 뵙겠습니다.

클로드 코드 vs 제미나이 CLI

클로드 코드 외에 구글에서 출시한 제미나이(Gemini) CLI와 오픈AI에서 출시한 코덱스(Codex) CLI도 있습니다. 이를 보여지는 부분만 비교하면 다음과 같습니다.

▼ 표 1-12 클로드 코드, 제미나이 CLI, 코덱스 CLI 비교

구분	클로드 코드	제미나이 CLI	코덱스 CLI
기반 모델(기본)	Claude Sonnet 4	Gemini 2.5 Pro	o4-mini
컨텍스트 길이	최대 1M 토큰 (API 베타)	최대 1M 토큰	공개 스펙 미정(추정 200k~1M 범위)
무료 체험/크레딧	⚠ 제한적 (앤트로픽 계정 필요)	✅ 구글 계정 60req/min, 1,000req/day 무료	⚠ 제한적(OpenAI 계정 필요)
배포 형태	클라우드 기반 + 로컬 CLI	오픈소스 CLI + 클라우드 API	오픈소스 CLI + 클라우드 API
장점	• 코드 관련 능력이 뛰어남 • 전략을 세우고 단계별로 진행함 • 편의 기능이 많음 • 구독형 요금제	• 구글 검색 등 유용한 도구가 내장되어 있음 • 무료로 사용 가능	• 모델이 다양함 • 속도가 빠름
단점	• 유료 서비스만 존재함 • 구독제의 경우에도 제한이 있음	• 구글 계정 필수 • 편의 기능이 부족함 • 환경에 대한 고려 부족	• 사용 사례가 부족함 • 공개되지 않은 정보들이 존재함

이렇게 글자로만 비교하면 비용을 지불하고 클로드 코드를 써야만 하는 이유가 확실히 느껴지지 않습니다. 따라서 몇 가지 사례를 통해서 클로드 코드가 다른 도구에 비해 얼마나 편의성이 높고, 터미널 기반 사용을 위해 준비해 둔 부분이 많은지 제미나이 CLI와의 비교를 통해서 확인해 보겠습니다. 비교 대상에서 코덱스 CLI를 제외한 이유는 아직 사용 사례가 많지 않고, 가장 뛰어난 제품과 현재 무료로 체험할 수 있는 도구를 비교하는 게 의미 있을 것이라고 판단했기 때문입니다.

1. 전략을 세움

클로드 코드는 모든 작업을 진행하기 전에 작업 순서를 설정하고 진행합니다. 그에 반해 제미나이 CLI는 일단 진행하면서 다음 작업을 생성합니다. 이런 단순한 차이는 사용자로 하여금 어떤 순서를 가지고 결과를 만들어 낼지 미리 알 수 있게 하기 때문에 작업을 중간에 중단하는 경우를 줄여줄 수 있습니다.

클로드 코드 예시:

> 현재 쿠버네티스 클러스터의 istio-system에 있는 istio-cni의 로그를 분석해줘
>
> ● 쿠버네티스 클러스터의 istio-system 네임스페이스에서 istio-cni 로그를 분석하겠습니다.
>
> ● Update Todos
> □ istio-system 네임스페이스의 istio-cni 파드 확인
> □ istio-cni 파드의 로그 수집 및 분석
> □ 로그에서 에러나 이상 징후 파악
> … 생략 …

제미나이 CLI 예시:

> 현재 쿠버네티스 클러스터의 istio-system에 있는 istio-cni의 로그를 분석해줘
> ✱ 네, 현재 쿠버네티스 클러스터의 istio-system 네임스페이스에 있는 istio-cni의 로그를 가져와 분석하겠습니다.
> ? Shell kubectl logs -n istio-system -l app=istio-cni-node (istio-system 네임스페이스에 있는 istio-cni 파드의 로그를 검색하여 분석합니다.) ←
>   kubectl logs -n istio-system -l app=istio-cni-node
> … 생략 …

2. 나누어 분석함

클로드 코드는 분석해야 하는 내용이 길다면 **--tail** 등을 사용하여 일부만 분석하고 필요 시 분석 범위를 넓힙니다. 이를 통해 토큰도 절약하고, 분석 결과도 빠르게 확인할 수 있습니다. 하지만 제미나이 CLI는 아직은 이런 부분을 세세하게 고려하지 못합니다.

클로드 코드 예시:

```
                                                          Claude Code
Update Todos
  ⎿  ☒ i̶s̶t̶i̶o̶-̶s̶y̶s̶t̶e̶m̶ 네임스페이스의 i̶s̶t̶i̶o̶-̶c̶n̶i̶ 파드 확인
     ☐ istio-cni 파드의 로그 수집 및 분석
     ☐ 로그에서 에러나 이상 징후 파악

Bash command

  kubectl logs -n istio-system istio-cni-node-8bjxg --tail=50
  첫 번째 istio-cni 파드의 최근 50줄 로그 수집
… 생략 …
```

제미나이 CLI 예시:

```
 이제 각 파드의 로그를 직접 조회하여 분석하겠습니다. 먼저 istio-cni-node-8bjxg 파드의
 로그를 가져옵니다.

    ?  Shell kubectl logs -n istio-system istio-cni-node-8bjxg (istio-cni-node-
    8bjxg 파드의 로그를 가져옵니다.) ←

       kubectl logs -n istio-system istio-cni-node-8bjxg
    … 생략 …
```

3. 명령어를 구분해서 기억함

클로드 코드는 명령어의 서브 명령어 수준으로 기억하고 다시 물어보지 않을 수 있지만, 제미나이 CLI는 명령어 단위로만 기억하고 서브 명령어 수준으로 기억하기 위해서는 추가적인 설정을 따로 진행해야 합니다. 다음 예제에서 클로드 코드는 **kubectl logs** 수준의 서브 명령어로 나누어 기억하고, 제미나이 CLI는 **kubectl** 단위로 기억하는 것을 볼 수 있습니다.

클로드 코드 예시:

```
                                                          Claude Code
  … 생략 …
  Bash command

    kubectl logs -n istio-system istio-cni-node-8bjxg --tail=50
```

```
    첫 번째 istio-cni 파드의 최근 50줄 로그 수집

Do you want to proceed?
  1. Yes
> 2. Yes, and don't ask again for kubectl logs commands in /private/tmp
  3. No, and tell Claude what to do differently (esc)
```

제미나이 CLI 예시:

```
 … 생략 …
   kubectl logs -n istio-system istio-cni-node-8bjxc

 Allow execution of: 'kubectl'?

● 1. Yes, allow once
  2. Yes, allow always ...
  3. No, suggest changes (esc)
```

인공지능 에이전트는 사람을 향해 있고, 사람의 편의성을 높이는 부분이 가장 중요한 특징 중 하나입니다. 그런 면에서 클로드 코드는 다른 인공지능 에이전트에 비해 월등한 결과를 보여줍니다. 이렇게만 보면 클로드 코드가 정답이고 클로드 코드만을 써야 하는 것으로 보일 수 있지만, IT 특히 인공지능은 매우 빠르게 변하기 때문에 오늘의 승자가 내일의 승자일 수는 없습니다. 따라서 우선 현재의 책으로 터미널 기반 인공지능 에이전트에 익숙해지고 꾸준히 시장 변화를 지켜보는 것이 가장 올바른 도구 선택 방법입니다.

WEEK 2

2주차: 클로드 코드 설정하기

MONDAY	CLAUDE.md
TUESDAY	프롬프트 잘 작성하기
WEDNESDAY	클로드 실행 모드 마스터하기
THURSDAY	클로드 코드의 내장 도구와 터미널 확장
FRIDAY	MCP 연동
WEEKEND	클로드 코드와 개발자 생산성

월 CLAUDE.md

개요

CLAUDE.md란?

개발자가 새로운 프로젝트에 투입되면 가장 먼저 하는 일은 무엇인가요?

일반적으로 코딩 컨벤션을 확인하고, 프로젝트 구조를 파악하며, 사용 중인 기술 스택을 이해합니다. 이 과정이 제대로 정리되어 있지 않으면 매번 새로운 팀원에게 같은 설명을 반복해야 하고, 문서가 흩어져 있으면 빠짐없이 학습하기도 어렵습니다.

CLAUDE.md는 클로드 코드에게 이 모든 정보를 제공하는 '지침서' 역할을 합니다. 단순한 문서가 아니라, AI가 개발자의 의도를 오해하지 않고 프로젝트 특성에 맞는 답변을 할 수 있도록 안내하는 일종의 사용 설명서라고 할 수 있습니다. 이를 통해 프로젝트마다 다른 규칙이나 맥락을 AI가 즉시 이해할 수 있으며, 코드 리뷰·테스트·문서화 작업에서도 일관성을 유지할 수 있습니다.

실제 문제 상황

개발자로 일하다 보면 다음과 같은 상황을 자주 겪습니다.

- 클라이언트마다 다른 코딩 스타일 요구
- 프로젝트별로 다른 기술 스택과 규칙
- 매번 같은 설명을 반복해야 하는 번거로움
- 팀원과의 일관성 유지 어려움

이런 문제들이 누적되면 코드 품질은 들쭉날쭉해지고, 새로 합류한 팀원은 적응하는 데 시간이 오래 걸리며, 프로젝트 진행 속도까지 떨어집니다.

CLAUDE.md는 이 모든 문제를 해결합니다. 한 번 설정해 두면 클로드가 자동으로 프로젝트 맥락을 이해하고, 일관된 방식으로 코드를 생성하며, 팀 전체가 같은 규칙을 공유할 수 있습니다. 즉, '사람마다 다른 설명'을 줄이고 'AI를 통한 표준화된 안내서'가 확보됩니다.

오늘 다룰 내용

오늘은 클로드 코드의 핵심 기능인 CLAUDE.md 파일과 /init 명령어를 활용하여 프로젝트별 맞춤 설정을 구성하는 방법을 배웁니다. 이는 효율적인 개발 환경의 기초가 되는 중요한 단계입니다. 단순히 설정 파일을 작성하는 데 그치지 않고, 팀 전체의 협업 효율을 높이고 코드 품질을 일관되게 유지하는 전략으로 활용할 수 있습니다.

---

1. CLAUDE.md

프로젝트 소개 파일

CLAUDE.md는 클로드 코드가 자동으로 읽어 들이는 특별한 파일입니다. 새로운 팀원이 프로젝트에 합류했을 때 "이 프로젝트는 이렇게 작업해요"라고 설명해주는 것처럼, 클로드에게 "이 프로젝트에서는 이런 식으로 코드를 작성하고, 이런 규칙을 따라요"라고 알려주는 역할을 합니다. 즉, 사람에게 주는 온보딩 가이드와 같은 역할을 AI에게 제공하는 문서라고 할 수 있습니다.

CLAUDE.md 파일은 왜 필요한가요?

클로드는 강력한 AI이지만, 여러분의 특정 프로젝트 상황을 모릅니다. 예를 들어 다음과 같은 상황을 말이죠.

- 어떤 코딩 스타일을 선호하는지
- 어떤 라이브러리를 사용하고 있는지
- 파일을 어떤 구조로 정리하는지
- 어떤 네이밍 규칙을 따르는지

이런 맥락이 없으면 AI는 일반적인 답변만 내놓게 되고, 팀이 원하는 방식과 어긋날 수 있습니다.

CLAUDE.md가 있으면 매번 이런 것들을 설명할 필요 없이, 클로드가 자동으로 프로젝트 컨텍스트를 이해하고 맞춤형 답변을 제공합니다. 결과적으로 팀 내 일관성이 높아지고, AI를 실무에 더 안전하고 효과적으로 활용할 수 있습니다.

CLAUDE.md가 있을 때와 없을 때

클로드 코드는 CLAUDE.md가 있을 때와 없을 때 각각의 상황에서 다음 예시처럼 답변합니다.

CLAUDE.md가 없을 때:

> React 컴포넌트 만들어줘

● 어떤 React 컴포넌트를 만들어드릴까요? 구체적으로 어떤 기능이나 UI를 가진 컴포넌트가 필요하신지 알려주시면 도움드리겠습니다.

예를 들어:
- 버튼, 입력 폼, 카드 등의 UI 컴포넌트
- 특정 기능을 가진 컴포넌트 (카운터, 투두리스트 등)
- 데이터를 표시하는 컴포넌트

어떤 종류의 컴포넌트를 원하시는지 말씀해 주세요!

CLAUDE.md가 있을 때:

> React 컴포넌트 만들어줘

● React 컴포넌트를 만들어드리겠습니다. 프로젝트 지침에 따라 HealthCheck 상태를 표현하는 컴포넌트를 생성하겠습니다.

● Update Todos
  ⎿ ☐ HealthCheck 상태를 표현하는 React 컴포넌트 생성
     ☐ TypeScript 타입 정의 및 컴포넌트 구현
     ☐ 상태별 스타일링 및 아이콘 적용

● 먼저 src/components/ 디렉터리를 확인하고 HealthCheck 컴포넌트를 생성하겠습니다.

● List(~/test)
  ⎿ Listed 3 paths (ctrl+r to expand)

● src 디렉터리가 없는 것 같습니다. 필요한 디렉터리 구조를 생성하고 컴포넌트를 만들어보겠습니다.

● Bash(mkdir -p src/components)
  ⎿ Running…
… 생략 …

이처럼 CLAUDE.md를 활용하면 다음과 같은 번거로운 상황을 한 번에 해결할 수 있습니다.

1. 매번 반복하는 설명 생략: "타입스크립트를 쓰고, 스타일은 styled-components로" 같은 설명을 매번 할 필요가 없습니다.
2. 일관성 유지: 팀의 모든 구성원이 같은 스타일과 규칙을 따르며, 코드 품질이 균일해집니다.
3. 프로젝트 이해도 향상: 클로드가 프로젝트의 목적과 구조를 이해해, 더 맥락에 맞는 제안을 제공합니다.
4. 자동화: 반복적인 작업도 프로젝트 규칙에 맞게 자동 처리됩니다.

CLAUDE.md의 주요 특징

CLAUDE.md는 클로드 코드가 프로젝트를 이해하는 데 핵심적인 역할을 합니다. 이 파일은 모든 대화에서 자동으로 참조되어 팀의 컨벤션을 자연스럽게 반영하며, 개발자가 일일이 지침을 설명하지 않아도 프로젝트별 맞춤형 답변을 이끌어 냅니다.

또한 세션이 끝나도 설정이 유지되어 지속적인 메모리처럼 동작하고, 필요할 경우 여러 CLAUDE.md를 계층적으로 조합할 수 있어 다양한 협업 환경에도 유연하게 대응할 수 있습니다.

특히 다음과 같은 점들이 유용합니다.

- 자동 컨텍스트 포함: 모든 대화에서 자동으로 프로젝트 맥락이 반영됨
- 프로젝트 특화: 팀의 코딩 스타일과 규칙을 저장
- 지속적 메모리: 세션이 끝나도 설정 유지
- 계층적 구조: 여러 CLAUDE.md 파일을 조합 가능

2. /init 명령어로 시작하기

첫 번째 프로젝트 설정

새로운 프로젝트에서 클로드 코드를 사용하려면 /init 명령어부터 시작합니다. 이 단계는 단순히 CLAUDE.md를 생성하는 것 이상으로, 프로젝트 전체를 클로드와 연결하는 준비 과정이라고 볼 수 있습니다.

프로젝트 초기화 단계는 다음과 같습니다. /init 명령어를 실행하면 my-awsome-project 폴더 아래에 CLAUDE.md 파일이 자동으로 생성됩니다.

```
# 1. 새 프로젝트 디렉터리 생성
$ mkdir my-awesome-project
$ cd my-awesome-project

# 2. 기본 프로젝트 파일 생성(선택사항)
$ npm init -y
$ git init

# 3. 클로드 코드 시작 및 초기화
$ claude /init
```

/init이 하는 일

/init 명령어는 현재 디렉터리를 분석해서 프로젝트에 맞는 CLAUDE.md 파일을 자동으로 생성합니다. 단순한 스캐폴딩이 아니라, 프로젝트가 가진 특징을 AI가 이해할 수 있도록 지식화된 지침서를 만들어주는 과정입니다.

구체적으로는 다음과 같습니다.

- 현재 디렉터리의 주요 메타파일(package.json, requirements.txt, Gemfile 등) 분석
- 사용 중인 프레임워크와 라이브러리 감지
- 프로젝트 구조 패턴 인식

이 과정을 거쳐 프로젝트에 특화된 CLAUDE.md가 만들어집니다.

다음은 자동으로 생성된 CLAUDE.md 예시입니다.

```
# My Awesome Project

## 기술 스택
- Node.js 프로젝트
- Package manager: npm

## 개발 환경
- JavaScript/TypeScript
- ESLint + Prettier 설정
- Git 버전 관리

## 자주 사용할 명령어
```

```
- npm install: 패키지 설치
- npm run dev: 개발 서버 시작 (설정 필요)
- npm test: 테스트 실행 (설정 필요)
```

이렇게 생성된 CLAUDE.md는 단순한 메모가 아니라, 클로드가 프로젝트에 최적화된 답변을 내놓도록 돕는 출발점입니다. 이후에는 팀 규칙이나 추가 설명을 직접 보완해 더욱 강력한 'AI 온보딩 문서'로 발전시킬 수 있습니다.

3. 실제 프로젝트로 실습하기

실제 프로젝트에서 /init을 어떻게 활용하는지 직접 체험해 보면, CLAUDE.md가 어떤 식으로 생성되고 프로젝트 맥락을 어떻게 반영하는지 명확히 이해할 수 있습니다. 여기서는 두 가지 예제 프로젝트(리액트, Express)를 통해 프런트엔드와 백엔드 환경 모두에서 /init이 어떻게 동작하는지 살펴봅니다.

실습 1: 리액트 프로젝트 생성 및 초기화

그럼 간단한 실제 프로젝트를 기반으로 실습해 보겠습니다. 먼저 다음과 같이 실습 공간을 만들고 클로드 코드를 실행합니다(주의: npx 명령을 직접 사용하기 때문에 npx가 사전에 설치되어 있어야 합니다).

```
# 리액트 프로젝트 생성
$ npx create-react-app my-react-app
Need to install the following packages:
create-react-app@5.1.0
Ok to proceed? (y) y
... 중략 ...

$ cd my-react-app

# 클로드 코드 실행
$ claude
```

이제 /init 명령으로 CLAUDE.md를 만듭니다.

```
> /init
● I'll analyze your codebase for the Claude Code 실용 가이드북 집필 프로젝트 and
  create a comprehensive CLAUDE.md file.

● Update Todos
  ⎿ ☐ Analyze project structure and existing files
     ☐ Check for build and development commands
     ☐ Review existing CLAUDE.md content
     ☐ Create improved CLAUDE.md file

● Search(pattern: "**/*")
  ⎿ Found 100 files (ctrl+r to expand)

● Search(pattern: "*.json")
  ⎿ Found 2 files (ctrl+r to expand)

● Read(package.json)
  ⎿ Read 40 lines (ctrl+r to expand)

● Update Todos
  ⎿ ☒ Analyze project structure and existing files
     ☐ Check for build and development commands
     ☐ Review existing CLAUDE.md content
     ☐ Create improved CLAUDE.md file

● Search(pattern: "src/**/*.{js,jsx,ts,tsx}")
  ⎿ Found 5 files (ctrl+r to expand)

● Read(src/App.js)
  ⎿ Read 26 lines (ctrl+r to expand)

… 중략 …
Do you want to create CLAUDE.md?
> 1. Yes
  2. Yes, for this session only (shift+tab)
  3. No, and tell Claude what to do differently (esc)
```

결과물은 다음과 같습니다.

```
# CLAUDE.md

This file provides guidance to Claude Code (claude.ai/code) when working with code
in this repository.
```

```
## Project Overview

This is a React application created with Create React App (CRA) that serves as
a demonstration project for the Claude Code 실용 가이드북 (Claude Code Practical
Guidebook) project. The book project documents practical usage patterns and best
practices for Claude Code in Korean.

## Development Commands

### Core Commands
- `npm start` - Start development server on http://localhost:3000 with hot reloading
- `npm test` - Run tests in interactive watch mode
- `npm run build` - Build production-ready app to `build/` folder
- `npm run eject` - Permanently expose webpack configuration (irreversible)

### Testing
- Run specific test: `npm test -- --testNamePattern="test name"`
- Run tests once without watch: `npm test -- --watchAll=false`
- Coverage report: `npm test -- --coverage`

### ESLint
The project uses CRA's default ESLint configuration. Linting errors will appear in
the console during development.

## Project Architecture

### Directory Structure
```
src/
├── App.js   # Main application component
├── App.test.js   # Tests for App component
├── App.css   # Styles for App component
├── index.js   # Application entry point
├── index.css   # Global styles
├── setupTests.js   # Testing setup with jest-dom
└── reportWebVitals.js # Performance monitoring
```
… 생략 …
```

생성된 CLAUDE.md는 단순한 스캐폴딩 결과물이 아니라, 프로젝트의 현재 상태를 AI에게 설명하는 문서입니다. 리액트 프로젝트라는 맥락, CRA에서 제공하는 기본 명령어, 디렉터리 구조까지 자동으로 분석되어 문서화되므로, 클로드 코드는 즉시 이 프로젝트의 컨텍스트를 이해하고 답변에 반영할 수 있습니다.

즉, 같은 "회원가입 기능 코드를 만들어줘"라는 요청을 하더라도, CLAUDE.md가 있으면 클로드 코드(이후 클로드라고 언급)는 리액트 기반 코드 스타일과 CRA 구조에 맞는 답변을 생성합니다. 이런 점에서 /init → CLAUDE.md 생성은 AI와 프로젝트를 연결하는 출발점이자, 반복 설명을 줄여주는 강력한 도구입니다.

실습 2: Express.js 프로젝트 초기화

같은 요령으로 Express.js 환경을 초기화해 보겠습니다.

```
# Express 프로젝트 생성
$ mkdir my-express-api
$ cd my-express-api
$ npm init -y
$ npm install express
$ touch app.js

# 클로드 코드 초기화
$ claude /init
```

이번엔 클로드를 실행하면서 바로 /init이 호출되도록 했습니다.

생성된 CLAUDE.md를 확인합니다.

```
## CLAUDE.md

This file provides guidance to Claude Code (claude.ai/code) when working with code
in this repository.

## Project Context

This is an Express.js API project that's part of the Claude Code 실용 가이드북
(Practical Guidebook) examples, specifically designed for Week 1 Day 4's full-stack
web service tutorial. The project demonstrates how to build a simple but complete
Express API using Claude Code.

## Development Commands

### Initial Setup
```bash
# Install dependencies (when package.json is updated)
```
```

```
npm install

# Install Express and basic dependencies
npm install express cors dotenv
npm install -D nodemon @types/node
```

Running the Application
```bash
# Development mode with hot reload (after adding to package.json scripts)
npm run dev
... 생략 ...
```

이 예시를 통해 알 수 있듯이, Express 프로젝트에서도 CLAUDE.md는 자동으로 API 서버에 맞는 맥락을 반영합니다. 의존성 설치 명령어, 개발 서버 실행 방법, 폴더 구조 등이 문서에 프함되어, 클로드가 단순한 코드 생성기를 넘어 프로젝트 맞춤형 개발 파트너로 작동할 수 있게 됩니다.

즉, 프런트엔드(리액트)와 백엔드(Express) 모두에서 /init을 통해 CLAUDE.md를 생성하면, 클로드는 두 환경을 각각 이해하고 맥락에 맞는 답변을 자동으로 제공할 수 있습니다. 이를 통해 사용자는 불필요한 설명을 반복하지 않고, 곧바로 생산적인 개발 대화를 이어갈 수 있습니다.

4. CLAUDE.md 커스터마이징

수동 편집하기

/init으로 만들어진 CLUADE.md가 내 의도를 잘 반영하고 있으면 괜찮지만, 혹시 미비한 부분이 있으면 검토 후 자동 생성된 CLAUDE.md를 프로젝트에 맞게 수정합니다. 자동 생성된 결과물은 출발점일 뿐이며, 실제 프로젝트 맥락과 팀의 규칙을 반영하는 과정이 필요합니다.

직접 CLAUDE.md를 작성하기 부담스럽다면, 이 역시 클로드 코드에게 작성을 요청할 수 있습니다.

```
> 이 프로젝트에 최적화된 CLAUDE.md 파일을 작성해줘.

프로젝트 정보:
- 카페 예약 시스템 개발
- React + TypeScript + Node.js
- 프로젝트 (3개월 예정)
```

> - 팀 구성: 개발자 2명, 디자이너 1명
>
> 포함할 내용:
> - 프로젝트 목표와 주요 기능
> - 기술 스택과 개발 환경
> - 코딩 컨벤션과 디렉터리 구조
> - 자주 사용하는 명령어
> - 팀 협업 규칙

클로드가 프로젝트에 맞는 상세한 CLAUDE.md를 생성해주고, 우리는 필요한 부분만 수정하면 됩니다.

CLAUDE.md 메모리 스코프와 파일 위치

CLAUDE.md는 여러 가지 형태로 정의될 수 있습니다. 프로젝트 전역에 걸친 규칙부터 개인 개발자의 선호까지 서로 다른 범위를 관리할 수 있으며, 이 구조 덕분에 **팀 규칙**과 **개인 습관**이 깔끔히 분리되면서도 함께 작동합니다.

클로드 코드는 두가지 메모리 스코프를 통해 서로 다른 범위의 컨텍스트를 관리합니다. 개발자 개인의 전역 설정부터 프로젝트별 팀 규칙, 그리고 로컬 환경의 개인적인 정보까지 체계적으로 분리하여 관리할 수 있습니다.

▼ 표 2-1 클로드 코드의 메모리 스코프

스코프 유형	파일 위치 및 이름	적용 영역	주요 용도 및 내용
User Scope(사용자 범위)	~/.claude/CLAUDE.md	모든 프로젝트	개인 설정 (CI 코딩 스타일, 툴, 환경 변수 등)
Project Scope(프로젝트 범위)	〈프로젝트〉/CLAUDE.md	특정 프로젝트	프로젝트 공통 컨벤션, 구조, 협업 규칙 문서화

CLAUDE.local.md라는 이름의 개인용 메모리가 있었으나 더 이상 지원되지 않습니다(deprecated). 나중에 설명할 import를 대신 사용할 수 있습니다.

실제 활용 예시

실제 예시를 보면, User Scope와 Project Scope가 어떻게 서로 다른 맥락을 제공하고, 최종적으로 종합되는지 쉽게 이해할 수 있습니다.

User Scope 예시(~/.claude/CLAUDE.md):

```
# 개발자 개인 설정(전역 적용)

## 개발자 정보

- 이름: 홍길동
- 경력: 개발자 3년차
- 전문 분야: React + Node.js 풀스택

## 선호 도구

- 에디터: VS Code
- 운영 체제: macOS
- 패키지 매니저: npm
- 스타일링: Tailwind CSS
```

Project Scope 예시(~/proj/cafe_reservation_service/CLAUDE.md):

```
# 카페 예약 시스템(팀 공유 설정)

## 프로젝트 정보

- 프로젝트, 3개월 일정
- 팀 구성: 개발자 2명, 디자이너 1명

## 기술 스택

- Frontend: React + TypeScript
- Backend: Node.js + Express
- Database: PostgreSQL
```

이러한 스코프는 조합하여 활용되는데, 클로드 코드는 두 가지 스코프를 자동으로 조합하여 최적의 컨텍스트를 제공합니다.

1. User Scope의 개인 설정이 기본 베이스가 됩니다.
2. Project Scope의 프로젝트 규칙이 개인 설정을 덮어씁니다

예를 들어 카페 예약 시스템에서 작업한다고 하면

- 개인 선호 도구(VS Code, Tailwind CSS)는 User Scope에서
- 프로젝트 기술 스택(React + TypeScript)은 Project Scope에서 가져와 종합적인 컨텍스트를 구성합니다.

프롬프트 작성 팁

CLAUDE.md와 함께라면 기본적인 문맥은 이미 공유되지만, 프롬프트를 어떻게 작성하느냐에 따라 답변 품질이 크게 달라집니다. 따라서 구체성·맥락·단계적 접근이 필요합니다.

클로드 코드와 효과적으로 대화하기 위한 기본적인 팁은 다음과 같습니다.

1. **구체적이고 명확한 요청**: 모호한 요청보다는 구체적인 요구사항을 제시
2. **컨텍스트 제공**: 프로젝트 상황, 기술 스택, 제약사항 등을 명시
3. **단계별 접근**: 복잡한 작업은 작은 단위로 나누어 진행

CLAUDE.md 작성 베스트 프랙티스

CLAUDE.md는 결국 AI에게 주는 가장 중요한 **작업 설명서**입니다. 너무 길고 장황하면 토큰을 낭비하고, 너무 짧으면 규칙이 빠질 수 있습니다. 따라서 '간결하면서도 필요한 핵심을 빠짐없이' 담는 것이 원칙입니다.

작성 원칙

- 간결성 우선: 장황한 설명보다는 짧고 명확한 표현
- 선언적 형태: 문장보다 점스타일 위주
- 토큰 효율성: 불필요한 서술 제거
- 실시간 업데이트: 프로젝트 진행에 따라 주기적으로 개선

필수 포함 요소

최소한 기술 스택, 프로젝트 구조, 핵심 명령어, 코딩 스타일, 기타 저장소 규칙 이렇게 다섯 가지 요소는 항상 포함되는 게 좋습니다. 다음은 그 예시입니다.

1. 기술 스택(Tech Stack)

```
# Tech Stack

- Next.js 14
- TypeScript 5.2
- Tailwind CSS 3.4
- Prisma ORM
- PostgreSQL 15
```

2. 프로젝트 구조(Project Structure)

```
# Structure

- `src/app`: Next.js App Router pages
- `src/components`: Reusable React components
- `src/lib`: Utility functions
- `src/types`: TypeScript definitions
```

3. 핵심 명령어(Commands)

```
# Commands

- `npm run dev`: Start development server
- `npm run build`: Production build
- `npm run test`: Run Jest tests
- `npm run db:migrate`: Apply database migrations
```

4. 코딩 스타일(Code Style)

```
# Code Style

- Components: PascalCase
- Files: kebab-case
- Functions: camelCase
- Constants: UPPER_SNAKE_CASE
- Imports: Group external → internal → relative
```

5. 저장소 규칙(Repository Etiquette)

```
# Git Workflow

- Branches: feature/description, fix/description
- Commits: "type: description" (feat, fix, docs, style)
- Merge: Squash commits on main
```

CLAUDE.md 활용 고급 팁

1. 계층적 CLAUDE.md 전략

프로젝트 규모가 커질수록 영역별로 CLAUDE.md를 나눠 관리하는 것이 유용합니다. 프런트엔드, 백엔드, 문서화 등 각각에 맞게 특화된 설정을 해 두면 팀 협업 시 혼란을 줄일 수 있습니다.

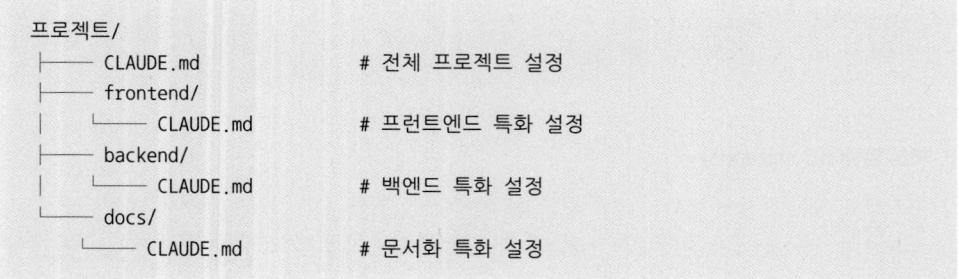

2. 동적 CLAUDE.md 관리

CLAUDE.md는 한 번 작성하고 끝내는 문서가 아니라, 프로젝트 진행 상황에 따라 계속 업데이트해야 합니다. 초기 기획, 개발 중, 배포 직전 등 단계별로 현재 상태와 우선순위를 기록하면 클로드가 상황에 맞는 답변을 줄 수 있습니다.

초기 단계:

```
# Status: Planning Phase(상태: 계획 단계)

# Focus: Architecture decisions, tech stack evaluation(포커스: 아키텍처 결정, 기술 스택 평가)
```

개발 단계:

```
# Status: Active Development (Week 8/12)(상태: 개발 진행 중)

# Focus: Feature implementation, code review(포커스: 기능 구현, 코드 리뷰)

# Current Sprint: User authentication, reservation system(현재 스프린트: 사용자 인증,
예약 시스템)
```

배포 준비:

```
# Status: Pre-production(상태: 프리-프로덕션 상태)

# Focus: Performance optimization, security review(프커스: 성능 최적화, 보안 검토)

# Deploy: Staging environment ready(배포: 스테이징 환경 준비 완료)
```

3. 팀 협업을 위한 CLAUDE.md

팀 단위 프로젝트에서는 CLAUDE.md를 통해 코드 리뷰 규칙, 문서화 표준, 팀원 역할을 명확히 기록할 수 있습니다. 이를 통해 새로 합류한 멤버도 빠르게 적응하고, 기존 팀원도 일관된 기준을 유지할 수 있습니다.

```
# Team Context(팀 컨텍스트)

- Lead: Frontend specialist, 5+ years React(리드: 프런트엔드 전문가, 리액트 5년 이상)
- Junior: Backend learning, Node.js focus(주니어: 백엔드 학습 중, Node.js 중심)
- Designer: UI/UX, Figma handoffs(디자이너: UI/UX, 피그마 전달물 작업)

# Code Review Guidelines(코드 리뷰 가이드라인)

- Security: Required for auth/payment(보안: 인증/결제 기능에는 필수)
- Performance: Required for DB queries(성능: 데이터베이스 쿼리에는 필수)
- Accessibility: Required for all UI(접근성: 모든 UI어 필수)

# Documentation Standards(문서화 표준)

- API: OpenAPI spec in /docs/api.yaml(API: /docs/api.yaml에 OpenAPI 스펙 작성)
- Components: Storybook stories required(컴포넌트: Storybook 스토리 필수)
- Functions: JSDoc for utilities(함수: 유틸리티 함수데 JSDoc 필수)
```

5. CLAUDE.md 활용 전략

프로젝트별 맞춤 설정

프로젝트마다 목적과 상황이 다르기 때문에 CLAUDE.md도 그에 맞게 달라져야 합니다. 프리랜스(freelance) 계약 프로젝트라면 클라이언트 상황과 일정 제약을, 개인 학습 프로젝트라면 실험적 시도와 장기적인 품질 향상을 중심으로 작성하는 것이 좋습니다.

프로젝트용:

```
# Project Context(프로젝트 컨텍스트)

- Type: Freelance contract (3 months)(타입: 프리랜스 계약 3개월)
- Client: Non-technical cafe owner(클라이언트: 비전문가 카페 사장)
- Budget: Conservative, MVP focus(예산: 보수적, MVP 중심)
- Timeline: Tight, iterative delivery(일정: 촉박, 반복적 전달 방식)
```

개인 프로젝트용:

```
# Project Context(프로젝트 컨텍스트)

- Type: Portfolio/Learning project(타입: 포트폴리오/학습 프로젝트)
- Goal: Skill development, experimentation(목표: 기술 역량 개발, 실험)
- Timeline: Flexible, quality over speed(일정: 유연함, 속도보다 품질 중시)
```

팀 협업을 위한 CLAUDE.md

팀 단위로 일할 때는 역할, 코드 리뷰 규칙, 협업 기준을 CLAUDE.md에 담아 두는 것이 중요합니다. 이렇게 하면 새로운 팀원이 합류해도 동일한 규칙을 따르게 되고, 프로젝트 전체의 품질과 일관성을 유지할 수 있습니다.

```
# Team Context(팀 컨텍스트)

- Lead: Frontend specialist, 5+ years React(리드: 프런트엔드 전문가, 리액트 5년 이상)
- Junior: Backend learning, Node.js focus(주니어: 백엔드 학습 중, Node.js 중심)
- Designer: UI/UX, Figma handoffs(디자이너: UI/UX, 피그마 전달물 작업)

# Code Review Guidelines(코드 리뷰 가이드라인)
```

```
- Security: Required for auth/payment(보안: 인증/결제 기능에 필수)
- Performance: Required for DB queries(성능: 데이터베이스 쿼리에 필수)
- Accessibility: Required for all UI(접근성: 모든 UI에 필수)
```

토큰 효율성 최적화

CLAUDE.md는 모든 대화에서 자동으로 불러오므로 짧고 선언적인 표현이 필수입니다. 같은 내용을 길게 풀어쓰는 대신 핵심 정보만 정리하면 토큰을 절약하면서도 충분한 맥락을 제공합니다.

Before(비효율적):

```
이 프로젝트는 React와 TypeScript를 사용하여 개발되고 있으며,
Tailwind CSS를 사용해서 스타일링을 하고 있습니다.
또한 백엔드는 Node.js와 Express를 사용하여 구축되어 있고,
데이터베이스로는 PostgreSQL을 사용하고 있습니다.
```

After(효율적):

```
# Tech Stack

- React 18 + TypeScript
- Tailwind CSS
- Node.js + Express
- PostgreSQL
```

자동 업데이트 워크플로

프로젝트는 시간이 지나며 끊임없이 변하기 때문에 CLAUDE.md 역시 지속적으로 업데이트해야 합니다. 직접 편집할 수도 있지만, 클로드에게 변경사항을 반영하도록 요청하면 훨씬 간편합니다.

주간 CLAUDE.md 업데이트:

```
> 이번 주 개발 진행 상황을 반영해서 CLAUDE.md를 업데이트해줘
```
Claude Code

기술 스택 변경 시:

> 패키지를 업그레이드했어. CLAUDE.md의 버전 정보를 업데이트해   `Claude Code`

새로운 팀원 합류 시:

> 새로운 팀원이 합류했어. 온보딩용 정보를 CLAUDE.md에 추가해줘   `Claude Code`

6. 문제 해결 및 팁

Q 생성된 CLAUDE.md가 너무 간단해요.

A 1. 프로젝트에 더 많은 파일을 추가한 후 /init 재실행

   2. 수동으로 내용 보완

   3. 클로드에게 작성 요청: "현재 프로젝트를 분석해서 최적화된 CLAUDE.md를 작성해줘"

Q 팀 프로젝트에서 CLAUDE.md를 어떻게 관리해야 할까요?

A 1. 깃에 CLAUDE.md를 커밋하여 팀원들과 공유

   2. 팀 컨벤션 정의 후 CLAUDE.md에 명시

   3. 정기적으로 내용 업데이트

Q CLAUDE.md가 너무 길어서 토큰을 많이 사용해요.

A 1. 핵심 정보만 남기고 상세 설명 제거

   2. 점스타일 형태로 간결하게 작성

   3. 중복 정보 통합

   4. 별도 문서 파일로 분리

Q 팀원마다 다른 설정을 사용하고 싶어요.

A 1. 개인별 설정 파일을 .gitignore에 등록해 두고 CLAUDE.md에서 참조하도록 작성

2. 개인별 User Scope의 CLAUDE.md(~/.claude/CLAUDE.md) 활용

> **주요 포인트 정리**
> - CLAUDE.md = 프로젝트의 헌법: 클로드 코드가 프로젝트를 이해하는 핵심 파일
> - /init 명령어: 프로젝트 분석 후 자동으로 CLAUDE.md 생성
> - 2가지 스코프: User(~/.claude), Project(프로젝트 루트)
> - 간결한 작성: 토큰 효율성을 위해 점 스타일 형태 권장
> - 지속적 업데이트: 프로젝트 진행에 따라 CLAUDE.md도 함께 성장
> - 팀 협업 도구: 깃으로 공유하여 일관된 개발 환경 유지

화 프롬프트 잘 작성하기

개요

프롬프트를 어떻게 작성할 것인가?

어제 배운 CLAUDE.md로 기본 설정을 마쳤다면, 이제는 "무엇을 어떻게 요청할 것인가"가 중요합니다. 같은 요청이라도 표현 방식에 따라 AI가 내놓는 답은 전혀 달라질 수 있습니다. 따라서 단순히 질문을 던지는 것이 아니라, 맥락·구체성·출력 형식을 고민하는 습관이 필요합니다.

실제 문제 상황

개발자로 일하다 보면 다음과 같은 현실적인 문제와 자주 맞닥뜨립니다.

- 시간이 곧 돈: 빠른 결과물 생산이 수익에 직결
- 토큰 비용: 고성능 모델(예 Opus) 사용 시 비용 최적화 필요
- 정확성: 한 번에 올바른 답을 얻어야 수정 시간을 줄일 수 있음
- 자동화: 반복 작업은 최대한 자동화해야 생산성이 극대화됨

이런 제약 속에서, 프롬프트 품질은 곧 프로젝트 효율성과 직결됩니다.

효율성의 차이

비효율적인 프롬프트는 단순히 답이 늦게 오는 문제가 아니라, 팀 전체의 시간을 갉아먹는 병목이 됩니다.

- 모호한 요청 → 여러 번 질문 → 수정 → 다시 수정(30분)
- 정확한 요청 → 원하는 결과 즉시 얻기(2분)

무려 15배 차이! 하루 10번만 이런 상황이 반복돼도 4시간을 아낄 수 있습니다.

오늘 다룰 내용

오늘은 효과적인 프롬프트 작성 기법과 컨텍스트 최적화를 통해 클로드와의 협업 효율성을 극대화하는 방법을 다룹니다.

- 특수 문자 숏컷(@, !, #)
- 토큰 효율성 관리
- 반복 작업 자동화 전략

이번 학습이 끝나면, 단순히 질문을 잘하는 것을 넘어 실무에 바로 적용 가능한 AI 협업 스킬을 갖추게 될 것입니다.

1. 프롬프트 엔지니어링 기초

프롬프트 엔지니어링(Prompt Engineering)은 AI에게 원하는 결과를 얻기 위해 질문이나 지시를 어떻게 표현할지 고민하는 과정입니다. 같은 내용을 요청하더라도 표현 방식에 따라 결과물의 질은 크게 달라집니다.

좋은 프롬프트 vs 나쁜 프롬프트

프롬프트의 질은 AI가 내놓는 결과물의 품질과 직결됩니다. 지나치게 모호하거나 정보가 부족한 요청은 AI가 사용자의 의도를 제대로 파악하지 못하게 만들며, 결과적으로 원하는 답변을 얻기 어렵습니다. 반대로 맥락과 조건을 구체적으로 담은 요청은 AI가 더 정확하고 유용한 결과를 생성하도록 돕습니다.

비효과적인 프롬프트는 단순히 "무엇을 해달라"는 수준에서 멈추는 경우가 많습니다. 다음 예시를 봅시다.

> 로그인 기능을 만들어줘   `Claude Code`

이와 같은 요청은 로그인 방식, 인증 수단, 보안 고려사항 등 중요한 맥락이 빠져 있어 결과가 부정확하거나 엉뚱할 수 있습니다.

반대로 효과적인 프롬프트는 필요한 배경지식, 원하는 출력 형식, 고려해야 할 제약 조건 등을 함께 명시합니다. 다음 예시를 봅시다.

```
> React + TypeScript 프로젝트에서 JWT 기반 로그인 기능을 구현해줘.

요구사항:
- 이메일/비밀번호 입력 폼(form validation 포함)
- 로그인 성공 시 JWT 토큰을 localStorage에 저장
- 로그인 실패 시 에러 메시지 표시
- 로그인 상태에 따른 네비게이션 메뉴 변경
- 자동 로그아웃(토큰 만료 시)

기술 스택:
- React Hook Form(form handling)
- React Query(API 통신)
- Tailwind CSS(스타일링)
- React Router(페이지 라우팅)
```

이처럼 구체적이고 맥락이 풍부한 요청일수록 AI가 정확히 의도를 파악하고, 실무에 바로 활용할 수 있는 결과물을 제공할 가능성이 높습니다.

프롬프트 구성 요소

효과적인 프롬프트는 단순히 "무엇을 만들어 달라"는 지시만으로는 부족합니다. 상황을 명확히 전달하고, 구체적인 요구사항을 세밀하게 적시하며, 원하는 결과물을 분명히 제시해야 AI가 정확한 맥락 속에서 답변을 생성할 수 있습니다.

1. 컨텍스트(Context)

AI가 문제를 이해하려면 배경 정보가 필요합니다. 프로젝트 환경, 사용 기술 스택, 목표와 제약 조건 같은 기본 맥락을 제공해야만 적합한 방향으로 답변이 나옵니다.

```
> 현재 상황: React + TypeScript 프로젝트
목표: 사용자 인증 시스템 구축
제약사항: 무료 백엔드 서비스 사용(Firebase Auth)
```

2. 구체적인 요구사항(Specific Requirements)

맥락만으로는 부족합니다. 어떤 기능이 필요하고, 어떤 기술적 조건을 만족해야 하는지 구체적으로 기술할수록 AI는 더 정밀한 결과를 제안할 수 있습니다.

```
> 기능 요구사항:
 - 이메일 인증 기반 회원가입
 - 소셜 로그인 (Google, GitHub)
 - 비밀번호 재설정 기능

 기술 요구사항:
 - TypeScript strict 모드
 - 반응형 디자인
 - 웹 접근성 고려
```

3. 예상 결과물(Expected Output)

마지막으로 결과물을 어떻게 받고 싶은지를 알려주면, 불필요한 반복 요청을 줄이고 바로 활용 가능한 산출물을 얻을 수 있습니다. 예를 들어 코드, 설명, 패키지 목록, 테스트 방법 등 구체적인 출력 형식을 요구하면 한 번에 실무에 쓸 수 있는 답변을 받을 수 있습니다.

```
> 결과물:
 - 완전한 코드 구현
 - 주요 부분에 대한 설명
 - 설치 필요한 패키지 목록
 - 테스트 방법 안내
```

2. 컨텍스트 최적화 전략

작업 범위 명확히 제한하기

큰 프로젝트에서는 모든 파일을 대상으로 분석하면 불필요하게 리소스가 낭비됩니다. 따라서 분석 범위를 필요한 부분으로 제한하는 습관이 중요합니다.

문제가 되는 상황:

```
# 전체 프로젝트 대상으로 질문(비효율적)
$ claude "이 코드에서 버그를 찾아줘"

⇒ 수백 개의 파일을 모두 스캔하게 됨
```

효율적인 접근법:

```
# 특정 디렉터리만 대상으로 제한
$ claude --add-dir src/components "컴포넌트 코드에서 버그를 찾아줘"
```

단계적 접근법(Narrow Down)

문제를 한 번에 해결하려 하기보다 **큰 그림 → 의심 영역 → 구체적 원인** 순으로 좁혀가는 것이 효율적입니다. 이렇게 하면 토큰도 절약되고, 디버깅 과정도 훨씬 명확해집니다.

1단계: 큰 그림 파악

```
$ claude "프로젝트 전체 구조를 분석해서 문제가 있을 만한 영역을 찾아줘"
```

2단계: 의심 영역 집중 분석

```
$ claude --add-dir src/api "API 호출 부분에서 성능 이슈를 찾아줘"
```

3단계: 구체적 문제 해결

```
$ claude "@src/api/users.js 이 파일의 메모리 누수 원인을 찾아줘"
```

토큰 관리와 세션 최적화

AI 모델을 사용할 때 비용과 성능은 토큰 사용량에 직접적으로 연결됩니다. 따라서 프롬프트를 간결하게 유지하고, 세션을 관리하는 것은 곧바로 효율성과 비용 절감으로 이어집니다.

토큰 효율성 고려하기

클로드 코드의 요금제별 모델 정책을 이해하면 중요한 작업을 언제, 어떤 모델로 처리할지 계획할 수 있습니다. 특히 Opus는 강력하지만 빠르게 소진되므로 전략적으로 사용하는 것이 핵심입니다.

토큰(Token)은 AI가 텍스트를 처리하는 기본 단위로, 대략 영어 단어 기준으로 1 토큰 = 0.75 단어입니다. 토큰 사용량에 따라 클로드 코드의 비용이 정해지므로 토큰을 효율적으로 사용하는 것이 좋습니다.

토큰을 낭비하는 예시:

```
> 안녕하세요! 저는 개발자 김입니다.
현재 외주로 카페 예약 시스템을 만들고 있는데요,
React를 사용해서 만들고 있습니다.
TypeScript도 사용하고 있고요,
스타일링은 Tailwind CSS를 쓰고 있습니다.
그런데 문제가 있어서 도움이 필요합니다...
```

토큰을 효율적으로 사용하는 예시:

```
> React + TypeScript + Tailwind CSS 카페 예약 시스템에서
다크모드 토글 기능 구현 필요.

요구사항:
- 시스템 설정 감지
- 사용자 선택 localStorage 저장
- 부드러운 전환 애니메이션
```

모델 쿼터 관리하기

클로드 코드의 요금제별 모델 정책을 이해하면 중요한 작업을 언제, 어떤 모델로 처리할지 계획할 수 있습니다. 특히 Opus는 강력하지만 빠르게 소진되므로 전략적으로 사용하는 것이 중요합니다.

클로드 코드는 플랜에 따라 다양한 모델을 사용할 수 있으며, 쿼터 소진 시 자동으로 폴백됩니다. 예를 들어 상대적으로 고성능 모델인 Opus를 사용하다 할당된 쿼터가 모두 소진되면 Sonnet이 사용됩니다.

Pro 플랜($20/월):

- 기본: Sonnet만 사용 가능
- Opus 모델 접근 불가(클로드 코드에서는 Sonnet만 지원)

Max 5x 플랜($100/월):

- 기본: Opus(최고 성능)
- 폴백: Sonnet(높은 성능)
- Pro 대비 5배 사용량 제공

Max 20x 플랜($200/월):

- 기본: Opus 4(최고 성능)
- 폴백: Sonnet 4(높은 성능)
- Pro 대비 20배 사용량 제공

> **NOTE**
> Opus는 Sonnet 대비 약 5배 빠른 속도로 사용량이 소진됩니다. 중요한 작업은 월 초에 처리하거나 Max 플랜 사용을 권장합니다.

세션 관리 명령어

대화가 길어질수록 컨텍스트가 비대해집니다. 이때 /compact, /clear, /status 같은 명령어를 적절히 활용하면 세션을 가볍게 유지하면서도 필요한 정보만 남길 수 있습니다.

```
# 현재 세션의 컨텍스트를 간소화
> /compact

# 세션 초기화(완전 새로 시작)
> /clear

# 현재 세션 상태 확인
> /status

# 현재 컨텍스트 확인
> /context
```

언제 사용해야 하나요?

- /compact: 대화가 길어져서 응답이 느려질 때
- /clear: 완전히 다른 주제로 넘어갈 때
- /status: 현재 세션에서 사용 중인 메모리나 MCP, 어카운트, 모델 등 상태를 확인할 때
- /context: 현재 세션의 컨텍스트 메모리 할당 현황을 확인하고자 할 때

Auto-Compact 모니터링

자동 압축(auto-compact)은 토큰 임계치 관리의 핵심 신호입니다. 압축률을 관찰하는 것만으로도 세션 관리 상태를 진단할 수 있습니다.

클로드 코드는 토큰 사용량이 임계치에 도달하면 자동으로 컨텍스트를 압축합니다. 이 수치를 주의 깊게 관찰하는 것이 중요합니다.

Auto-Compact 발생 시나리오:

- 세션이 길어질수록 Auto-Compact 빈도 증가: 클로드에서 자동으로 컨텍스트를 85,000토큰에서 45,000토큰으로 압축함(Auto-Compact: 85k → 45k 토큰)

Auto-Compact 수치가 중요한 이유:

1. 성능 지표: 압축 비율이 낮으면(예 85k → 80k) 불필요한 정보가 많다는 신호
2. 정보 손실 경고: 압축 비율이 너무 높으면 (예 85k → 20k) 중요한 컨텍스트가 손실될 수 있음
3. 작업 효율성: 자주 발생하면 세션을 나누거나 /clear를 고려해야 함

최적 관리 전략:

- 압축률이 50% 이상일 때는 새 세션 시작 고려: 'Auto-Compact: 80k → 50k 토큰'으로 56% 압축

  → /clear 권장

- 압축률이 낮을 때는 불필요한 정보 정리: 'Auto-Compact 80k → 70k 토큰'으로 12% 압축

  → 명시적 /compact 실행

- 이상적인 압축률: 'Auto-Compact: 80k -> 55k 토큰'으로 31% 압축

  → 적정 수준

Auto-Compact 패턴 관찰:

- 빈번한 발생: 프롬프트가 너무 장황하거나 불필요한 정보가 많음
- 낮은 압축률: 반복적인 정보나 중복 컨텍스트 존재
- 높은 압축률: 복잡한 작업이 진행 중이거나 정보 손실 위험

효율성 증대 명령어: --permission-mode

권한 모드(permission mode)(acceptEdits, plan, bypassPermissions)는 반복 작업을 빠르게 자동화하거나, 복잡한 작업을 단계적으로 진행하는 데 매우 유용합니다. 단, 신뢰성과 안전성을 고려해 언제 어떻게 쓸지 구분해야 합니다.

자동 실행 모드:

```
# 편집 제안을 자동으로 적용(신중하게 사용)
$ claude --permission-mode acceptEdits "리팩토링을 진행해줘"

# 계획 모드로 먼저 단계 확인 후 실행
$ claude --permission-mode plan "새로운 결제 시스템을 구현해줘"

# 모든 권한 수락 프롬프트를 무시
$ claude --permission-mode bypassPermissions "지금 체인지를 리뷰해줘"
```

권한 모드에서 acceptEdits, bypassPermissions 사용 시 주의사항:

- 신뢰할 수 있는 작업에만 사용: 코드 포맷팅, import 정리 등
- 중요한 로직 변경은 수동 확인: 비즈니스 로직이나 보안 관련 코드
- 백업 필수: git commit 상태에서만 사용
- 단계적 적용: 작은 변경부터 시작해서 점진적으로 확대

권한 모드에서 plan의 효과:

```
# 1단계: 계획 수립
$ claude --permission-mode plan "카페 예약 시스템에 알림 기능을 추가해줘"

⇒ 단계별 계획과 예상 작업량 제시

# 2단계: 계획 승인 후 실행
$ claude "승인합니다. 1단계부터 진행해줘"

⇒ 계획에 따라 순차적으로 구현
```

언제 사용하면 좋을까요?

- acceptEdits: 반복적인 리팩토링 작업, 코드 정리
- plan: 복잡한 기능 개발, 아키텍처 변경, 대규모 마이그레이션
- bypassPermissions: 도구 실행보다 다양한 권한이 반복적으로 요구되는 작업

언어 선택 전략: 한글 vs 영어

언어에 따라 토큰 효율성이 크게 달라집니다. 한글은 표현이 자연스럽지만 토큰을 많이 쓰고, 영어는 기술적 정확성과 효율성이 뛰어납니다. 상황에 따라 적절히 혼합해서 사용하는 것이 가장 현명합니다.

한글과 영어의 토큰 사용량 차이는 실제로 상당합니다.

토큰 사용량 비교:

- 영어: 단어 4개 정도 = 1토큰
- 한글: 음절 1개 = 2~3토큰
- 실제 예시: "Create a login form" (4토큰) vs "로그인 폼을 만들어줘" (12-15토큰)

비용 및 성능 영향:

```
# 동일한 의미의 프롬프트 비교
# 영어: "Analyze user behavior data" (4토큰)
# 한글: "사용자 행동 데이터를 분석해줘" (14토큰)

⇒ 한글이 약 3.5배 더 많은 토큰 사용
⇒ Max 플랜에서 Opus 사용 시 더 빠른 쿼터 소진
```

한글 프롬프트의 장점

1. 자연스러운 의도 전달:

```
# 한글(자연스럽고 구체적이지만 토큰 사용량 높음)
> "카페 예약 시스템에서 고객이 예약을 취소할 때,
취소 수수료 정책을 적용하고 결제 환불 처리까지
자동으로 처리하는 워크플로를 만들어줘

⇒ 예상 토큰: 50-60개
```

2. 복잡한 비즈니스 로직 설명:

```
# 한글로 복잡한 요구사항 설명
> 개발자가 프로젝트를 관리할 때,
클라이언트와의 커뮤니케이션 히스토리,
작업 진척도, 그리고 청구서 발행까지
통합 관리할 수 있는 대시보드를 만들어줘

⇒ 예상 토큰: 70-80개
```

영어 프롬프트의 장점

1. 기술적 정확성과 토큰 효율성:

```
# 영어(기술 용어가 정확하고 토큰 효율적)
> Implement a Redis-based caching layer
with TTL configuration and cache invalidation
for a high-traffic REST API

⇒ 예상 토큰: 15-20개
```

2. 간결한 표현:

```
# 영어(토큰 효율적)
> Create React component with:
- TypeScript interfaces
- Responsive design
- Error boundaries
- Unit tests

⇒ 예상 토큰: 12-15개
```

언어별 사용 권장 상황

다음 상황에서는 한글 사용을 추천합니다.

- 복잡한 비즈니스 로직 설명이 필요할 때(토큰 비용보다 정확성이 중요)
- 한국 특화 서비스 개발 시(결제, 인증 등)
- 팀원들과 소통할 때 자연스러운 표현이 중요한 경우
- UI/UX 관련 설명이 많을 때

다음 상황에서는 영어 사용을 추천합니다.

- 순수 기술적 구현에 집중할 때
- 오픈소스 라이브러리나 프레임워크 작업 시
- 코드 리뷰나 최적화 요청 시
- Opus 쿼터를 절약하고 싶을 때(**중요!**)
- 반복적인 간단한 작업 시

토큰 효율성을 고려한 혼합 사용:

```
# 기본 설명은 한글, 기술 스펙은 영어(균형 잡힌 접근)
> 결제 모듈을 구현해줘.

Requirements:
- PG integration(Toss, Kakao Pay)
- webhook handling
- transaction logging
- error recovery

⇒ 예상 토큰: 25-30개(순한글 40-50개 대비 절약)
```

Pro 플랜 사용자 권장사항:

- 영어 위주로 사용하여 토큰 효율성 극대화
- 복잡한 설명이 필요한 경우에만 한글 사용
- 기술 용어는 영어로, 설명은 간결한 한글로 작성

3. 특수 문자 숏컷으로 프롬프트의 편의성 극대화

반복되는 복사·붙여넣기 작업 없이도, 클로드 코드에서는 특수 문자 기반 숏컷으로 훨씬 직관적이고 빠르게 대화할 수 있습니다.

파일을 불러오고, 명령어를 실행하고, 여러 줄 입력을 관리하는 과정을 단순화해 생산성을 극대화할 수 있습니다.

@ - 파일 참조

@은 파일을 쉽게 참조할 수 있도록 도와주는 기능입니다. 파일 경로를 입력하면 해당 파일의 내용을 자동으로 읽어와서 컨텍스트로 제공합니다.

```
# 특정 파일 참조
> @package.json "이 패키지 설정에 맞는 테스트 스크립트를 추가해줘"

# 여러 파일 참조
> @src/components/Header.tsx @src/styles/globals.css
"Header 컴포넌트의 스타일을 개선해줘"

# 디렉터리 참조
> @src/utils/ "이 유틸리티 함수들을 TypeScript로 리팩토링해줘"
```

@의 장점은 다음과 같습니다.

- 파일 내용을 직접 복사하고 붙여넣을 필요 없음
- 여러 파일을 동시에 참조 가능
- 프로젝트 구조를 고려한 맞춤형 답변
- 파일 경로만 입력하면 자동으로 내용 로딩

! - 명령어 실행

!은 시스템 명령어를 사용자의 터미널에서 직접 실행할 때 사용합니다. 이 명령어는 사용자의 로컬 환경에서 실행되며, 클로드는 실행 결과를 활용할 수 있습니다.

```
# 시스템 명령어 실행(사용자 터미널에서만 실행됨)
> ! npm install
> ! git status
> ! npm run build

# 복합 명령어 실행
> ! npm test && npm run lint

# 스크립트 실행
> ! ./deploy.sh
```

!의 특징과 제한사항은 다음과 같습니다.

- 사용자의 터미널에서 직접 명령어 실행
- 사용자가 수동으로 확인해야 하는 작업에 적합

실전 활용 예시

일반적인 개발 시나리오:

```
# 새로운 기능 개발
# 백엔드 경험 부족한 프런트엔드 개발자
> @src/api/auth.js "이 API 코드에 에러 핸들링을 추가해줘"

# 코드 리뷰 요청
# 팀 프로젝트이고, 코드 품질이 중요한 상황
> @src/components/ "이 컴포넌트들을 리뷰하고 개선점을 제안해줘"

# 빌드 및 배포 준비
> @package.json "프로덕션 빌드를 실행하고 배포 전 체크리스트를 만들어줘"

⇒ 클로드가 직접 빌드 실행 후 결과를 확인하고 체크리스트 생성
```

프로젝트 관리:

```
# 클라이언트 미팅 준비
# 프리랜서, 비개발자 클라이언트
# 카페 예약 시스템, 진행률 80%
> @src/ "비개발자도 이해할 수 있는 프로젝트 설명서를 작성해줘"

# 진행 상황 리포트
# 주간 보고서 작성 필요
> @CHANGELOG.md @package.json "이번 주 개발 내용을 요약해줘"

# 테스트 실행 및 리포트 생성
> 프로젝트 테스트를 실행하고 클라이언트 보고서 형식으로 결과를 정리해줘

⇒ 클로드가 직접 테스트를 실행하고 결과를 분석하여 보고서 작성
```

! 숏컷 vs 클로드의 배시 도구

언제 !를 사용하나요?

- 빠른 개인 확인이 필요할 때
- 단순히 환경 설정이나 패키지를 설치할 때

언제 클로드에게 명령 실행을 요청하나요?

- 실행 결과를 분석해야 할 때
- 에러를 디버깅해야 할 때
- 결과에 따라 코드를 수정해야 할 때
- 실행 결과를 문서화해야 할 때

! 실행 히스토리와 출력 결과는 해당 세션에서 클로드 코드가 접근할 수 있습니다. 하지만 다음과 같이 별도 파일로 남겨 두면 좀 더 명시적으로 이를 공유할 수 있습니다.

```
# 방법 1: 출력을 파일로 저장 후 참조
> ! npm test > test-results.txt 2>&1
> @test-results.txt "테스트 결과를 분석하고 실패한 테스트에 대한 해결책을 제시해줘"

# 방법 2: 로그 파일 생성 후 참조
> ! npm run build --verbose > build.log
> @build.log "빌드 로그를 분석하고 최적화 방안을 제안해줘"

# 방법 3: 에러만 별도 파일로 저장
> ! npm run lint 2> lint-errors.txt
> @lint-errors.txt "린트 에러를 수정하는 코드를 작성해줘"
```

여러 줄 입력하기(Multi-line Input)

복잡한 프롬프트나 코드는 여러 줄로 입력해야 하며 방법은 다음과 같습니다.

1. `\` + `Enter` : 모든 터미널에서 작동하는 표준 방법
2. `Option` + `Enter` : 일부 macOS 터미널에서 지원(터미널마다 다름)
3. `Shift` + `Enter` : /terminal-setup 실행 후 사용 가능(iTerm2, VS Code 터미널)

여러 줄 프롬프트 사용 예시:

```
                                                            Claude Code
> 다음 요구사항으로 함수를 작성해줘. \
1. 사용자 인증 체크 \
2. 권한 검증 \
3. 에러 핸들링 포함 \
4. TypeScript 타입 정의
```

코드 블록을 포함한 프롬프트 사용 예시:

```
                                                            Claude Code
> 이 코드를 리팩토링해줘. \
function getData() { \
  return fetch('/api/data') \
    .then(res => res.json()) \
    .then(data => console.log(data)) \
} \
```

터미널별 지원 현황은 다음과 같습니다.

- Terminal.app: `\` + `Enter` 만 지원
- iTerm2: `Option` + `Enter` 지원, /terminal-setup으로 추가 가능
- VS Code 터미널: /terminal-setup으로 `Shift` + `Enter` 설정 가능
- 기타 터미널: `\` + `Enter`가 가장 안전한 선택

터미널 설정 최적화 방법:

```
                                                            Claude Code
# Shift + Enter 바인딩 설정(iTerm2, VS Code 터미널만 지원)
> /terminal-setup

# 주의: /terminal-setup이 나타나지 않는 경우
# - iTerm2나 VS Code 터미널이 아닌 경우
# - 클로드 코드 버전이나 설정에 따라 사용 불가능할 수 있음
# - 이런 경우 \ + Enter 사용을 권장

# 설정 후 더 자연스러운 여러 줄 입력 가능
> 복잡한 요구사항:
- 첫 번째 요구사항
- 두 번째 요구사항
- 세 번째 요구사항
```

만약 /terminal-setup을 사용할 수 없다면 다음처럼 합니다.

- 표준 방법인 `\` + `Enter` 사용
- 터미널 자체 설정에서 줄바꿈 단축키 커스터마이징
- 긴 프롬프트는 별도 파일로 작성 후 @ 참조

/terminal-setup을 사용할 수 없을 때의 예시:

복잡한 프롬프트를 파일로 작성한 후 requirements.txt와 같은 파일로 저장해서 이 파일을 참조해 사용하도록 할 수도 있습니다.

```
echo "다음 요구사항으로 시스템을 설계해줘.
1. 사용자 인증 시스템
2. 실시간 알림 기능
3. 데이터 백업 자동화
4. 성능 모니터링 대시보드" > ./requirements.txt
```

```
# 파일 참조로 간단하게 사용
> @requirements.txt "이 요구사항을 구현하는 아키텍처를 설계해줘"
```

명령어 히스토리 활용하기

클로드는 작업 디렉터리별로 명령어 히스토리를 저장하여 반복 작업을 효율적으로 처리할 수 있습니다.

히스토리 탐색 방법은 다음과 같습니다.

- `↑` / `↓`: 이전/다음 명령어 탐색
- `Ctrl` + `R`: 역방향 검색(터미널이 지원하는 경우)
- `/clear`: 현재 디렉터리의 히스토리 삭제

히스토리 탐색 예시:

```
# 자주 사용하는 명령어 패턴을 히스토리에서 재사용
> ↑ # 이전 명령어: @src/components/Button.tsx 스타일 개선해줘
> ↑ # 더 이전: 테스트 실행하고 결과 분석해줘
```

히스토리 활용 팁:

1. 프로젝트별 히스토리: 각 디렉터리마다 별도의 히스토리 유지
2. 반복 작업 효율화: 자주 사용하는 프롬프트를 빠르게 재실행
3. 컨텍스트 유지: 이전 작업과 연관된 프롬프트를 쉽게 참조

정리하자면 특수 문자 숏컷은 주로 다음처럼 사용됩니다.

프로젝트별로 자주 사용하는 명령어 예시:

```
# 프런트엔드 프로젝트
> @src/components/ 컴포넌트 성능 최적화
스토리북 스토리 생성
접근성 체크

# 백엔드 프로젝트
> @src/api/ API 엔드포인트 문서화
데이터베이스 쿼리 최적화
보안 취약점 검사
```

이렇게 특수 문자 숏컷, 여러 줄 입력, 명령어 히스토리를 올바르게 활용하면 프롬프트 작성 시간을 크게 단축하고, 클로드가 사용자의 배경, 프로젝트 상황, 로컬 환경을 도두 고려한 맞춤형 답변을 제공합니다.

4. 계층적 질문 전략

복잡한 문제를 한 번에 해결하려 하면 AI가 모호하게 답하거나 놓치는 부분이 생깁니다. 그래서 질문을 단계적으로 나누어야 합니다.

예를 들어 소상공인용 재고 관리 시스템을 만든다고 합시다.

1단계: 큰 그림 파악

```
> 소상공인용 재고 관리 시스템의 전체 구조를 설계해줘.
목표: 실시간 재고 추적 + 발주 자동화
예상 사용자: 카페/음식점 사장님, 직원
```

2단계: 세부 기능 구현

```
> 방금 설계한 구조에서 '재고 현황' 섹션을 구현해줘.
- 재고 아이템 카드 컴포넌트
- 필터링 기능 (카테고리별, 상태별)
- 상세 정보 모달 또는 페이지 연결
```
Claude Code

3단계: 세부 튜닝

```
> 재고 카드의 경고 표시를 개선해줘.
- 재고 부족 시 색상 변경
- 임박 만료 아이템 강조
- 성능 최적화 (CSS transform 사용)
```
Claude Code

이처럼 단계별로 범위를 좁혀가면, 클로드 코드를 마치 동료 PM이나 시니어 개발자처럼 활용할 수 있습니다.

5. 실전 프롬프트 템플릿

전략을 이해했다면, 이제는 곧바로 가져다 쓸 수 있는 실전 템플릿이 필요합니다. 상황별 기본 뼈대를 마련해 두면 매번 고민할 시간을 줄일 수 있습니다.

실전에서 바로 쓸만한 몇 가지 템플릿 예시를 준비했습니다. 상황에 따라 적절하게 수정하여 사용할 수 있습니다.

신규 기능 개발 템플릿

```
# 기능 개발 프롬프트 템플릿

## 기능 설명
[구현하려는 기능을 한 줄로 설명]

## 기술 환경
- 언어/프레임워크:
- 주요 라이브러리:
- 스타일링:
```

```
- 상태관리:

## 상세 요구사항
### 필수 기능
- [ ] 기능 1
- [ ] 기능 2
- [ ] 기능 3

### 선택 기능
- [ ] 추가 기능 1
- [ ] 추가 기능 2

## 제약사항
- 성능 요구사항:
- 브라우저 호환성:
- 접근성 요구사항:
- 반응형 디자인:

## 예상 결과물
- [ ] 완전한 코드 구현
- [ ] 사용법 설명
- [ ] 테스트 코드 (선택)
- [ ] 배포 가이드 (선택)
```

버그 수정 템플릿

```
# 버그 수정 프롬프트 템플릿

## 문제 상황
[버그가 발생하는 상황을 구체적으로 설명]

## 현재 코드
// 문제가 있는 코드를 여기에 붙여넣기

## 예상 동작
[원래 예상 동작 설명]

## 실제 동작
[현재 실제 동작 설명]

## 에러 메시지
// 에러 메시지가 있다면 여기에 복사
```

```
## 환경 정보
- 브라우저:
- Node.js 버전:
- 주요 패키지 버전:
```

코드 리뷰 템플릿

```
# 코드 리뷰 프롬프트 템플릿

## 리뷰 요청
다음 코드를 리뷰해줘:
// 리뷰받을 코드

## 리뷰 관점
- [ ] 코드 품질 (가독성, 유지보수성)
- [ ] 성능 최적화
- [ ] 보안 취약점
- [ ] 모범 사례 준수
- [ ] 타입 안전성 (TypeScript)

## 특별 고려사항
[특별히 주의 깊게 봐야 할 부분이 있다면 명시]
```

이 템플릿들을 프로젝트마다 적절히 수정하면, 클로드와의 협업 효율이 비약적으로 올라갑니다.

6. 실습: 프로젝트 기획

이제 직접 손을 움직여 봅시다. 실제 프로젝트를 생성하고 직접 프롬프트를 작성해 보는 것이 가장 빠른 학습법입니다.

실습 1: 프로젝트 기획서 작성

> Claude Code
```
# 실습 프롬프트
> 프로젝트로 개발할 웹 애플리케이션을 기획해줘.

조건:
- 주제: 소상공인 업무 효율화 서비스
```

```
- 기간: 3개월 (2024.03 - 2024.05)
- 팀: 2명 (풀스택 개발자 1명, 디자이너 1명)
- 예산: 500만원 이내

고려사항:
- 실용성과 편의성
- 유지보수 용이성
- 확장 가능성
- 클라이언트 만족도

결과물:
- 프로젝트 개요
- 주요 기능 3-5개
- 기술 스택 추천
- 개발 일정 (주차별)
- 예산 분배 방안
```

실습 2: 기술 스택 선정

```
# 기술 스택 선정 프롬프트
> 앞서 기획한 프로젝트에 적합한 기술 스택을 추천해줘.

고려사항:
- 개발 속도 (빠른 프로토타이핑)
- 클라이언트 요구사항
- 개발 생산성
- 배포 및 유지보수
- 비용 효율성

비교 기준:
- 프런트엔드: React vs Vue vs Angular
- 백엔드: Node.js vs Python vs Java
- 데이터베이스: PostgreSQL vs MongoDB vs Firebase
- 배포: AWS vs Netlify vs Vercel
- 상태관리: Redux vs Zustand vs Context API

결과물:
- 추천 기술 스택 (이유 포함)
- 단계별 가이드
- 대안 기술 스택
- 마이그레이션 계획
```

실습 3: 개발 환경 세팅

```
# 개발 환경 세팅 프롬프트                                    Claude Code
> 선정한 기술 스택으로 개발 환경을 세팅해줘.

요구사항:
- 팀 협업 환경 (Git, ESLint, Prettier)
- 개발 효율성 (Hot reload, 디버깅)
- 코드 품질 (TypeScript, 테스트)
- CI/CD 파이프라인 기초

단계별 가이드:
1. 프로젝트 초기화
2. 패키지 설치 및 설정
3. 디렉터리 구조 생성
4. 기본 컴포넌트 생성
5. Git 설정
6. 배포 준비

결과물:
- 완전한 세팅 명령어
- 설정 파일들
- 팀 공유용 README
- 트러블슈팅 가이드
```

실습을 통해 익숙해지면, 이후 업무에서도 클로드에게 기획·설계·환경 세팅을 일관된 방식으로 위임할 수 있습니다

7. 고급 프롬프트 기법

단순한 요청만으로는 한계가 있습니다. 역할을 부여하거나 사고 과정을 단계로 나누면, 클로드가 더 전문적이고 논리적인 답변을 내놓습니다

롤플레잉 기법

롤플레이 기법은 특정 역할이나 전문가의 관점을 부여하여 더 적절하고 맥락에 맞는 답변을 얻는 프롬프트 전략입니다. 단순히 "코드를 작성해줘"라고 요청하는 것보다 "당신은 보안 전문가입니다"라고 역할을 부여하면, 클로드는 해당 관점에서 보안 취약점을 더 꼼꼼하게 검토하고 보

완한 모범 사례를 적용해 코드를 만듭니다. 이렇게 역할을 부여하면 더 깊이 있는 답변을 받을 수 있습니다.

롤플레잉 프롬프트 예시:

> 당신은 10년 경력의 시니어 풀스택 개발자,
> 주니어 개발자인 나에게 코드 리뷰를 해줘.
>
> 작성된 React 컴포넌트를 보고,
> 실무에서 적용할 수 있는 구체적인 개선 방안을 제안해줘.
>
> 특히 다음 관점에서 피드백:
> - 코드 가독성
> - 재사용성
> - 성능 최적화
> - 테스트 가능성
> - 유지보수성
>
> [코드 첨부]

단계별 사고 유도

단계별 사고 유도는 복잡한 문제를 작은 단위로 분해하여 클로드가 체계적으로 접근하도록 유도하는 프롬프트 기법입니다. 단순히 "해결해줘"라고 요청하는 대신, 문제를 분석하고 솔루션을 비교하며 구현하는 단계로 나누면, 클로드는 각 단계를 꼼꼼히 검토하고 논리적인 흐름으로 문제를 해결합니다. 문제를 쪼개서 단계별로 요청하면 체계적인 솔루션을 얻을 수 있습니다.

단계별 사고 유도 프롬프트 예시:

> 복잡한 상태 관리가 필요한 React 앱을 설계해줘.
>
> 다음 단계로 나누어 설명해줘:
>
> 1. 문제 분석
>   - 어떤 상태들이 필요한지
>   - 상태 간의 의존성 파악
>
> 2. 솔루션 비교
>   - Context API vs Redux vs Zustand
>   - 각각의 장단점

3. 구현 방안
      - 선택한 솔루션의 구체적 구현
      - 폴더 구조 및 파일 분할

   4. 최적화 전략
      - 성능 최적화 방안
      - 메모리 관리 방안

   각 단계별로 코드 예시와 함께 설명해줘.

지금까지는 일반적인 프롬프팅 요령을 살펴보았고, 클로드 코드에 좀 더 최적화된 내용은 뒷부분에서 좀 더 자세히 다룹니다.

8. 문제 해결 및 팁

자주 접하는 문제

실수 1: 너무 모호한 요청

비효과적:

```
> 웹사이트 예쁘게 만들어줘
```

효과적:

```
> 카페 예약 시스템의 메인 페이지를 개선해줘.
   - 예약 가능 시간대 표시
   - 실시간 좌석 현황
   - 모바일 우선 디자인
   - 직관적인 예약 플로
```

실수 2: 컨텍스트 정보 부족

비효과적:

```
> 버그 고쳐줘
```

효과적:

> React 18 + TypeScript 프로젝트에서
> useEffect 의존성 배열 경고가 발생합니다.
>
> 에러 메시지:
> [에러 메시지 복사]
>
> 현재 코드:
> [관련 코드 복사]
>
> 기대 동작:
> [원하는 동작 설명]

주요 포인트 정리
- 좋은 프롬프트 = 구체적인 컨텍스트 + 명확한 요구사항 + 예상 결과물
- 토큰 효율성을 고려한 간결하고 정확한 표현
- 단계별 접근으로 복잡한 문제를 해결
- 실제 프로젝트에 바로 적용 가능한 실용적 접근

클로드 실행 모드 마스터하기

개요

2주차 월요일에는 환경 설정(CLAUDE.md), 화요일에는 프롬프트 전략을 다뤘습니다. 이제는 '클로드를 어떻게 실행할 것인가'라는 관점으로 넘어갑니다.

클로드는 단순히 대화만 하는 도구가 아니라, 실행 모드와 권한 옵션을 달리하면서 작업 맥락에 최적화된 방식으로 동작할 수 있습니다.

클로드 코드의 실행 모드 체계

클로드 코드의 실행 모드는 크게 세 가지 축으로 나눌 수 있습니다.

1. 기본 동작 모드
    - 인터랙티브 모드(Interactive): 대화형으로 질문과 답변을 주고받으며 작업
    - 프린트 모드(Print): 단순 출력, 비대화형 처리
2. 권한 설정
    - 일반 모드: 안전장치를 유지한 기본 실행
    - YOLO 모드: 권한 확인 단계를 스킵하고 속도에 집중
3. 인터랙티브 모드의 확장 기능

    권한 확인 단계에 따라 다음과 같이 구분합니다.

    - Default: 툴 사용 시 권한 확인
    - Plan Mode: 파일 쓰기나 도구 실행 없이 분석 기능만 제공
    - Auto-Accepts Edits: 파일 수정에 대한 자동 권한 수락
    - Bypass Permissions: 모든 권한 자동 수락, YOLO 모드로 진입한 경우에만 활성화

실제 문제 상황

개발은 언제나 동일한 페이스가 아닙니다.

- 탐색적 개발: 새로운 프레임워크를 시험하며 계속 질문이 필요
- 대량 작업: 코드 리뷰, 리팩토링, 반복적 패턴 적용
- 빠른 프로토타이핑: 안전성보다 속도와 실험이 중요한 상황
- 자동화 작업: CI/CD, 모니터링, 리포트 같은 정기적 루틴

이때 적절한 실행 모드를 고르면 속도, 안전성, 자동화 효율이 향상됩니다.

오늘 다룰 내용

오늘은 클로드 실행 모드의 체계를 정리하고, 상황별로 어떤 모드를 선택해야 하는지 실전 예시와 함께 다룹니다.

- 기본 동작 모드: 인터랙티브/프린트
- 권한 설정: YOLO 모드
- 인터랙티브 모드 기능: 일반/Auto-Accept Edits/Bypass Permissions/플랜 모드 (Shift + Tab)

1. 클로드 코드의 실행 모드 개요

실행 모드는 "어떻게 대화할 것인가"가 아니라 "어떻게 실행·적용할 것인가"에 관한 선택입니다. 표를 통해 상황별 기본값을 빠르게 정리하고, 잠시 뒤에 각각을 실습으로 다룹니다.

기본 동작 모드

▼ 표 2-2 기본 동작 모드

모드	입출력 방식	사용자 상호작용	적용 상황
인터랙티브 모드	대화형	실시간 피드백	일반 개발, 탐색, 학습
프린트 모드	비대화형	단방향 출력	스크립트, 자동화, CI/CD

대화가 필요한 작업(설계·디버깅·리뷰)은 인터랙티브, 결과만 필요하거나 자동화 파이프라인에 넣을 땐 프린트가 적합합니다.

권한 및 안전성 옵션

▼ 표 2-3 권한 및 안정성 옵션

옵션	권한 확인	안전성	적용 상황
일반 모드	매번 확인	높음	프로덕션 작업
YOLO 모드	권한 스킵	낮음	빠른 프로토타이핑

YOLO 모드는 편리하고 속도가 빠르지만 변경 승인 없이 진행됩니다. 프로덕션 브랜치/민감 코드에서는 주의해야 합니다.

인터랙티브 모드 내 추가 기능

▼ 표 2-4 인터랙티브 모드

기능	특징	적용 상황
일반 모드	기본 상태, 각 편집 확인	일반적인 개발 작업
Auto-Accept Edits	편집 자동 수락	반복 작업, 리팩토링
플랜 모드	실행 전 계획 수립	복잡한 작업, 아키텍처 변경에 관한 계획 수립, 명령어 실행 및 파일 쓰기가 필요 없는 상황
Bypass Permissions 모드	모든 권한 자동 수락	좀 더 다양한 작업

* `Shift` + `Tab` 으로 모드 순환: 일반 → Auto-Accept Edits → 플랜 모드 → Bypass Permissions → 일반

구조 변경 · 대규모 리팩토링은 플랜 모드로 계획부터 받은 뒤, 반복 적용 구간만 Auto-Accept Edits로 전환하는 식으로 접근합니다.

2. 인터랙티브 모드(대화형 모드)

기본 사용법

인터랙티브는 기본 모드입니다. 실행 후에는 필요 시 /status로 현재 상태를 확인하고, 전혀 다른 주제로 전환할 땐 /clear로 초기화하세요.

특징과 장점

인터랙티브 모드는 클로드의 기본 모드로, 실시간으로 대화하면서 작업을 진행합니다. 인터랙티브는 '대화 → 검토 → 적용'의 루프를 전제로 합니다. 복잡한 작업을 쪼개 확인하며 진행하므로, 오류 예방과 방향 전환이 쉽습니다.

단계별로 확인과 피드백을 받아가며 복잡한 작업을 점진적으로 진행하고, 사용자의 승인 하에 파일을 수정합니다. 이로 인해 실수를 방지하고 유연하게 방향을 조정할 수 있습니다.

주요 특징을 정리하면 다음과 같습니다.

- 실시간 질문과 답변
- 단계별 확인과 피드백
- 복잡한 작업을 점진적으로 진행
- 사용자 승인 하에 파일 수정

이런 장점 때문에 이해에 최적화되어 있고, 실수를 방지하며, 복잡한 의사결정을 지원합니다.

언제 사용하나요?

- 이해 목적: 새로운 기술 탐색, 코드 리뷰/해설, 난해한 개념 분해
- 탐색적 개발: 요구가 불명확할 때, 옵션 비교가 필요할 때, 실험적 기능 초안
- 페어 프로그래밍 느낌으로 세밀한 의사결정이 잦은 작업 전반

실습 예시: 카페 예약 시스템 개발

카페 예약 시스템을 개발할 때 클로드 코드와 다음처럼 대화하며 진행합니다.

> Claude Code
>
> \> React 카페 예약 시스템의 네비게이션 컴포넌트를 만들어줘
> "네비게이션 컴포넌트를 만들어드리겠습니다.
> 다음 사항들을 확인해줘:
>
> 1. 반응형 디자인이 필요한가요? (모바일 메뉴)
> 2. 다크모드 지원이 필요한가요?
> 3. 스크롤 시 네비게이션 숨김 기능이 필요한가요?
> 4. 스타일링은 어떤 방식을 선호하시나요? (Tailwind/CSS Modules/styled-components)
>
> 이 정보를 바탕으로 최적화된 컴포넌트를 생성하겠습니다."

```
> "1. 반응형 필요, 2. 다크모드 지원, 3. 스크롤 숨김 필요, 4. Tailwind CSS"          Claude Code
"알겠습니다. 요구사항에 맞는 네비게이션 컴포넌트를 생성하겠습니다.
[코드 생성 및 설명]
파일을 생성해도 될까요?"
```

3. 프린트 모드(비대화형 모드)

기본 사용법

프린트 모드는 사용자 개입 없이 결과를 출력하는 모드입니다.

```
# 기본 프린트 모드 실행
$ claude --print "테스트를 실행하고 실패한 부분을 수정해줘"

# 짧은 형태
$ claude -p "코드 리뷰를 수행해줘"

# 결과를 파일로 저장
$ claude --print "코드 리뷰 수행" > review.md

# JSON 포맷으로 출력
$ claude --print --output-format json "테스트 결과 요약" > result.json
```

특징과 장점

프린트 모드는 사용자 개입 없이 결과를 직접 출력하는 비대화형 모드입니다. 스크립트와 자동화에 특화되어 있어서 단일 명령으로 작업을 완료할 수 있습니다. 이러한 특징 때문에 CI/CD 파이프라인에 통합하기 쉽고, 자동화 스크립트 작성에 용이하며, 빠른 실행 속도와 배치 작업 처리가 가능합니다.

주요 특징:

- 비대화형 실행
- 결과를 직접 출력
- 스크립트 및 자동화에 적합
- 단일 명령으로 완료

다음과 같은 장점이 있습니다.

- CI/CD 파이프라인 통합 가능
- 자동화 스크립트 작성 용이
- 빠른 실행 속도
- 배치 작업 처리 가능

실습 예시: CI/CD 파이프라인 통합

다음은 깃허브 액션 워크플로에서 프린트 모드를 활용한 예입니다. PR의 변경사항을 클로드가 리뷰하면서 이를 코멘트로 넣은 상태입니다.

```
# .github/workflows/claude-review.yml
name: Claude Code Review

on: [pull_request]

jobs:
  claude-review:
    runs-on: ubuntu-latest
    steps:
      - uses: actions/checkout@v3

      - name: Setup Claude Code
        run: |
          npm install -g @anthropic/claude-code

      - name: Run Claude Code Review
        run: |
          claude --print 'PR의 모든 변경사항을 검토하고 개선점을 제안해줘" \
            > review.md

      - name: Comment PR
        uses: actions/github-script@v6
        with:
          script: |
            const fs = require('fs');
            const review = fs.readFileSync('review.mc', 'utf8');
            github.rest.issues.createComment({
              issue_number: context.issue.number,
              owner: context.repo.owner,
```

```
        repo: context.repo.repo,
        body: review
    });
```

이를 활용하여 자연스럽게 기존에 사용하던 CI를 강화할 수 있습니다. 관련해서 빌트인된 /install-github-app 슬래시 명령어가 또 별도로 존재하는데 1주차에서 간단히 언급했고, 3주차에서 좀 더 자세히 이야기합니다.

4. YOLO 모드(권한 스킵 옵션)

기본 사용법

YOLO 모드는 "You Only Live Once"의 줄임말로, 권한 확인을 건너뛰어 빠르게 작업합니다. 이는 인터랙티브 모드와 프린트 모드 모두에서 사용할 수 있는 옵션입니다.

```
# 인터랙티브 모드 + YOLO 옵션
$ claude --dangerously-skip-permissions "빠르게 React 컴포넌트를 만들어줘"

# 프린트 모드 + YOLO 옵션
$ claude --print --dangerously-skip-permissions "전체 프로젝트를 TypeScript로 변환"
```

특징과 주의사항

YOLO 모드는 이름에서 알 수 있듯이 빠른 실행 속도에 최적화된 모드입니다. 프로토타이핑에 특화되어 있고, 반복 작업을 자동화하며, 최소한의 질문과 확인으로 작업을 진행합니다. 다만 안전성 측면에서 주의가 필요한 모드입니다.

주요 장점:
- 매우 빠른 실행 속도
- 프로토타이핑에 최적화
- 반복 작업 자동화
- 최소한의 질문과 확인

주의사항:

- 최소한의 안전 검사
- 개발 환경에서만 권장
- 되돌릴 수 있는 변경만 수행
- 중요한 파일 수정 시 주의
- 격리된 환경에서 사용 권장(Dev Container 등)

YOLO 모드 안전하게 사용: Dev Container 환경

YOLO 모드는 강력하지만 위험할 수 있으므로, 높은 보안 수준을 요구하는 환경에선 이를 브다 격리된 환경에서 사용하는 것이 좋습니다. Dev Container는 이러한 목적에 부합하는 솔루션입니다.

Dev Container란?

devcontainer는 개발 환경을 코드로 정의해주는 설정 파일로, 일관된 개발 환경을 자동으로 구성할 수 있게 해줍니다. 도커 기반 컨테이너 안에 필요한 언어, 라이브러리, 툴을 미리 정의하여 팀원 간 환경 차이를 줄이고, 로컬 세팅 부담 없이 바로 개발을 시작할 수 있다는 장점이 있습니다.

devcontainer와 관련된 환경 설정은 .devcontainer/devcontainer.json을 통해 이뤄집니다. 클로 코드의 깃허브 저장소엔 VS Code에 최적화된 레퍼런스 설정이 존재합니다.

https://github.com/anthropics/claude-code/tree/main/.devcontainer

프로젝트 경로의 .devcontainer에 관련 설정들을 설치하면 됩니다. 일부 설정 파일을 함께 살펴보겠습니다.

.devcontainer/devcotainer.json

```json
{
  "name": "Claude Code Sandbox",
  "build": {
    "dockerfile": "Dockerfile",
    "args": {
      "TZ": "${localEnv:TZ:America/Los_Angeles}",
      "CLAUDE_CODE_VERSION": "latest",
      "GIT_DELTA_VERSION": "0.18.2",
```

```json
      "ZSH_IN_DOCKER_VERSION": "1.2.0"
    }
  },
  "runArgs": [
    "--cap-add=NET_ADMIN",
    "--cap-add=NET_RAW"
  ],
  "customizations": {
    "vscode": {
      "extensions": [
        "dbaeumer.vscode-eslint",
        "esbenp.prettier-vscode",
        "eamodio.gitlens"
      ],
      "settings": {
        "editor.formatOnSave": true,
        "editor.defaultFormatter": "esbenp.prettier-vscode",
        "editor.codeActionsOnSave": {
          "source.fixAll.eslint": "explicit"
        },
        "terminal.integrated.defaultProfile.linux": "zsh",
        "terminal.integrated.profiles.linux": {
          "bash": {
            "path": "bash",
            "icon": "terminal-bash"
          },
          "zsh": {
            "path": "zsh"
          }
        }
      }
    }
  },
  "remoteUser": "node",
  "mounts": [
    "source=claude-code-bashhistory-${devcontainerId},target=/commandhistory,type=volume",
    "source=claude-code-config-${devcontainerId},target=/home/node/.claude,type=volume"
  ],
  "containerEnv": {
    "NODE_OPTIONS": "--max-old-space-size=4096",
    "CLAUDE_CONFIG_DIR": "/home/node/.claude",
    "POWERLEVEL9K_DISABLE_GITSTATUS": "true"
  },
```

```
  "workspaceMount": "source=${localWorkspaceFolder},target=/workspace,type=bind,cons
istency=delegated",
  "workspaceFolder": "/workspace",
  "postCreateCommand": "sudo /usr/local/bin/init-firewall.sh"
}
```

Dev Container는 도커 컨테이너를 기반으로 샌드박싱된 환경을 제공합니다. devcontainer.json 에는 컨테이너를 어떻게 실행시킬 것인지를 명시하고 있습니다. init-firewall.sh를 통해서 허락한 도메인으로만 네트워크 접속을 허용해줍니다.

다음은 컨테이너에서 사용하는 이미지가 어떻게 빌드될지를 기술한 Dockerfile입니다. 해당 환경에서 추가로 필요하는 패키지가 있다면 이곳을 수정해서 사용하면 됩니다.

.devcontainer/Dockerfile

```
FROM node:20

ARG TZ
ENV TZ="$TZ"

ARG CLAUDE_CODE_VERSION=latest

# Install basic development tools and iptables/ipset
RUN apt-get update && apt-get install -y --no-install-recommends \
  less \
  git \
  procps \
  sudo \
  fzf \
  zsh \
  man-db \
  unzip \
  gnupg2 \
  gh \
  iptables \
  ipset \
  iproute2 \
  dnsutils \
  aggregate \
  jq \
  nano \
  vim \
```

```dockerfile
    && apt-get clean && rm -rf /var/lib/apt/lists/*

# Ensure default node user has access to /usr/local/share
RUN mkdir -p /usr/local/share/npm-global && \
    chown -R node:node /usr/local/share

ARG USERNAME=node

# Persist bash history.
RUN SNIPPET="export PROMPT_COMMAND='history -a' && export HISTFILE=/commandhistory/.bash_history" \
    && mkdir /commandhistory \
    && touch /commandhistory/.bash_history \
    && chown -R $USERNAME /commandhistory

# Set `DEVCONTAINER` environment variable to help with orientation
ENV DEVCONTAINER=true

# Create workspace and config directories and set permissions
RUN mkdir -p /workspace /home/node/.claude && \
    chown -R node:node /workspace /home/node/.claude

WORKDIR /workspace

ARG GIT_DELTA_VERSION=0.18.2
RUN ARCH=$(dpkg --print-architecture) && \
    wget "https://github.com/dandavison/delta/releases/download/${GIT_DELTA_VERSION}/git-delta_${GIT_DELTA_VERSION}_${ARCH}.deb" && \
    sudo dpkg -i "git-delta_${GIT_DELTA_VERSION}_${ARCH}.deb" && \
    rm "git-delta_${GIT_DELTA_VERSION}_${ARCH}.deb"

# Set up non-root user
USER node

# Install global packages
ENV NPM_CONFIG_PREFIX=/usr/local/share/npm-global
ENV PATH=$PATH:/usr/local/share/npm-global/bin

# Set the default shell to zsh rather than sh
ENV SHELL=/bin/zsh

# Set the default editor and visual
ENV EDITOR nano
ENV VISUAL nano
```

```
# Default powerline10k theme
ARG ZSH_IN_DOCKER_VERSION=1.2.0
RUN sh -c "$(wget -O- https://github.com/deluan/zsh-in-docker/releases/download/v${ZSH_IN_DOCKER_VERSION}/zsh-in-docker.sh)" -- \
  -p git \
  -p fzf \
  -a "source /usr/share/doc/fzf/examples/key-bindings.zsh" \
  -a "source /usr/share/doc/fzf/examples/completion.zsh" \
  -a "export PROMPT_COMMAND='history -a' && export HISTFILE=/commandhistory/.bash_history" \
  -x

# Install Claude
RUN npm install -g @anthropic-ai/claude-code@${CLAUDE_CODE_VERSION}


# Copy and set up firewall script
COPY init-firewall.sh /usr/local/bin/
USER root
RUN chmod +x /usr/local/bin/init-firewall.sh && \
  echo "node ALL=(root) NOPASSWD: /usr/local/bin/init-firewall.sh" > /etc/sudoers.d/node-firewall && \
  chmod 0440 /etc/sudoers.d/node-firewall
USER node
```

VS Code나 VS Code 기반의 IDE에서는 Dev Container Extension을 그 외 터미널 기반 환경에서는 devpod와 같은 도구를 활용하여 접속하면 됩니다. 다음은 devpod 사용 예입니다.

```
$ devpod up .
16:00:50 info Creating devcontainer...
16:00:54 info Build with docker buildx...
... 중략 ...
16:02:51 info Verifying firewall rules...
16:02:56 info Firewall verification passed - unable to reach https://example.com as expected
16:02:56 info Firewall verification passed - able to reach https://api.github.com as expected
16:02:56 done Successfully ran command : sudo /usr/local/bin/init-firewall.sh
16:02:56 info Run 'ssh claude-code.devpod' to ssh into the devcontainer
$ ssh claude-code.devpod
```

실습: 안전한 프로토타이핑

이제 Dev Container 내에서 안전하게 YOLO 모드를 사용해서 클로드 코드를 사용합니다.

```
> claude --dangerously-skip-permissions
```
Claude Code

CLAUDE.md 설정(YOLO 최적화):

YOLO 모드에 대한 추가적인 가이드라인 또한 CLAUDE.md를 통해 보강할 수 있습니다.

```
# YOLO Mode Configuration

## 안전한 환경 설정
- Dev Container 또는 Docker 환경 사용 권장
- 호스트 시스템과 격리된 환경에서 실행
- 실험용 프로젝트 전용 디렉터리 사용

## 빠른 실행 규칙
- 간단한 확인 질문 생략
- 표준 컨벤션 자동 적용
- 일반적인 패턴 우선 사용

## 빠른 템플릿
- 컴포넌트: React + TypeScript 기본 템플릿
- API: Express + 타입 검증 템플릿
- 테스트: Jest + Testing Library 기본 설정

## 위험 완화
- Git staging area 활용
- 되돌리기 가능한 변경만 수행
- 중요 파일 건드리지 않음
- 격리된 환경에서 실행
```
CLAUDE.md

5. 인터랙티브 모드의 특수 키 기능

인터랙티브 모드에서는 특수 키를 사용하여 다양한 기능을 활용할 수 있습니다.

작업 제어 - ESC

ESC 키는 작업 흐름을 제어하는 강력한 도구입니다.

ESC 1번 – 작업 중단

- 클로드의 현재 작업(생각, 도구 호출, 파일 편집) 즉시 중단
- 컨텍스트는 유지되어 다른 지시사항 제공 가능
- 잘못된 방향으로 진행 중일 때 유용

> 상황: "API 라우터 수정" 작업 중 불필요하게 DB 마이그레이션까지 건드리려는 경우
>
> ⇒ ESC (1번) 눌러 즉시 중단
> ⇒ "라우터 코드만 수정해줘" 재지시

ESC 2번 – 히스토리 점프

- 대화 히스토리로 이동하여 이전 프롬프트 편집 가능
- 다른 방향으로 작업을 탐색하고 싶을 때 사용
- 새로운 분기를 만들어 대안적 접근 시도 가능

> 상황: "스타일 변경"을 요청했는데 방향이 마음에 안 드는 경우
>
> ⇒ ESC (2번) 눌러 이전 프롬프트로 점프
> ⇒ "대안 스타일 제안" 탐색

모드 전환 - Shift + Tab

Shift + Tab 을 눌러 세 가지 코드를 순환하며 전환할 수 있습니다.

- 일반 모드(기본): 각 편집 사항을 개별적으로 확인
- Auto-Accept Edits: 모든 편집을 자동으로 수락
- 플랜 모드: 복잡한 작업의 계획을 먼저 수립(읽기 전용)

6. 모드별 상세 설명

Auto-Accept Edits(자동 편집 수락)

기본 사용법

Auto-Accept Edits는 인터랙티브 모드 내에서 클로드가 제안하는 모든 파일 편집을 자동으로 수락하는 기능입니다. 이는 별도의 플래그가 아니라 인터랙티브 모드 실행 중 `Shift` + `Tab`을 눌러 활성화/비활성화할 수 있습니다.

> **주의**
>
> Auto-Accept Edits는 rate limit 소비를 증가시킬 수 있습니다. 대량의 파일 편집이 예상되는 경우 플랜 모드를 먼저 사용하여 작업을 계획하고 검토 후 실행하는 것이 효율적입니다.

```
# 대화 중 Shift + Tab 을 눌러 Auto-Accept Edits 모드로 전환
# [Auto-Accept Edits ON] 표시가 나타남
> React 컴포넌트의 모든 클래스 컴포넌트를 함수형으로 변환해줘

# 다시 Shift + Tab 을 눌러 일반 모드로 복귀
# [Auto-Accept Edits OFF] 표시가 나타남
```

특징과 장점

Auto-Accept Edits는 인터랙티브 모드 내에서 클로드가 제안하는 편집 사항을 자동으로 수락하여 작업 속도를 크게 향상시킵니다. 반복적인 수정 작업이나 대규모 리팩토링에 매우 효과적이며, 신뢰할 수 있는 작업에 대해서는 사람의 개입 없이 빠르게 진행할 수 있습니다.

주요 특징:

- 자동 편집 수락: 모든 파일 변경을 자동으로 승인
- 빠른 작업 속도: 확인 단계 생략으로 시간 단축
- 대량 작업에 최적화: 여러 파일의 일괄 수정에 효과적
- 인터랙티브와 프린트의 중간: 대화는 가능하지만 편집은 자동 수락

장점:

- 반복 작업 자동화: 비슷한 패턴의 수정 작업을 빠르게 처리
- 리팩토링 효율성: 대규모 코드 개선 작업에 이상적
- 생산성 향상: 신뢰할 수 있는 작업에서 확인 시간 절약
- 일관된 코드 스타일: 전체 코드 베이스에 일관된 규칙 적용

실습 예시: 대규모 타입스크립트 마이그레이션

```
# 1. 새 브랜치 생성
$ git checkout -b typescript-migration

# 2. 인터랙티브 모드 실행
$ claude
```

```
# 3. [Shift]+[Tab]을 눌러 Auto-Accept Edits 활성화
# [Auto-Accept Edits ON] 상태에서 작업 진행
> 모든 .js 파일을 .ts로 변환하고 기본 타입을 추가해줘

# 4. 타입 오류 자동 수정 (Auto-Accept Edits 유지)
> TypeScript 컴파일 오류를 모두 수정해줘. any 타입 사용은 최소화해줘

# 5. [Shift]+[Tab]을 눌러 일반 모드로 복귀
# [Auto-Accept Edits OFF]
```

```
# 6. 결과 확인
$ git diff --stat
$ npm run typecheck

# 7. 테스트 실행
$ npm test
```

Bypass Permissions 모드는 여기에 더해 파일 수정뿐만 아니라 커맨드라인 명령을 실행할 때도 별도의 권한을 지정하지 않아도 자동으로 수락합니다.

플랜 모드(계획 수립)

기본 사용법

플랜 모드는 인터랙티브 모드에서 [Shift]+[Tab]으로 전환할 수 있는 모드 중 하나로, 클로드가 복잡한 작업을 수행하기 전에 상세한 계획을 먼저 수립합니다. 또한 복잡한 작업의 경우 클로드가 자동으로 플랜 모드를 활성화할 수도 있습니다.

```
# 인터랙티브 모드 실행
$ claude
```

```
# 플랜 모드 활성화 방법 1: Shift + Tab 으로 모드 전환
# Shift + Tab 을 두 번 눌러 플랜 모드로 전환
# [Plan Mode ON] 표시가 나타남
> 전체 애플리케이션을 마이크로서비스 아키텍처로 리팩토링해줘

# 플랜 모드 활성화 방법 2: 클로드가 자동으로 활성화
> 레거시 코드베이스를 현대적인 React 앱으로 마이그레이션해줘

⇒ 클로드의 응답: "이 작업은 복잡하므로 먼저 계획을 수립하겠습니다. [Plan Mode 활성화]"

# 계획 검토 후 실행
# 클로드가 제시한 계획을 확인하고 승인하면 실행
```

특징과 장점

플랜 모드는 인터랙티브 모드의 약점인 복잡하고 위험한 작업을 그대로 실행하는 것을 방지하기 위해 체계적인 계획을 수립합니다. 각 단계를 명확히 정의하고, 잠재적 위험을 식별하며, 롤백 전략을 포함한 종합적인 실행 계획을 제공합니다.

주요 특징:

- 단계별 계획 수립: 복잡한 작업을 작은 단계로 분해
- 위험 분석: 각 단계의 잠재적 위험 사전 식별
- 영향도 평가: 변경사항이 미칠 영향 사전 분석
- 롤백 전략: 문제 발생 시 복구 계획 포함

장점:

- 리스크 최소화: 실행 전 충분한 검토로 위험 감소
- 팀 협업 강화: 계획을 팀과 공유하고 검토 가능
- 복잡한 작업 관리: 대규모 변경사항을 체계적으로 관리
- 문서화: 작업 과정이 자동으로 문서화됨

일반적인 계획 구조 예시: 마이크로서비스 전환

```
> # 마이크로서비스 전환 계획

## 1. 현재 상태 분석
- 모놀리식 아키텍처 구조 파악
- 도메인 경계 식별
```

```
- 의존성 매핑

## 2. 목표 아키텍처 설계
- 서비스 분할 전략
- API 게이트웨이 설계
- 데이터베이스 분리 계획

## 3. 단계별 실행 계획
### Phase 1: 사용자 서비스 분리(2주)
- 사용자 관련 코드 추출
- 독립 서비스로 분리
- API 엔드포인트 생성
- 테스트 및 검증

### Phase 2: 주문 서비스 분리(3주)
- 주문 처리 로직 분리
- 이벤트 기반 통신 구현
- 데이터 동기화 전략

## 4. 위험 요소 및 대응 방안
- 데이터 일관성 문제 → 분산 트랜잭션 패턴 적용
- 서비스 간 통신 실패 → Circuit Breaker 패턴 구현
- 성능 저하 → 캐싱 전략 및 로드 밸런싱

## 5. 롤백 계획
- 각 단계별 체크포인트 설정
- 데이터베이스 백업 전략
- 빠른 롤백을 위한 feature toggle 구현
```

7. 모드별 사용 시나리오

프로젝트 개발 시나리오

프로젝트 초기 단계

처음 프로젝트를 시작할 때는 기획과 설계가 가장 중요합니다. 이 단계에서는 인터랙티브 모드를 활용해 클로드와 대화하며 프로젝트 구조를 함께 설계할 수 있습니다. 즉시 피드백을 받으며 아키텍처와 기술 스택을 논의할 수 있어, 기초를 빠르게 다지는 데 유용합니다.

```
# 인터랙티브 모드로 기획 및 설계
$ claude "프로젝트 구조를 설계해줘"
```

빠른 프로토타이핑

아이디어를 빠르게 검증하려면 속도가 중요합니다. 이때 YOLO 모드를 Dev Container와 같은 격리된 환경과 함께 사용하면, 권한 확인 과정을 생략하고 최소한의 상호작용만으로 프로토타입을 생성할 수 있습니다. 단, YOLO 모드는 안정성보다는 속도에 최적화된 방식이므로 반드시 격리 환경에서 실행하는 것이 안전합니다. 다음 예시는 VS Cocde에서의 사용 예입니다. devcontainer/는 2주차 수요일 디렉터리에 있으니 해당 경로로 이동해서 진행해주세요.

```
# Dev Container 환경에서 YOLO 모드로 빠른 프로토타입 생성
# 먼저 격리된 환경 준비
$ code --install-extension ms-vscode-remote.remote-containers
$ code devcontainer/   # VS Code가 현재 디렉터리(week2/Wed)를 호출

# Container 내에서 YOLO 모드 실행
$ claude --dangerously-skip-permissions "기본 CRUD 기능이 있는 프로토타입 생성"
```

품질 관리

프로젝트가 진행되면서 코드 품질을 꾸준히 점검하는 것은 필수입니다. 프린트 모드를 활용하면 대화식 개입 없이 정기적인 코드 분석과 리포트를 자동으로 생성할 수 있습니다. 이를 CI 파이프라인에 추가하면, 배포 전마다 품질 상태를 기록으로 남길 수 있습니다.

```
# 프린트 모드로 정기적인 품질 검사
$ claude --print "코드 품질 검사 및 개선점 제안" > quality-report.md
```

리팩토링

코드 베이스가 커지면 수동으로 리팩토링하기 어렵습니다. 이때는 스크립트와 클로드를 조합하여 체계적으로 일괄 작업을 진행하는 것이 효율적입니다. 다양한 리팩토링 작업을 브랜치로 나눠서 커밋을 PR하는 루틴을 담은 스크립트를 정의해서 여러 파일에 걸쳐 적용하면 수백 개의 파일도 일관되게 처리할 수 있습니다 아래 스크립트와 동작에 필요한 예제 파일들은 깃허브 저장소 2주차의 수요일 디렉터리에 있습니다.

```
# 스크립트로 체계적 변경
$ ./refactoring-script.sh
```

배포 전 최종 검토

실제 배포 직전에는 프로젝트 전반을 다시 한 번 꼼꼼히 점검해야 합니다. 프린트 모드를 활용하면 코드 전체를 스캔하고, 잠재적인 문제나 개선 사항을 리포트로 남길 수 있습니다. 이를 통해 최종 안정성을 확보하고 배포 리스크를 줄일 수 있습니다.

```Terminal
# 프린트 모드로 자동 품질 검사
$ claude --print "전체 프로젝트 품질 검사 및 리포트 성성"
```

8. 문제 해결 및 팁

성능 최적화 팁

클로드는 작업 내용이 복잡할수록 토큰 사용량이 증가하므로, 모드별로 적절한 입력 전략을 사용하는 것이 중요합니다.

각 모드별 토큰 사용량 최적화:

- 인터랙티브 모드: 상세한 설명 < 명확한 요구사항
- 프린트 모드: 간결한 명령어 + 구조화된 출력
- YOLO 모드: 최소한의 지시사항
- 자동화: 효율적인 스크립트 패턴

주요 포인트 정리

- 인터랙티브/프린트 모드는 기본 동작 방식의 차이
- YOLO 모드는 권한 스킵 옵션으로 두 모드 모두에서 사용 가능
- Shift + Tab 으로 일반/Auto-Accept Edits 플랜 모드 순환 전환
- ESC 1번으로 작업 중단, ESC 2번으로 히스토리 탐색
- 프로젝트 단계와 상황에 따라 적절한 조합 선택
- YOLO 모드는 Dev Container 같은 격리된 환경에서 사용하여 안전성 확보
- CLAUDE.md 설정을 통해 각 모드의 성능과 안전성 향상 가능

참고 자료

- https://containers.dev/
- https://code.visualstudio.com/docs/devcontainers/containers
- https://docs.anthropic.com/en/docs/claude-code/devcontainer

클로드 코드의 내장 도구와 터미널 확장

개요

개발 도구 생태계의 복잡성

현대의 개발은 단순히 코드를 작성하는 것으로 끝나지 않습니다. 파일을 읽고 수정하며, 터미널에서 명령어를 실행하고, 웹에서 자료를 검색하고, 다양한 외부 도구들을 조합해야 비로소 하나의 기능이 완성됩니다. 전통적으로 개발자는 이 모든 개발 도구들을 직접 익히고 연결해야 했습니다.

클로드 코드의 통합적 접근

클로드 코드는 이러한 복잡성을 줄이기 위해 내장 도구(tools)를 제공합니다. Read, Write, Bash, WebFetch 같은 기본 도구들이 이미 탑재되어 있어, 별도의 설치나 설정 없이 곧바로 사용할 수 있습니다. 따라서 하나의 대화 흐름 속에서 파일을 조작하고, 로컬 명령어를 실행하고, 외부 정보를 가져오는 모든 과정을 매끄럽게 처리할 수 있습니다.

개발 워크플로의 변화

- 기존 방식: 개발자가 직접 여러 도구를 번갈아 사용하고 결과를 수동으로 이어 붙임
- 새로운 방식: 클로드가 필요한 도구를 자동으로 조합하여 실행 → 더 빠르고, 실수도 줄이고, 일관된 결과 확보

이러한 변화는 특히 반복적 작업, CI/CD 설정, 환경 구성, 테스트 자동화 등에서 큰 효과를 발휘합니다.

오늘 다룰 내용

오늘은 클로드 코드의 내장 도구와 터미널 확장 기능을 단계별로 살펴봅니다. 단순 파일 조작부터 시작해, Docker, kubectl, AWS CLI 같은 실무 핵심 도구들과 연동하는 방법까지 학습합니다. 이를 통해 클로드 코드를 단순한 코드 보조 도구가 아니라, 하나의 통합 개발 환경(Integrated Development Environment, IDE) 그 이상으로 활용하는 법을 배우게 됩니다.

1. 클로드 코드의 내장 도구 이해하기

내장 도구의 가치

클로드 코드는 단순한 코드 생성기가 아닙니다. 단순히 '코드 조각을 써주는' 수준을 넘어, 파일 시스템 조작, 터미널 명령어 실행, 웹 리소스 접근 등 개발에 필요한 대부분의 작업을 직접 수행할 수 있는 강력한 내장 도구들을 제공합니다.

기존 AI 도구와 비교했을 때의 차별점은 다음과 같습니다.

- 코드 생성에 그치지 않고 실행: 클로드는 실제로 코드를 실행해 결과를 확인할 수 있습니다.
- 즉각적인 수정 및 반복 실행: 실행 결과에 문제가 있다면 곧바로 수정하고 다시 시도합니다.
- 개발 사이클의 통합: '설치 → 구현 → 실행 → 검증 → 수정'의 전 과정을 하나의 대화 안에서 처리할 수 있습니다.

즉, 클로드 코드는 단순히 '개발 조언자'가 아니라, 함께 코드를 작성하고, 테스트하고, 수정해 주는 실질적인 친구이자 동료와 같은 프로그래머라고 생각할 수 있습니다.

2. 파일 시스템 도구

클로드 코드의 기본은 파일을 직접 다루는 능력입니다. 단순히 코드를 보여주는 것이 아니라, 실제 파일을 읽고 쓰며 개발자의 워크플로에 직접 개입할 수 있습니다.

Read - 파일 읽기

Read 도구는 프로젝트 내 모든 파일의 내용을 불러와 분석하고 이해하며 수정할 수 있도록 돕습니다. 단순히 파일을 보여주는 것이 아니라, 맥락을 파악한 분석과 개선안까지 제공합니다.

```
# 설정 파일 분석
> package.json을 읽고 의존성을 분석해줘

# 코드 리뷰
> src/components/Header.tsx를 읽고 개선점을 제안해줘

# 에러 로그 분석
> error.log 파일을 읽고 문제 원인을 찾아줘
```

▼ 그림 2-1 클로드 코드가 package.json을 읽고 의존성을 분석하는 모습

```
> package.json을 읽고 의존관계를 분석해줘

> I'll read and analyze the package.json file to understand the project's dependencies.

Read(package.json)
  ⎿ Read 6 lines (Enter to expand)

> Let me also check if there's a frontend package.json file since this appears to be a SvelteKit
  project with Go backend based on the CLAUDE.md context:

Read(web/frontend/package.json)
  ⎿ Read 27 lines (Enter to expand)

> Let me also check if there are any test-related package.json files in the scripts directory:

Read(scripts/test/package.json)
  ⎿ Read 1 lines (Enter to expand)
  …생략 …
```

이처럼 클로드 코드는 단순한 내용 확인을 넘어, 보안 이슈, 버전 충돌, 코드 스타일 개선까지 제안해주므로 파일을 이해하는 속도를 매우 단축시킬 수 있습니다.

Write/Edit - 파일 생성 및 수정

- Write: 새 파일을 만들거나 기존 파일 전체를 교체
- Edit: 특정 부분만 정밀하게 수정

즉, Write는 '새로 쓰기', Edit는 '부분 편집'이라고 이해하면 됩니다.

```
# 새로운 컴포넌트 생성
> React TypeScript 버튼 컴포넌트를 작성해줘

# 기존 코드 개선
> getUserData 함수에 에러 핸들링을 추가해줘

# 여러 파일 동시 수정
> 모든 API 호출에 재시도 로직을 추가해줘
```

Glob/Grep - 파일 검색

대규모 프로젝트에서는 원하는 파일이나 코드 위치를 찾는 것만으로도 시간이 걸립니다.

- Glob: 파일명/패턴으로 검색
- Grep: 파일 내용으로 검색

```
# 특정 확장자 파일 찾기
> 모든 TypeScript 파일의 import 구조를 분석해줘

# 함수 사용처 찾기
> getUserData 함수가 사용되는 모든 위치를 찾아줘

# TODO 주석 관리
> 프로젝트 내 모든 TODO 주석을 찾아서 우선순위를 정해줘
```

LS - 디렉터리 구조 탐색

프로젝트 전체 구조를 빠르게 파악할 수 있는 도구입니다.

```
# 프로젝트 구조 분석
> 프로젝트 구조를 분석해서 개선점을 제안해줘

# 파일 정리
> 불필요한 파일들을 찾아서 정리 방안을 제안해줘
```

3. 시스템 실행 도구

클로드 코드의 가장 큰 차별점 중 하나는 터미널을 직접 다룰 수 있다는 점입니다. 기존의 AI 도구들은 '코드를 만들어주고 끝'이었지만, 클로드는 실제로 명령어를 실행하고, 그 결과를 분석하며, 문제가 있으면 바로 수정할 수 있습니다.

이 덕분에 **빌드 → 테스트 → 디버깅**의 전체 개발 사이클을 대화 안에서 처리할 수 있습니다.

Bash - 터미널 명령어 실행

Bash 도구는 클로드 코드의 핵심입니다. 모든 터미널 명령어를 실행할 수 있기 때문에, 개발자가 반복적으로 수행하던 작업을 자동화하거나 대규모로 조합해낼 수 있습니다.

```
# 프로젝트 빌드 및 테스트
> 프로젝트를 빌드하고 테스트를 실행해줘

⇒ npm run build && npm test

# 깃 작업 자동화
> 현재 변경사항을 분석해서 적절한 커밋 메시지로 커밋해줘

⇒ git add . && git commit -m "feat: add user authentication"

# 의존성 관리
> 패키지를 업데이트하고 보안 취약점을 확인해줘

⇒ npm update && npm audit fix
```

▼ 그림 2-2 클로드 코드가 npm test를 실행하고 결과를 분석하는 화면

```
● 빌드가 완료되었으니 이제 테스트를 수행해보겠습니다. 프로젝트에서 사용 가능한 테스트 명령어를 확
  인해보겠습니다.

Bash(npm run --silent 2>/dev/null || echo "No npm scripts available")
  ⎿ (No content)

Bash(cat package.json | grep -A 10 -B 5 "scripts")
  ⎿ No matches found

Read(package.json)
  ⎿ Read 6 lines (ctrl+r to expand)

● 루트 package.json에 Playwright만 있고 스크립트가 정의되어 있지 않네요. 프론트엔드 디렉터리에서
  테스트 스크립트를 확인해보겠습니다.

Read(web/frontend/package.json)
  ⎿ Read 27 lines (ctrl+r to expand)
```

여기서 주목할 점은 클로드가 단순히 명령어를 실행하는 데서 멈추지 않는다는 것입니다. 실행 결과를 읽고, 실패 원인을 분석하며, 추가 해결책까지 제안합니다. 즉, 개발자가 '실행 → 결과 확인 → 수정'을 반복하는 과정을 자동으로 대행하는 셈입니다.

4. 웹 리소스 도구

개발 과정에서 우리는 로컬 코드만 다루지 않습니다. API 문서를 참고하거나, 라이브러리 정보를 찾거나, 에러 해결 방법을 구글링하는 등 웹 자원은 필수적입니다.

클로드 코드는 이런 흐름을 내장 도구로 통합합니다. 즉, 개발자가 '브라우저 → 검색 → 복사/붙여넣기' 과정을 반복하지 않아도, 대화 안에서 웹 리소스를 곧바로 불러오고 활용할 수 있습니다.

WebFetch - 웹 콘텐츠 가져오기

WebFetch는 특정 웹 페이지의 원문을 직접 가져오는 도구입니다. 보통은 '문서를 찾아 읽고 필요한 부분만 다시 요약'해야 하지만, 클로드는 웹에서 내용을 곧바로 가져와 분석까지 수행합니다.

```
# API 문서 참조
> React 공식 문서에서 최신 Hook 사용법을 참조해서 코드를 개선해줘

# 라이브러리 정보 수집
> npm에서 인기 있는 폼 검증 라이브러리들을 비교해줘
```
Claude Code

이 방식은 특히 API 사양 확인, 공식 문서 기반 개선, 라이브러리 선택 같은 작업에서 강력합니다. 예를 들어 'React Query 최신 버전 문법' 같은 내용을 찾아올 때, 클로드가 직접 문서를 읽어 바로 코드에 반영할 수 있습니다.

WebSearch - 웹 검색

WebSearch는 일반 검색 엔진을 통한 탐색 도구입니다. 최신 정보, 보안 이슈, 트러블슈팅 방법 등을 실시간으로 찾아낼 수 있습니다.

```
# 에러 해결법 검색
> 이 TypeScript 에러를 해결하는 최신 방법을 찾아서 적용해줘

# 보안 이슈 확인
> 사용 중인 패키지들의 최신 보안 이슈를 검색해줘
```
Claude Code

특히 에러가 발생했을 때 개발자가 직접 검색창에 붙여넣고 해결책을 찾던 과정을 클로드가 대신 수행합니다. 게다가 단순히 검색 결과를 나열하는 것이 아니라, 현재 프로젝트 맥락에 맞는 해결책을 제안한다는 점에서 차별성이 있습니다.

- WebFetch: 특정 문서나 페이지 내용을 가져와 분석
- WebSearch: 검색을 통해 최신 정보와 해결책 탐색

두 도구 모두 기존의 '브라우저 전환 → 검색 → 복사&붙여넣기' 과정을 없애고, 개발자가 하나의 대화 안에서 코드와 문서를 연결할 수 있게 합니다.

5. 작업 관리 도구

개발을 하다 보면 '코드를 짜는 것'보다도 작업을 계획하고 추적하는 과정이 더 중요한 경우가 많습니다. 기능 개발, 버그 수정, 리팩토링, 테스트 개선 등은 모두 일정과 우선순위를 관리해야 제대로 진행됩니다.

클로드 코드는 이런 점을 고려해 TodoWrite라는 내장 도구를 제공합니다. 이는 단순히 '해야 할 일 목록'을 나열하는 것이 아니라, 대화 맥락을 기반으로 하여 자동으로 작업 계획을 정리하고 추적할 수 있는 기능입니다.

TodoWrite - 작업 계획 및 추적

TodoWrite는 프로젝트 규모에 관계없이 작업을 작은 단위로 나누고, 우선순위를 정리하고, 진행 상황을 관리하는 데 활용됩니다.

즉, 기존에 지라(Jira), 노션, 트렐로 같은 툴에서 수작업으로 하던 일들을, 개발하는 도중 바로 대화 안에서 실행할 수 있는 셈입니다.

```
# 프로젝트 계획 수립
> 새로운 결제 기능 개발을 위한 작업 계획을 세워줘

# 버그 수정 계획
> 보고된 버그들을 우선순위별로 정리해서 수정 계획을 만들어줘
```
Claude Code

▼ 그림 2-3 클로드 코드가 TodoWrite를 사용해 작업 계획을 수립하는 모습

```
Phase 4: 사용자 경험 향상

10. CLI 인터페이스 생성
11. 대표 엔티티 지원
    - 사용자 범위 설정
    - 프로젝트 범위 설정
    - 로컬 범위 설정
12. 추가 기능 및 에러 메시지
    - 잘못된 설정 검출
    - 사용자 가이드 및 문서화
    - 커맨드 헬프 제공
    - 에러 핸들링 강화
    - 기본 기능 테스트

이 계획을 통해 Claude Code 환경을 효율적으로 관리할 수 있는 강력한 CLI 도구를 개발할 수 있습니다.
각 단계별로 진행하면서 사용자 피드백을 반영하여 개선해 나갈 계정입니다.
… 생략 …
```

화면 상단에는 체계적으로 정리된 작업 목록이 표시되고, 각 작업은 '진행 중/완료됨' 상태가 자동으로 업데이트됩니다. 완료된 작업은 체크박스로 표시되어, 진행률을 시각적으로 확인할 수 있습니다.

- **자동 계획**: 주어진 요구사항을 기반으로 세부 작업을 자동으로 나눔
- **우선순위 정리**: 버그, 기능, 리팩토링을 우선순위로 배열
- **진행률 관리**: 완료 상태가 자동 추적되어 전체 흐름 파악 가능

이로써 클로드 코드는 단순한 '코드 작성 도우미'를 넘어서 **작업 관리까지 지원하는 개발 파트너** 역할을 수행하게 됩니다.

6. 내장 도구 조합 패턴

클로드 코드의 강점은 단일 도구 사용이 아니라, 여러 내장 도구들을 유기적으로 조합해서 전체 워크플로를 자동화할 수 있다는 점입니다.

이는 단순히 '코드를 생성한다'는 수준을 넘어, **분석 → 수정 → 테스트 → 개선**의 전체 개발 사이클을 하나의 대화 안에서 다루게 해줍니다.

코드 품질 향상 워크플로

대규모 프로젝트에서 코드 품질을 꾸준히 유지하려면, **구조 분석 → 오류 탐지 → 자동 수정 → 테스트** 라는 흐름이 필요합니다.

클로드는 이 과정을 내장 도구를 조합해 체계적으로 실행합니다.

1단계: 프로젝트 전체 구조 파악

```
Claude Code
> 프로젝트 구조를 분석하고 코드 품질 개선 계획을 수립해줘

⇒ LS로 구조 파악 → Glob으로 파일 검색 → TodoWrite로 계획 수립
```

2단계: 코드 분석 및 문제점 발견

```
Claude Code
> TypeScript 오류와 린트 경고를 모두 찾아서 수정해줘

⇒ Bash로 tsc, eslint 실행 → Grep으로 에러 패턴 검색 → Edit로 수정
```

3단계: 테스트 및 검증

```
Claude Code
> 수정된 코드를 테스트하고 커버리지를 확인해줘

⇒ Bash로 테스트 실행 → Read로 결과 분석 → TodoWrite로 추가 작업 계획
```

▼ **그림 2-4** 크로드 코드가 여러 도구를 연속적으로 사용하여 코드 품질을 개선하는 전체 과정

```
● BashOutput[Reading shell output]
> Starting server on port 8081
! Authentication disabled — configure Okta to enable
! 2025/08/19 11:48:08 [INFO] Log level set to: info
! 2025/08/19 11:48:08 [INFO] Loaded configuration from: config.yaml
! 2025/08/19 11:48:08 [INFO] Found 8 enabled subpages
→ ~5 lines (ctrl+r to expand)

● Now let me test the fix worked by checking the updated JavaScript in the C7n page:

Write(tmp/test_fix.js)
! Wrote 55 lines to tmp/test_fix.js
// test/fix new code
// Test if the recursion fix is working
const http = require('http');
async function testFix() {

… 생략 …
```

이 패턴을 통해 개발자는 품질 관리의 전체 사이클을 클로드에게 위임할 수 있고, 매번 수작업으로 명령을 반복할 필요가 없습니다.

신규 기능 개발 워크플로

새로운 기능을 추가할 때도 동일한 조합이 강력합니다. 예를 들어 '사용자 인증 기능'을 만든다고 할 때, 클로드는 조사부터 구현, 통합, 검증까지 전 과정을 끊김 없이 이어갑니다.

1단계: 요구사항 분석 및 기술 조사

> 사용자 인증 기능을 개발하기 위한 기술 조사를 해줘

⇒ WebSearch로 최신 기술 조사 → WebFetch로 문서 참조 → TodoWrite로 계획 수립

2단계: 코드 구현

> JWT 기반 인증 시스템을 구현해줘

⇒ Write로 새 파일 생성 → Edit로 기존 파일 수정 → Read로 코드 검토

3단계: 통합 및 테스트

> 인증 기능을 기존 시스템에 통합하고 테스트해줘

⇒ Grep으로 관련 코드 검색 → Edit로 통합 → Bash로 테스트 실행

이처럼 클로드는 '코드를 짜는 AI'가 아니라 개발 전 과정을 오케스트레이션하는 자동화 엔진처럼 동작합니다.

7. 터미널 도구 활용

클로드 코드의 가장 강력한 기능 중 하나는 터미널 도구와의 직접 연동입니다. 단순히 코드를 작성하는 수준을 넘어서, 깃, npm/yarn, 빌드/배포 도구 등 실제 개발 워크플로를 자동화할 수 있습니다. 이를 통해 개발자는 반복적이고 수동적인 CLI 작업에서 벗어나, 고차원적인 문제 해결과 설계에 집중할 수 있습니다.

깃 워크플로 자동화

클로드 코드는 깃과 직접 상호작용하며 브랜치 생성, 커밋 메시지 작성, 병합(Merge) 처리까지 자동화합니다.

> **NOTE**
>
> **클로드 코드의 깃 커밋 특징**
> 클로드는 커밋 시 기본적으로 다음과 같은 메시지를 자동으로 추가합니다.
>
> ```
> Co-Authored-By: Claude <noreply@anthropic.com>
> ```

이는 AI 협업을 명시적으로 기록하기 위한 기능이지만, 일부 조직의 커밋 컨벤션과 맞지 않을 수 있습니다.

▼ 그림 2-5 클로드 코드가 생성한 커밋 메시지에 Co-Author 정보가 포함된 예시

```
commit db49854ba552966934b7e4fde7946ce477ff74d6 (HEAD -> master)
Author: Chanhun Jeong <keyolk@gmail.com>
Date:   Fri Aug 22 13:46:22 2025 +0900

    Update README with comprehensive git practice information

    - Add detailed descriptions for git workflows and best practices
    - Include common command examples for basic operations and branch management
    - Add educational resources and links to git documentation
    - Expand repository purpose to serve as safe testing environment
    - Include troubleshooting scenarios and interactive examples

    Co-Authored-By: Claude noreply@anthropic.com
```

이를 해결하려면 ~/.claude/settings.json에서 includeCoAuthoredBy 값을 false로 설정하면 Co-Author 정보가 커밋 메시지에 포함되지 않습니다.

~/.claude/settings.json

```
{
  "includeCoAuthoredBy": false
}
```

▼ **그림 2-6** settings.json 편집 화면과 설정 적용 후 커밋 메시지

```
commit 65d0022590a4d6e12364c1827c2a866d5e03c45d (HEAD -> master)
Author: Chanhun Jeong <keyolk@gmail.com>
Date:   Fri Aug 22 13:46:22 2025 +0900

    Update README with comprehensive git practice information

    - Add detailed descriptions for git workflows and best practices
    - Include common command examples for basic operations and branch management
    - Add educational resources and links to git documentation
    - Expand repository purpose to serve as safe testing environment
    - Include troubleshooting scenarios and interactive examples
```

깃 워크플로 자동화 예시:

```
Claude Code
# 똑똑한 커밋 메시지 생성
> 현재 변경사항을 분석해서 적절한 커밋 메시지를 생성해줘

⇒ git diff 분석 → 의미 있는 커밋 메시지 생성 → git commit

# 브랜치 전략 자동화
> feature/user-auth 브랜치를 만들고 현재 작업을 커밋해줘

# 복잡한 병합 처리
> develop 브랜치의 최신 변경사항을 현재 브랜치에 안전하게 병합해줘
```

npm/yarn 패키지 관리

클로드는 npm 또는 yarn을 활용해 의존성 관리와 보안 점검을 자동화합니다.

```
Claude Code
# 의존성 분석 및 최적화
> 사용하지 않는 패키지를 찾아서 제거해줘

⇒ npm ls → 코드 분석 → npm uninstall

# 보안 취약점 관리
> 보안 취약점을 확인하고 안전하게 수정해줘

⇒ npm audit → npm audit fix → 수동 검토 필요한 항목 분석
```

이 과정에서 클로드는 단순히 명령을 실행하는 것에 그치지 않고, 결과를 분석해 다음 단계까지 제안합니다. 예를 들어 `audit`의 결과를 보고 자동으로 해결 가능한 것과 직접 확인이 필요한 취약점을 구분해줍니다.

빌드 및 배포 자동화

빌드와 배포 과정은 프로젝트의 품질과 직결되며, 많은 경우 사전에 체크리스트 기반 검증이 필요합니다. 클로드는 빌드 최적화부터 배포 전 검증까지 자동화된 흐름을 만들어줍니다.

```
# 빌드 최적화
> 빌드 시간을 단축시킬 방법을 찾아서 적용해줘

⇒ 빌드 프로세스 분석 → webpack 설정 최적화 → 결과 비교

# 배포 전 체크리스트
> 프로덕션 배포 전 모든 체크리스트를 확인해줘

⇒ 테스트 실행 → 환경변수 확인 → 빌드 검증 → 보안 체크
```

정리하면, 터미널 도구 활용을 통해 클로드는 '명령어 실행기'가 아니라 '워크플로 자동화 파트너'가 됩니다. 깃, 패키지 관리, 빌드/배포 같은 필수적인 CLI 작업이 자연스럽게 AI 대화 흐름 속에 통합되는 것이 핵심입니다.

도커 컨테이너 관리

클로드 코드는 도커와 직접 연동하여 컨테이너 상태를 진단하고, Dockerfile 최적화까지 자동으로 처리할 수 있습니다.

도커 컨테이너 관리 예시:

```
# 컨테이너 상태 진단
> 현재 실행 중인 컨테이너 상태를 확인하고 문제가 있는지 분석해줘

⇒ docker ps → docker stats → docker logs 분석

# Dockerfile 최적화
> Docker 이미지 크기를 줄이고 빌드 시간을 단축시켜줘

⇒ Dockerfile 분석 → 멀티스테이지 빌드 적용 → .dockerignore 최적화
```

▼ 그림 2-7 클로드 코드가 docker status를 실행하고 리소스 사용량을 분석하는 화면

```
Lets check docker container stat metrics

> I'll help you check Docker container statistics and metrics. Let me run the docker
  stats command to see the current container metrics.

Bash(docker stats --no-stream)
  CONTAINER ID    NAME                CPU %    MEM USAGE / LIMIT     MEM %    NET
  I/O     BLOCK I/O    PIDS
  3e9cbce51966    compose_mcp_atlassian_1   0.00%    10 97MiB / 15.66GiB    0.07%    0B /
  0B      0B / 0B      1
  → ~61 lines (ctrl+r to expand)

● Let me also get more detailed information about running containers:

Bash(docker ps --format 'table {{.Names}}\t{{.Image}}\t{{.Status}}\t{{.Ports}}')
  NAMES                  IMAGE            STATUS        PORTS
  compose_grafana_1      mc/grafana       Up 5 hours    3000/tcp
  → ~161 lines (ctrl+r to expand)

● Now let me check the system resource usage and get a summary:

Bash(docker system df)
  TYPE          TOTAL    ACTIVE    SIZE      RECLAIMABLE
  Images        55       31        46.62GB   42.13GB (91%)
  Containers    56       31        2.70GB    1.88GB (69%)
  → ~2 lines (ctrl+r to expand)

● Let me also check Docker version and get more system information:

Bash(docker version --format '{{.Client.Version}} | Server: {{.Server.Version}}')
  Client: 28.2.1 | Server: 28.2.1

---

▶ Docker Container Statistics Summary

Active Containers: 31 out of 56 total

… 생략 …
```

클로드는 컨테이너의 CPU · 메모리 사용량을 실시간으로 추적하며, 비정상적인 자원 소비 패턴을 자동 감지합니다. 또한 Dockerfile을 분석하여 멀티 스테이지 빌드, 불필요한 레이어 제거, 캐시 활용 최적화 등 실무에서 바로 적용 가능한 개선 방안을 제안합니다.

프로세스 및 시스템 관리

클로드 코드는 단순히 애플리케이션 코드뿐 아니라, 시스템 레벨의 프로세스와 리소스 관리까지 지원합니다. 이를 통해 개발 환경과 서버 운영 모두를 아우르는 자동화된 워크플로를 구축할 수 있습니다.

프로세스 및 시스템 관리 예시:

```
# 시스템 리소스 모니터링
> 현재 시스템 리소스 사용량을 확인하고 최적화 방안을 제안해줘

⇒ top, ps, df 명령어 실행 → 분석 → 최적화 제안

# 로그 분석
> 애플리케이션 로그를 분석해서 성능 이슈를 찾아줘

⇒ tail -f → grep 패턴 분석 → 문제 원인 파악
```

클로드는 실행 중인 프로세스의 상태를 분석하고, 불필요한 프로세스를 종료하거나 디스크 공간을 확보하는 등 운영 효율성을 높이는 최적화 방안을 자동으로 제안합니다. 또한 실시간 로그 스트리밍을 분석하여 성능 저하나 장애 징후를 조기 감지할 수 있습니다.

클로드는 이외에도 kubectl, AWS CLI, 테라폼 등 주요 CLI 도구나 그 외 사용자가 작성한 스크립트들도 그대로 실행할 수 있습니다.

이를 통해 로컬 개발 환경 관리에서 클라우드 리소스 운영까지, 하나의 대화 흐름 안에서 자동화된 워크플로를 구축할 수 있습니다.

8. 도구 활용 베스트 프랙티스

효율적인 도구 사용법

1. 작업 범위 명확히 하기: 너무 큰 작업은 단계별로 나누어 실행
2. 도구 조합 활용: 단일 도구보다는 여러 도구를 조합하여 사용
3. 결과 검증: 자동화된 작업도 항상 결과를 확인
4. 점진적 자동화: 간단한 작업부터 시작해서 점차 복잡한 작업으로 확대

주의사항

1. 권한 관리: 민감한 작업은 항상 확인 후 실행
2. 백업 우선: 중요한 변경 전에는 항상 백업
3. 로컬 테스트: 프로덕션 환경 작업 전 로컬에서 충분히 테스트

주요 포인트 정리
- 내장 도구의 힘: Read, Write, Edit, Bash 등 강력한 내장 도구 활용
- 터미널 통합: 모든 CLI 도구를 클로드 코드에서 직접 실행
- 도구 조합: 여러 도구를 조합하여 복잡한 워크플로 자동화
- 커스텀 스크립트: 프로젝트별 특화 스크립트로 효율성 극대화
- 실전 활용: 프로젝트 관리부터 팀 협업까지 다양한 시나리오 적용

MCP 연동

개요

개발에서의 데이터 연동 현실

지금까지 우리는 클로드 코드로 코드를 작성하고 파일을 다루는 방법을 배웠습니다. 특히 지난 목요일에는 터미널 기반 도구들을 통해 깃, npm, 도커 등과 상호작용하는 방법을 살펴봤습니다. 하지만 터미널 기반 접근은 복잡한 설정, 권한 관리, 매번 명령어를 직접 조합해야 하는 번거로움이 따릅니다.

MCP

MCP(Model Context Protocol)는 이런 복잡성을 해결하기 위한 개방형 표준입니다. AI가 외부 리소스와 안전하고 체계적으로 상호작용할 수 있도록 돕는 고속도로라 할 수 있습니다.

목요일에 배운 터미널 도구들이 명령어 기반의 자동화라면, MCP는 구조화된 연동에 특화되어 있습니다. 예를 들어 `psql -c "SELECT * FROM users"`처럼 명령을 직접 입력하는 대신, MCP를 통해 데이터베이스 스키마를 이해하고 최적화된 쿼리를 자동 생성·실행할 수 있습니다. 마치 USB 포트가 다양한 기기를 표준화해 연결하듯이, MCP는 AI와 외부 시스템을 연결하는 인터페이스 역할을 합니다.

개발 패러다임의 변화

MCP는 단순한 편의 기능이 아니라, 프롬프트 엔지니어링에서 컨텍스트 엔지니어링으로의 진화를 상징합니다. 즉, 어떻게 질문할 것인가에서 어떤 데이터와 도구에 접근할 수 있게 할 것인가로 관점이 바뀌는 것입니다.

예를 들어 고객이 "이번 달 매출 추이를 알아보고 싶다"고 요청했을 때, 기존 방식은 '데이터베이스 접속 → 쿼리 실행 → 결과 해석'의 과정을 거쳐야 했습니다. 그러나 MCP를 사용하면 클로드에게 단순히 "이번 달 매출 추이를 분석해서 리포트를 작성해줘"라고 요청하면, 클로드 코드가 직접 데이터베이스에 안전하게 접속해 데이터를 조회·분석하고 리포트까지 완성합니다.

오늘 다룰 내용

오늘은 이 모든 가능성을 열어주는 MCP와의 연동 방법을 체계적으로 학습합니다. 데이터베이스 연동부터 깃허브 API, 클라우드 서비스 통합까지 예시를 통해 살펴보겠습니다.

1. 프롬프트 엔지니어링에서 컨텍스트 엔지니어링으로

프롬프트 엔지니어링과 터미널 도구의 한계

지난 학습에서 다룬 터미널 도구들은 매우 강력합니다. 사용자가 "지난 주 가입자 수를 알려줘"라고 하면, 클로드 코드가 적절한 psql 명령어를 생성하고 실행한 뒤 결과를 보여줍니다. 사용자가 일일이 명령어를 기억할 필요 없이 자연어로 지시할 수 있다는 점에서 큰 혁신이죠. 하지만 이 방식은 여전히 **명령어 중심**입니다. 결국 클로드가 내부적으로 문자열 형태의 명령어를 만들어 실행하는 것이기 때문에, 복잡한 환경에서는 권한 관리, 결과 파싱, 오류 처리에 제약이 생깁니다.

컨텍스트 엔지니어링과 MCP

MCP는 이 한계를 뛰어넘습니다. 터미널에서 명령어 문자열을 생성하고 실행하는 대신, MCP는 구조화된 API 호출을 통해 외부 시스템과 상호작용합니다. 예를 들어 데이터베이스에 접근할 때 psql -c "..." 같은 명령어를 만드는 것이 아니라, database/query라는 메서드를 JSON-RPC 형식으로 호출하고 결과를 바로 데이터 객체로 받습니다. 덕분에 중간 과정에서의 손실이 없고, 복잡한 데이터도 더 정교하게 다룰 수 있습니다.

즉, 프롬프트 엔지니어링이 "어떻게 질문할 것인가"에 집중한다면, 컨텍스트 엔지니어링은 "AI가 어떤 도구와 데이터를 직접 다룰 수 있도록 설계할 것인가"에 초점을 둡니다.

1) 프롬프트 엔지니어링 예시:

> Claude Code
>
> 다음 데이터를 분석해줘: [복사한 데이터]
>
> ⇒ 제한된 정보로 분석

2) 컨텍스트 엔지니어링(MCP 활용)

> **Claude Code**
>
> 데이터베이스의 사용자 행동을 분석해줘
>
> ⇒ 실시간 데이터 접근, 다양한 소스 통합 분석

이처럼 MCP는 단순히 새로운 도구가 아니라, AI가 외부 리소스와 상호작용하는 방식 자체를 바꾸는 전환점입니다. 이제 구체적으로 MCP가 무엇이며 어떻게 동작하는지 살펴보겠습니다.

2. MCP 이해하기

MCP란 무엇인가?

MCP는 AI 모델이 외부 리소스와 안전하게 상호작용할 수 있도록 설계된 개방형 표준입니다.

이를 통해 클로드는 단순히 코드나 문장을 생성하는 수준을 넘어, 실제 개발 환경 속 데이터를 직접 다루고 시스템을 제어할 수 있는 실용적인 개발 도구로 확장됩니다.

예를 들어 사용자가 "지난 주 신규 가입자 수를 알려줘"라고 지시한다고 해 봅시다.

- MCP를 사용하지 않는 경우: 사용자가 데이터베이스에서 직접 쿼리를 실행하거나 결과를 복사해 클로드 코드에 붙여넣어야 합니다.
- MCP를 사용하는 경우: 클로드 코드가 MCP 서버를 통해 데이터베이스에 직접 안전하게 연결되어, 쿼리를 실행하고 그 결과를 즉시 분석해 제공합니다.

즉, MCP는 **AI가 직접 외부 세계와 대화할 수 있는 표준 언어**라 할 수 있습니다.

MCP와 JSON-RPC

MCP는 내부적으로 JSON-RPC 2.0 프로토콜을 기반으로 합니다. JSON-RPC는 원격 프로시저 호출(Remote Procedure Call)을 단순한 JSON 형식으로 정의한 규약으로, 다음과 같은 특징이 있습니다.

- 단순성: 요청과 응답이 직관적이며 구조가 간단
- 언어 중립성: JSON 형식을 따르므로 어떤 언어에서도 구현 가능
- 정확성: 명령어 파싱이 아니라 구조화된 객체 교환 → 데이터 손실 최소화

사용 예시: [json]

```json
// 클로드가 데이터베이스에 쿼리 요청
{
  "jsonrpc": "2.0",
  "method": "database/query",
  "params": {
    "sql": "SELECT COUNT(*) FROM users WHERE created_at > NOW() - INTERVAL '7 days'"
  },
  "id": 1
}

// MCP 서버의 응답
{
  "jsonrpc": "2.0",
  "result": {
    "rows": [{"count": 1234}]
  },
  "id": 1
}
```

터미널 도구가 문자열 명령어를 생성해 실행하는 방식이라면, MCP는 애초에 구조화된 메시지를 주고받습니다. 따라서 복잡한 쿼리 결과나 JSON 응답도 추가 파싱 없이 곧바로 활용할 수 있어 더 정밀하고 안정적인 데이터 처리가 가능합니다.

주요 활용 영역

MCP는 단순히 데이터베이스에 국한되지 않고, 다양한 시스템을 연결할 수 있는 범용 프로토콜입니다.

- 데이터베이스 연동
    - PostgreSQL, MySQL, MongoDB 등과 직접 연결
    - 실시간 데이터 조회 및 분석
    - 쿼리 최적화 제안, 데이터 패턴 분석
- 클라우드 서비스 통합
    - AWS, 애저(Azure), GCP 리소스 상태 확인
    - 자동 스케일링, 비용 최적화 제안
    - 멀티클라우드 환경 관리

- 개발 도구 연결
    - 깃허브 저장소 분석 및 코드 리뷰
    - 지라 티켓과 이슈 동기화
    - CI/CD 파이프라인 제어 및 자동화
- 모니터링 시스템
    - 실시간 로그 수집 및 이상 탐지
    - 성능 메트릭 추적 및 예측
    - 장애 원인 자동 분석 및 대응 제안

사례로 보는 MCP

- 매출 분석: "이번 달 매출 추이를 알려줘"
    → 데이터베이스에서 매출 데이터를 직접 조회하고, 시계열 분석 후 그래프로 리포트 작성
- 서버 운영: "프로덕션 서버가 느려졌는데 원인 찾아줘"
    → MCP를 통해 시스템 메트릭, 데이터베이스 상태, 애플리케이션 로그를 동시에 수집해 상관관계 분석 후 원인 제시
- 개발 워크플로: "이번 주 완료된 기능과 미해결 버그를 요약해줘"
    → 깃허브, 지라 API를 통해 실시간 데이터 수집 후 자동 리포트 생성

3. MCP vs 프롬프트 엔지니어링 비교

MCP vs 기존 방식

클로드 코드에게 긴 프롬프트를 작성하거나, 터미널 도구로 명령어를 실행해 데이터를 붙여넣는 방식만으로도 어느 정도 원하는 결과를 얻을 수 있습니다. 하지만 이 방식은 반복 작업이 많아질수록 시간이 오래 걸리고, 데이터가 길어질수록 누락이나 오류가 생길 위험이 있습니다.

MCP는 이런 과정을 획기적으로 단축시킵니다. 프롬프트와 명령어 중심의 접근법이 '사람이 데이터를 모아 AI에게 제공하는 방식'이라면, MCP는 'AI가 직접 외부 시스템에 연결되어 데이터를 수집·분석하는 방식'입니다. 결국 효율성과 정확성에서 차원이 다른 경험을 제공합니다.

사례 비교

예를 들어 프로덕션 서버에서 성능 저하가 발생했다고 합시다.

프롬프트 + 명령어 방식(30분 소요) 예시:

```
# 1. 시스템 리소스 확인
$ top -n 1

⇒ 결과를 복사해서 메모장에 저장...

# 2. 데이터베이스 상태 확인
$ psql -c "SELECT * FROM pg_stat_activity WHERE state != 'idle';"

⇒ 또 복사해서 메모장에 추가...

# 3. 애플리케이션 로그 확인
$ tail -n 100 /var/log/app.log | grep ERROR

⇒ 이것도 복사...

# 4. 웹 서버 로그도 확인해야겠네...
$ tail -n 100 /var/log/nginx/error.log

# 5. 결국 클로드에게 전달
$ claude "다음 정보들을 종합해서 분석해줘: [엄청 긴 텍스트 붙여넣기]"
```

MCP 방식(30초 소요) 예시:

```
# 그냥 이것만 하면 끝
> 프로덕션 서버의 성능이 저하되고 있어. 원인을 분석해줘

# 클로드 코드가 MCP를 통해 자동으로:
# - 시스템 메트릭 실시간 수집
# - 데이터베이스 쿼리 성능 분석
# - 모든 관련 로그 패턴 검색
# - 네트워크 상태 확인
# - 상관관계 분석
# → "데이터베이스 커넥션 풀이 포화 상태입니다. 해결 방법은..."
```

주요 차이점

두 방식의 차이를 표로 정리하면 다음과 같습니다.

▼ 표 2-5 MCP와 프롬프트 엔지니어링 비교

항목	프롬프트 + 명령어	MCP
초기 설정	별도 설정 불필요	MCP 서버 설치 및 구성 필요
작업 속도	명령어 실행 → 결과 복사 → 전달(5~30분)	직접 연결 후 즉시 분석(10~30초)
데이터 정확성	복사/붙여넣기 과정에서 누락 가능	구조화된 응답으로 100% 정확
자동화 가능성	스크립트 작성 필요	기본적으로 자동화 지원
팀 협업	개인별 스크립트 관리	표준화된 인터페이스 공유
보안	수동 권한 관리	역할 기반 접근 제어, 체계적 권한 시스템

결국 MCP는 단순히 시간을 줄여주는 편의 기능이 아니라, AI가 개발 환경 속에서 직접 도구와 데이터를 다루며 일하는 방식을 열어줍니다. 프롬프트 엔지니어링이 'AI에게 잘 묻는 법'이었다면 MCP는 'AI가 스스로 더 넓은 환경에서 일할 수 있게 만드는 법'이라고 할 수 있습니다.

4. MCP 연결 방식 이해하기

연결 방식 개요

MCP는 상황에 따라 다른 연결 방식을 사용합니다. 데이터베이스에 MySQL, PostgreSQL, MongoDB 등 다양한 선택지가 있듯이, MCP도 세 가지 주요 연결 방식을 제공합니다.

각 방식의 특징을 이해하면 프로젝트에 적합한 방식을 선택할 수 있습니다.

STDIO(Standard Input/Output)

가장 기본적이면서도 효율적인 방식입니다. 로컬 환경에서 애플리케이션이나 데이터베이스를 다룰 때 사용됩니다.

[json]

```json
{
  "mcpServers": {
    "local_db": {
      "command": "mcp-server-sqlite",
```

```json
      "args": ["./local.db"],
      "transport": "stdio"
    }
  }
}
```

특징:
- 같은 머신에서 프로세스 간 직접 통신
- 네트워크 오버헤드 없음 → 가장 빠른 응답 속도
- 간단한 설정으로 바로 사용 가능

활용 예시:
- 로컬 개발 환경의 SQLite 데이터베이스
- 파일 시스템 접근
- 로컬 도커 컨테이너 관리

Streamable HTTP

HTTP 기반 프로토콜입니다. 원격의 서버로부터 데이터를 주고받을 때 유용합니다. 깃허브나 아틀라시안(Atlassian) 같은 SaaS 서비스들은 공식 MCP 서버를 제공하며, 이 방식으로 연동할 수 있습니다.

[json]

```json
{
  "mcpServers": {
    "streaming_server": {
      "url": "https://stream.example.com/mcp",
      "transport": "http",
      "streamable": true,
      "headers": {
        "Authorization": "Bearer ${STREAM_TCKEN}"
      }
    }
  }
}
```

특징:
- 표준 HTTP 프로토콜 사용
- 기존 REST API와 완벽 호환
- 인증 및 보안 기능 완비

활용 예시:
- 외부 SaaS 서비스 연동
- 마이크로서비스 아키텍처
- 클라우드 API 통합

SSE(Server-Sent Events)

과거에는 MCP 연결 방식으로 SSE도 사용되었습니다. 그러나 연결을 두 개 유지해야 하는 구조적 단점 때문에 현재는 더 이상 쓰이지 않습니다. 그래도 아직 SSE로만 MCP를 제공하는 곳이 남아 있는 경우가 있으니 참고해 둡니다.

5. 실습: PostgreSQL 데이터베이스와 MCP 연동해 보기

PostgreSQL 데이터베이스와 MCP를 연동하는 과정을 실습해 보겠습니다. 카페 예약 시스템을 예시로 들겠습니다. 이 시스템은 데이터 조회, 입력, 분석이 모두 포함되어 있어 실무에서 자주 접하는 패턴을 다뤄볼 수 있습니다.

1. 개발 환경 세팅

먼저 로컬에서 PostgreSQL을 설치하고 샘플 데이터를 준비합니다.

```
# PostgreSQL 설치(macOS 기준)
$ brew install postgresql
$ brew services start postgresql

# 애플리케이션 데이터베이스 생성
$ createdb myapp_db

# 사용자 테이블 생성
$ psql myapp_db << EOF
```

```
CREATE TABLE users (
    id SERIAL PRIMARY KEY,
    name VARCHAR(255) NOT NULL,
    email VARCHAR(255) UNIQUE NOT NULL,
    role VARCHAR(50) DEFAULT 'user',
    created_at TIMESTAMP DEFAULT CURRENT_TIMESTAMP,
    last_login TIMESTAMP
);

# 샘플 데이터 삽입
$ INSERT INTO users (name, email, role) VALUES
('김개발', 'kim@example.com', 'admin'),
('이디자인', 'lee@example.com', 'designer'),
('박기획', 'park@example.com', 'pm'),
('최분석', 'choi@example.com', 'analyst');
EOF
```

2. MCP 서버 설치

PostgreSQL용 MCP 서버를 프로젝트에 추가합니다.

```
$ claude mcp add mcp-cafedb -s user -- npx -y @modelcontextprotocol/server-postgres
postgresql://$DBUSER:$DBPASSWORD:localhost:5432/$DBNAME
```

이 명령어는 MCP 서버를 설치하고, CLAUDE.md에 자동으로 설정을 추가합니다.

3. 실제 MCP 활용 예시

MCP 설정이 완료되면, 클로드가 데이터베이스에 직접 접근하여 작업을 수행할 수 있습니다.

```
# 기본 분석
> 데이터베이스의 사용자 현황을 분석해줘

# 고급 분석
> 지난 30일간 로그인하지 않은 사용자를 찾고, 재참여 전략을 제안해줘

# 데이터 품질 체크
> users 테이블의 데이터 품질을 검사하고 개선점을 제안해줘
```

응답 예시:

```
데이터베이스를 직접 분석해드렸습니다!

**사용자 현황 분석**
- 총 등록 사용자: 4명
- 역할별 분포: admin(1), designer(1), pm(1), analyst(1)
- 평균 가입 후 경과일: 15일

**발견된 개선점**
1. 🔒 last_login 필드가 모든 사용자에서 NULL
   → 로그인 추적 시스템 구현 필요

2. ✉ email 중복 체크가 미흡
   → 유니크 제약조건 추가 권장

3. ⚡ 성능 최적화 기회 발견
   → 다음 인덱스 추가를 추천합니다:

   CREATE INDEX idx_users_email ON users(email);
   CREATE INDEX idx_users_created_at ON users(created_at);

**다음 단계 제안**
- 사용자 활동 로그 수집 시스템 구축
- 이메일 인증 기능 추가
- 사용자 세그멘테이션을 위한 추가 필드 검토
```

클로드 코드가 단순히 데이터를 조회하는 것을 넘어서 개선점까지 제안합니다.

6. 실습: 깃허브 API와 연동해 보기

깃허브 MCP를 통해 프로젝트 관리와 코드 분석을 자동화해 보겠습니다.

1. Personal Access Token 생성

깃허브에서 MCP가 사용할 토큰을 생성합니다.

1. 깃허브 접속 → Settings → Developer settings → Personal access tokens → Tokens (classic)
2. Generate new token 클릭

3. 필요한 권한 선택:
   - repo – 전체 저장소 접근
   - read:user – 사용자 정보 읽기
   - read:org – 조직 정보 읽기(팀 프로젝트의 경우)

2. 환경 변수 설정

```
# ~/.zshrc 또는 ~/.bashrc에 추가
$ export GITHUB_TOKEN="ghp_your_token_here"
```

3. 깃허브 MCP 추가

이번엔 .mcp.json에 직접 등록해 봅니다(주의: 도커 명령을 직접 사용하기 때문에 도커가 사전에 구성되어 있어야 합니다).

```
{
  "mcpServers": {
    "github": {
      "command": "docker",
      "args": [
        "run",
        "-i",
        "--rm",
        "-e",
        "GITHUB_PERSONAL_ACCESS_TOKEN",
        "ghcr.io/github/github-mcp-server"
      ],
      "env": {
        "GITHUB_PERSONAL_ACCESS_TOKEN": "${env:GITHUB_TOKEN}"
      }
    }
  }
}
```

4. 실제 활용 시나리오

```
# 프로젝트 상태 분석
> 이번 주 개발 진행 상황을 GitHub 데이터로 종합 분석해줘

# 코드 리뷰 요청
> 최근 PR들을 검토하고 잠재적 문제점을 찾아줘

# 팀 생산성 분석
> 팀원별 기여도와 코드 품질 메트릭을 분석해줘
```

분석 결과 예시:

```
GitHub 저장소 데이터 종합 분석 결과:

**이번 주 개발 현황**
- 총 커밋: 47개 (지난주 대비 +15%)
- 활성 PR: 8개 (리뷰 대기 3개, 진행 중 5개)
- 해결된 이슈: 12개
- 새로운 이슈: 7개

**주요 변경사항**
1. 사용자 인증 모듈 리팩토링 (PR #123)
    - 보안 강화: JWT 토큰 만료 시간 조정
    - 성능 개선: 캐싱 로직 추가

2. API 엔드포인트 추가 (PR #125)
    - /api/v2/analytics 신규 추가
    - 기존 v1 API 지원 유지

**코드 품질 지표**
- 테스트 커버리지: 78% (+2%)
- 코드 중복도: 3.2% (양호)
- 평균 PR 리뷰 시간: 4.5시간

**권장 사항**
1. PR #124는 3일째 리뷰 대기 중 - 우선 검토 필요
2. 이슈 #89의 버그가 프로덕션 영향도 높음 - 긴급 대응 권장
3. 테스트 커버리지 80% 목표 달성을 위해 유틸리티 함수 테스트 추가
```

깃허브 MCP 연동을 통해 프로젝트의 커밋, PR, 이슈 데이터를 직접 분석하고 관리할 수 있음을 확인했습니다.

7. 고급 활용 패턴

멀티 소스 분석

여러 데이터 소스를 함께 활용하면 단일 소스만 확인할 때보다 훨씬 풍부한 분석이 가능합니다.

예를 들어 웹 사이트 접속자가 감소했을 때, 구글 애널리틱스만 보면 단순히 트래픽 감소라는 현상만 알 수 있습니다. 그러나 서버 로그, 데이터베이스 성능 지표, 깃허브의 최근 배포 이력까지 함께 보면 코드 배포로 인한 성능 저하, 특정 쿼리 병목, 혹은 서버 리소스 부족이 원인임을 빠르게 파악할 수 있습니다.

즉, MCP는 '여러 시스템을 동시에 연결해서 한눈에 보게 해주는 도구'로, 원인 분석과 문제 해결의 속도를 크게 높여줍니다.

```
> 다음 소스들을 종합 분석해줘.
1. 데이터베이스: 사용자 활동 데이터
2. GitHub: 최근 배포 이력
3. 모니터링: 서버 성능 지표
```
Claude Code

통합 자동화 워크플로

MCP를 사용하면 단일 이벤트가 전체 프로세스를 자동으로 실행하도록 설계할 수 있습니다.

예를 들어 깃허브에 코드가 푸시되면 자동으로 테스트가 실행되고, 문제가 없으면 스테이징 배포 후 모니터링을 거쳐 리포트가 작성되어 팀에 전달됩니다. 이 모든 과정이 사람의 개입 없이 몇 분 안에 이뤄지므로, 반복적인 수작업을 줄이고 팀 생산성을 높일 수 있습니다.

8. 실전 활용 예시

통합 대시보드

일반적으로 프로젝트 상태를 확인하려면 깃허브, 데이터베이스, 서버 모니터링 시스템 등 여러 툴을 오가야 합니다.

MCP를 사용하면 이 모든 데이터를 한 번에 묶어 보여줄 수 있습니다. 단일 명령어로 프로젝트의 전반적인 상황을 즉시 파악할 수 있다는 점에서 큰 장점이 있습니다.

```
> 프로젝트 전체 상태를 분석해줘.                                    Claude Code
- GitHub: 이번 주 개발 진행률
- 데이터베이스: 사용자 증가 추세
- 서버: 리소스 사용률 및 성능
```

자동 리포트 생성

주간/월간 리포트도 MCP로 자동화할 수 있습니다. 단순 데이터 나열이 아니라, 의미 있는 분석과 제안이 포함된 문서를 생성할 수 있습니다. 예를 들어 개발 활동, 서비스 성장 지표, 시스템 안정성을 한 번에 정리해 팀에 공유하는 방식입니다.

```
# 주간 리포트 자동 생성                                             Terminal
$ claude --print "지난 주 개발 활동과 시스템 현황을 종합한 주간 리포트를 작성해줘"

# 월간 분석 리포트
$ claude "이번 달 서비스 성장 지표와 기술적 개선 사항을 정리해줘"
```

9. MCP 서버 구성하기

claude mcp add 명령

클로드 코드는 새로운 MCP 서버를 쉽게 추가할 수 있는 `claude mcp add` 명령을 제공합니다. 이를 통해 복잡한 설정 파일을 직접 편집하지 않고도 MCP 서버를 관리할 수 있습니다(주의: 다음 예시들은 `claude mcp` 명령의 옵션을 빠르게 살펴보기 위한 것으로 실제로는 동작하지 않습니다).

기본 사용법:

```
# MCP 서버 추가                                                     Terminal
$ claude mcp add <서버이름> [옵션] [-- 인수들]

# 기본 예시
$ claude mcp add mcp-server-postgres
$ claude mcp add mcp-server-github
```

이런 식으로 추가된 MCP 설정은 로컬 및 전역 스코프는 $HOME/.claude.json에, 프로젝트 스코프는 $PROJECT/.mcp.json에 반영됩니다. 필요 시 이 파일을 직접 수정해도 됩니다.

```json
…생략…
  "mcpServers": {
    "kubernetes": {
      "type": "stdio",
      "command": "npx",
      "args": [
        "-y",
        "kubernetes-mcp-server@latest"
      ],
      "env": {}
    },
… 생략 …
```

주요 옵션들

스코프 설정(-s, --scope):

```terminal
# 전역 설치(모든 프로젝트에서 사용)
$ claude mcp add mcp-server-github --scope user

# 현재 프로젝트에만 설치(기본값)
$ claude mcp add mcp-server-postgres --scope project

# 짧은 형태
$ claude mcp add mcp-server-sqlite -s project
```

전송 방식 설정(-t, --transport):

```terminal
# STDIO 전송(기본값, 로컬 프로세스)
$ claude mcp add mcp-server-postgres --transport stdio

# HTTP 전송(원격 서버)
$ claude mcp add mcp-server-api --transport http

# SSE 전송(deprecated)
$ claude mcp add mcp-server-monitoring --transport sse

# 짧은 형태
$ claude mcp add mcp-server-github -t stdio
```

HTTP 헤더 설정(-H, --header):

```
# Authorization 헤더 추가
$ claude mcp add mcp-server-api -H "Authorization: Bearer your_token_here"

# 여러 헤더 추가
$ claude mcp add mcp-server-api \
  -H "Authorization: Bearer token123" \
  -H "X-API-Version: v2" \
  -H "Content-Type: application/json"

# 환경변수 사용
$ claude mcp add mcp-server-api -H "Authorization: Bearer ${API_TOKEN}"
```

환경변수와 인수 설정

MCP 서버를 추가할 때 환경변수와 인수 설정이 필요한 경우가 많습니다.

환경변수 설정:

```
# 환경변수를 미리 설정
$ export DATABASE_URL="postgresql://user:password@localhost:5432/mydb" >> ~/.bashrc
$ export GITHUB_TOKEN="ghp_your_token_here" >> ~/.bashrc
```

인수와 함께 추가:

```
# 데이터베이스 연결 정보를 인수로 전달
$ claude mcp add cafedb -s user -- npx -y @modelcontextprotocol/server-postgres
postgresql://mycafe_user:mycafe_password@localhost:5432/mycafe_db

# 깃허브 토큰을 인수로 전달
# https://github.com/github/github-mcp-server/releases 설치 후
$ claude mcp add github -e GITHUB_PERSONAL_ACCESS_TOKEN=${GITHUB_TOKEN} -- github-
mcp-server stdio

# 여러 인수 전달
$ claude mcp add mcp-server-sqlite -- npx -y mcp-sqlite ./local.db
```

혹은 환경변수를 참조하도록 설정:

```json
{
  "mcpServers": {
    "api-server": {
      "type": "sse",
      "url": "${API_BASE_URL:-https://api.example.com}/mcp",
      "headers": {
        "Authorization": "Bearer ${API_KEY}"
      }
    }
  }
}
```

주요 MCP 서버 목록

데이터베이스 연동:

- `mcp-server-postgres`: PostgreSQL 데이터베이스 연동
- `mongodb-mcp-server`: MongoDB 연동
- `mcp-server-mysql`: MySQL 데이터베이스 연동
- `mcp-sqlite`: SQLite 로컬 DB 연동

개발 도구 연동:

- `github-mcp-server`: 깃허브 저장소, PR, 이슈 관리
- `gitlab-mcp`: 깃랩(GitLab) 프로젝트 관리

클라우드 서비스:

- `awslabs.core-mcp-server`: AWS 리소스 관리 및 모니터링
- `@azure/mcp`: 애저(Azure) 서비스 통합
- `gcp-mcp`: 구글 클라우드 플랫폼 연동

문서 및 정보:

- `context7`: 개발 문서 및 라이브러리 정보 검색
- `serena`: LSP 기반 코드 정보 관리
- `mcp-server-atlassian`: Confluence 및 지라 관리

모니터링 및 분석:

- mcp-grafana: 그라파나(Grafana) 대시보드 및 메트릭 분석
- mcp.sentry.dev/mcp: Sentry를 통한 이슈 및 에러 확인
- datadog-mcp-server(*프리뷰): 데이터독(Datadog) 메트릭 및 로그 등 확인

MCP 서버 설정 예시

좀 더 다양한 MCP 서버 설정 방법 및 예시를 소개합니다.

PostgreSQL 설정 예시:

```
# 명령어로 사용자 스코프를 직접 설정
$ claude mcp add cafedb -s user -- npx -y @modelcontextprotocol/server-postgres postgresql://mycafe_user:mycafe_password@localhost:5432/mycafe_db

# 환경변수로 설정들을 참조하도록 설정
$ claude mcp add cafedb \
  --transport stdio \
  --env DBUSER=mycafe_user \
  --env DBPASSWORD=mycafe_password \
  --env DBHOST=localhost \
  --env DBPORT=5432 \
  --env DBNAME=mycafe_db \
  -- npx -y @modelcontextprotocol/server-postgres 'postgresql://${DBUSER}:${DBPASSWORD}@${DBHOST}:${DBPORT}/${DBNAME}'

# 클로드에게 MCP 설정을 명령
$ claude "postgres MCP를 설정해줘. DB 주소는 postgresql://mycafe_user:mycafe_password@localhost:5432/mycafe_db를 써"

# 확인
$ claude "데이터베이스에 테이블들을 리스트해줘"
```

깃허브 설정 예시(실습 추가 구성은 깃허브 저장소 2주차 금요일 문서 참고):

```
# 명령어로 직접 설정
$ claude mcp add -s user github -e GITHUB_PERSONAL_ACCESS_TOKEN=$GITHUB_TOKEN -- github-mcp-server stdio

# 활용
$ claude "현재 열려 있는 PR을 분석해줘"
```

HTTP API 서버 설정 예시:

HTTP API 서버 설정을 위해 Context7 API 키 발급이 필요할 수 있습니다. 깃허브 저장소 2주차 금요일에 있는 문서를 참고하세요. Context7 MCP는 코드 품질을 개선하는 데 자주 사용되는 도구로 중요하기 때문에 4주차 목요일에서 자세히 설명합니다.

```
# Context7
$ claude mcp add \
  --transport http \
  context7 \
  https://mcp.context7.com/mcp \
  --header "CONTEXT7_API_KEY: YOUR_API_KEY"
```

기타 설정 예시:

```
# 컨테이너 활용
$ claude mcp add atlassian \
  --transport stdio \
  --env CONFLUENCE_URL=https://yourdomain.atlassian.net/wiki \
  --env CONFLUENCE_USERNAME=${ATLASSIAN_USER} \
  --env CONFLUENCE_API_TOKEN=${ATLASSIAN_TOKEN} \
  --env JIRA_URL=https://yourdomain.atlassian.net \
  --env JIRA_USERNAME=${ATLASSIAN_USER} \
  --env JIRA_API_TOKEN=${ATLASSIAN_TOKEN} \
  -- docker run -i --rm -e CONFLUENCE_URL -e CONFLUENCE_USERNAME -e CONFLUENCE_API_TOKEN -e JIRA_URL -e JIRA_USERNAME -e JIRA_API_TOKEN ghcr.io/sooperset/mcp-atlassian:latest

# json을 직접 넣기
$ claude mcp add-json azure '{ "command": "npx", "args": [ "-y", "@azure/mcp@latest", "server", "start" ] }'
```

MCP 서버 관리

설치된 MCP 서버 확인:

```
# 현재 설정된 MCP 서버 목록
$ claude mcp list

# 특정 MCP 서버 상태 확인
$ claude mcp get github
```

MCP 서버 제거:

```Terminal
# MCP 서버 제거
$ claude mcp remove mcp-server-name
```

현재 프로젝트에 설정된 MCP approved/rejected 설정 초기화:

```Terminal
# 최신 버전으로 업데이트
$ claude mcp reset-project-choices
```

주요 포인트 정리

MCP를 통한 개발 환경 확장

MCP를 활용하면 클로드가 외부 시스템에 직접 접근할 수 있게 됩니다. `claude mcp add` 명령을 통해 손쉽게 새로운 MCP 서버를 추가하고 관리할 수 있습니다.

주요 내용

- 컨텍스트 엔지니어링: AI가 접근할 수 있는 환경을 확장하는 접근법
- 연결 방식: STDIO(로컬), HTTP(원격)
- 실전 활용: 데이터 조회, 분석, 자동화 작업 수행
- MCP 서버 관리: `claude mcp add/list/remove` 명령으로 간편하게 관리

적용 방법

1. 필요한 MCP 서버 파악: 프로젝트에 필요한 외부 시스템 확인
2. 단계적 추가: `claude mcp add` 명령으로 하나씩 추가하며 테스트
3. 권한 설정: 각 서버별로 필요한 최소 권한만 부여
4. 점진적 확장: 성공적으로 연동된 후 다른 시스템 추가

MCP를 통해 클로드 코드는 외부 시스템과 연동되어 더 폭넓은 개발 업무를 지원할 수 있게 됩니다. 이번 주에는 CLAUDE.md 파일 작성부터 MCP 연동, 그리고 전체적인 개발 도구 생태계 구축까지 클로드 코드의 설정에 대해 깊이 있게 다뤄봤습니다. 3주차에서는 이런 기능들을 실제 프로젝트에 적용하는 워크플로 전략을 다루며, 설정을 완료한 클로드 코드를 실제 프로젝트 개발에서 체계적으로 활용하는 방법을 다룹니다.

클로드 코드와 개발자 생산성

1. 클로드 코드의 생산성 최적화 전략

여러분은 하루 동안 IDE, 터미널, 문서, 메신저를 몇 번이나 오가시나요? 이런 컨텍스트 전환은 생각보다 큰 에너지 소모를 만듭니다. 어떻게 하면 클로드 코드를 활용해 작업 흐름을 하나로 통합하고, 몰입 상태를 유지하면서 생산성을 극대화할 수 있을까요?

컨텍스트 스위칭 최소화

소프트웨어 엔지니어링에서 주요한 생산성 저하 요인 중 하나는 컨텍스트 스위칭(작업 전환)입니다. 클로드 코드를 활용하면 이를 줄일 수 있습니다.

전통적인 워크플로의 문제

```
IDE → 터미널 → 브라우저(문서) → 메모 앱 → 슬랙 → 다시 IDE
```

클로드 코드 통합 워크플로

```
클로드 코드 하나로 통합:
- 코드 작성 및 수정
- 터미널 명령어 실행
- 문서 검색 및 참조
- 작업 계획 및 관리
- 팀 커뮤니케이션용 리포트 생성
```

클로드 코드의 사용으로 인지 부하(Cognitive Load) 감소

결정 피로(Decision Fatigue)가 감소합니다.

- "어떤 라이브러리를 써야 할까?" → 클로드에게 상황별 선택 위임
- "이 에러는 어떻게 해결하지?" → 진단 및 해결책 제시
- "테스트 코드를 어떻게 짜지?" → 컨텍스트 기반 생성

클로드 코드 사용으로 플로 상태(Flow State) 유지

지속적인 개발 경험을 유지할 수 있습니다.

```
# 워크플로가 끊어지는 상황들을 클로드 코드가 지원
> 이 함수의 성능을 최적화해줘                          # 리팩토링 지원
> 이 API 응답에 맞는 TypeScript 인터페이스 생성해줘    # 타입 정의 생성
> 현재 코드에 적합한 테스트 케이스 만들어줘            # 테스트 작성 지원
```
Claude Code

이와 같이 개발자가 방해 없이 몰입할 수 있는 환경을 만들고, 사소한 의사결정과 반복 작업으로 낭비되던 시간을 본질적인 문제 해결에 집중할 수 있게 합니다.

2. 멘탈 모델과 인지 과학적 접근

단순히 속도만이 아니라, 개발 사고방식의 전환도 중요합니다. AI 페어 프로그래밍이 개발자의 인지 과정에 어떤 변화를 주는지, 그리고 효과적인 사고 패턴을 어떻게 형성할 수 있는지를 생각해 봅시다.

AI 페어 프로그래밍의 심리학: 전통적 솔로 개발 vs AI 협업 개발

1) 솔로 개발

```
문제 → 고민 → 검색 → 시행착오 → 해결 (시간: 2-4시간)
```

2) AI 협업 개발:

```
문제 → 클로드 코드 활용 → 솔루션 → 검증 → 해결 (시간: 10-30분)
```

인지 과정의 변화:

- 메타인지 강화: "어떻게 구현할까?"에서 "어떻게 설명할까?"로 사고 전환
- 추상화 능력 향상: 구체적 코드보다 문제 정의에 집중
- 학습 속도 향상: 즉각적 피드백을 통한 패턴 인식

효과적인 AI 협업을 위한 사고 패턴

문제 분해 사고(Decomposition Thinking):

- 기존 사고: "로그인 기능을 만들어야 해"
- AI 협업 사고: "로그인이 필요한 이유 → 보안 요구사항 → 사용자 경험 → 기술적 구현"

```
Claude Code
> 사용자가 개인 정보를 안전하게 관리할 수 있는 인증 시스템을 설계해줘.
  - 보안: 2FA, 세션 관리, 비밀번호 정책
  - UX: 소셜 로그인, 자동 로그인, 비밀번호 재설정
  - 기술: JWT, OAuth2, 암호화 저장
```

시스템적 사고(Systems Thinking):

```
Claude Code
# 단편적 요청 (비효율적)
> 버튼 컴포넌트 만들어줘
> 모달 컴포넌트 만들어줘
> 폼 컴포넌트 만들어줘

# 시스템적 요청 (효율적)
> 디자인 시스템의 기초가 되는 컴포넌트 라이브러리를 설계해줘.
  - 일관된 시각적 위계
  - 접근성 표준 준수
  - 테마 시스템 지원
  - TypeScript 타입 안전성
```

AI와 협업하는 과정은 단순히 '빠른 개발'을 넘어, 개발자의 사고 자체를 더 추상적이고 전략적인 방향으로 성장시킵니다.

3. 미래의 소프트웨어 엔지니어링

클로드 코드의 활용은 단순히 현재의 생산성 향상을 넘어, 팀 문화와 개발 방식의 변화로 이어집니다. AI-First 개발 문화와 코드 리뷰의 진화를 통해 앞으로의 소프트웨어 엔지니어링이 어떻게 달라질지 전망합니다.

AI-First 개발 문화의 등장

전통적 개발팀 vs AI-Enhanced 개발팀:

- 전통적 팀 구조:
  시니어 개발자 1명 + 주니어 개발자 3명 = 4명

- AI-Enhanced 팀 구조:
  AI-협업 숙련 개발자 1명 + 클로드 코드 = 전통적 팀과 동일한 생산성

새로운 스킬셋의 중요성:

- 프롬프트 아키텍처: AI와의 효과적 소통 설계 능력
- AI 품질 보증: AI 생성 코드의 검증 및 개선 능력
- 하이브리드 워크플로: 인간과 AI의 역할 분담 최적화
- 메타 프로그래밍: 코드 생성 로직 자체를 설계하는 능력

코드 리뷰의 진화

AI 시대의 새로운 코드 리뷰 관점:

```
# 기존 코드 리뷰 체크리스트
- 코드 스타일 준수
- 버그 가능성 점검
- 성능 최적화
- 보안 취약점
```

Claude Code
```
# AI 시대 코드 리뷰 체크리스트
> 이 AI 생성 코드를 리뷰해줘.
- AI의 가정이 올바른지 검증
- 엣지 케이스 커버리지 확인
- 비즈니스 로직 정확성 검증
- 기술 부채 발생 가능성 평가
- 유지보수성과 확장성 고려
```

미래의 엔지니어는 단순한 코드 작성자가 아니라, AI와 협업하며 팀의 생산성을 극대화하는 조율자의 역할을 하게 될 것입니다.

4. 측정 가능한 생산성 지표

변화가 의미 있으려면 측정이 가능해야 합니다. 도입 전후의 정량적·정성적 지표를 비교하여, 실제로 어떤 효과가 있었는지를 구체적인 수치로 예상해 봅니다.

클로드 코드의 도입 전후 비교 메트릭

개발 속도 지표:

```
## 기능 개발 시간 (평균)
- 기존: CRUD API 개발 2-3일
- 클로드 코드 활용: CRUD API 개발 3-4시간

## 버그 수정 시간 (평균)
- 기존: 디버깅 + 수정 1-2시간
- 클로드 코드 활용: 진단 + 수정 10-20분

## 코드 리뷰 시간 (평균)
- 기존: 리뷰어 1시간 + 수정 30분
- 클로드 코드 활용: AI 사전 검토 + 인간 리뷰 20분
```

품질 지표 개선:

- 테스트 커버리지: 자동 테스트 생성으로 평균 85% → 95%
- 코드 일관성: 자동 스타일 적용으로 일관성 향상
- 문서화 수준: AI 자동 생성으로 80% → 95% 문서화

ROI(투자 수익률) 계산

클로드 코드 도입 비용 대비 효과:

```
월간 비용:
- 클로드 코드 Pro 구독: $20/월
- 학습 시간 투자: 초기 8시간 (일회성)

월간 절약 효과:
- 개발 시간 단축: 주 20시간 절약 × 4주 = 80시간
```

```
- 시급 $50 기준: 80시간 × $50 = $4,000 절약

ROI = ($4,000 - $20) / $20 × 100 = 19,900% (이론적 최대치)
```

수치는 단순히 성과를 보여주는 지표가 아니라, 클로드 코드가 개발팀의 일상에 미치는 변화를 객관적으로 평가해줄 수 있습니다.

5. 참고 자료와 커뮤니티

마지막으로 클로드 코드를 효과적으로 활용하기 위해 참고할 수 있는 몇 가지 리소스와 커뮤니티를 소개합니다.

공식 문서 및 업데이트:

- 클로드 코드 공식 문서 구독 및 정기 확인: https://docs.anthropic.com/en/docs/claude-code/overview
- 앤트로픽 블로그의 최신 기능 업데이트: https://www.anthropic.com/news

MCP 트러블 슈팅:

- 클라우드플레어 MCP 플레이그라운드: https://playground.ai.cloudflare.com/

커뮤니티 참여:

- 클로드 코드 X: https://x.com/claude_code
- 디스코드: https://discord.com/invite/6PPFFzqPDZ
- 깃허브에서 클로드 코드 활용 오픈소스 프로젝트 탐색

AI 개발 환경은 빠르게 진화하고 있습니다. 최신 정보를 따라가고 커뮤니티에 참여하는 것은 단순한 옵션이 아니라, 지속적으로 경쟁력을 유지하기 위한 필수 전략입니다.

WEEK 3

3주차:
클로드 워크플로 전략

MONDAY	프로젝트 설계
TUESDAY	부트스트래핑: 프로젝트 초기 구성 자동화
WEDNESDAY	테스트: 클로드 코드와 함께하는 TDD
THURSDAY	개선: 코드 리뷰, 리팩토링, 성능 최적화
FRIDAY	명세 작성 및 문서화: 살아 있는 문서 만들기
WEEKEND	AI에 최적화된 워크플로

월 프로젝트 설계

개요

오늘은 클로드 코드를 활용해 프로젝트를 계획하는 방법을 다룹니다. 성공적인 소프트웨어 프로젝트는 철저한 준비에서 시작됩니다. 초기 단계에서 반복적이고 세세한 작업은 자동화하고, 사용자는 좀 더 전략적이고 창의적인 결정에 집중할 수 있도록 합니다.

- 프로젝트 아키텍처 설계 지원
- 기술 스택 후보 검증 및 선택
- 프로젝트 구조 설계 및 보일러플레이트 생성
- WBS(Work Breakdown Structure, 업무 분업 구조) 작성
- 예상 일정 및 리소스 산정

경험의 격차를 메워주는 도구

전통적으로 프로젝트 계획은 많은 시간과 경험을 필요로 합니다. 시니어 개발자는 초기에 어떤 결정을 내려야 하고 어떤 위험을 피해야 하는지 잘 알지만, 경험이 부족한 경우 시행착오를 겪기 쉽습니다.

클로드 코드를 활용하면 다양한 프로젝트 패턴과 베스트 프랙티스를 빠르게 조사하고 반영할 수 있어 이러한 격차를 줄일 수 있습니다. 특히 기술 스택 선정, 아키텍처 설계, 프로젝트 구조 결정과 같은 핵심 의사결정에서 객관적이고 균형 잡힌 시각을 제공하여 실수를 예방하고, 더 체계적인 계획을 세우는 데 도움을 줍니다.

* 3주차의 내용은 각 세부 경로로 이동해서 클로드 코드를 실행해야 원하는 결과를 얻을 수 있습니다. 따라서 시작 전에 표기된 세부 경로로 이동한 후에 클로드 코드를 실행해주세요.

1. 프로젝트 아키텍처 설계

아키텍처 다이어그램 생성

아키텍처 다이어그램은 시스템의 전체 구조를 한 눈에 보여주는 핵심 도구입니다. 특히 마이크로서비스처럼 복잡한 환경에서는 서비스 간 관계와 데이터 흐름을 시각적으로 표현하는 것이 팀 전체의 공통적인 이해 관계를 만드는 데 필수적입니다.

문제는 많은 프로젝트가 초기 문서화 없이 출발하면서 나중에 "이 서비스는 왜 이렇게 연결됐지?", "이 데이터는 어디서 오는 거지?" 같은 질문에 답하지 못해 어려움을 겪는다는 점입니다. 새로운 팀원이 합류했을 때 시스템을 이해하는 데 몇 주가 걸리는 경우도 흔합니다.

클로드 코드는 이런 문제를 해결하는 데 유용합니다. 머메이드(Mermaid)와 같은 텍스트 기반 다이어그램 언어를 자동으로 생성해주기 때문에, 복잡한 문법을 직접 다룰 필요 없이 요구사항에만 집중할 수 있습니다. 또한 머메이드 다이어그램은 코드처럼 버전 관리가 쉬워 협업과 이력 추적에도 유리합니다.

> 온라인 쇼핑몰 서비스를 위한 마이크로서비스 아키텍처를 설계해줘.
> 주요 기능: 사용자 인증, 상품 관리, 주문 처리, 결제, 배송 추적
> Mermaid 다이어그램으로 시각화해줘
```
Claude Code
```

클로드 코드는 이 요청을 바탕으로 전체 시스템을 분석하고, 프로덕션 환경에서 자주 활용되는 패턴을 반영한 다이어그램을 생성합니다.

```
graph TB
    subgraph "Frontend"
        UI[React Web App]
        Mobile[React Native App]
    end

    subgraph "API Gateway"
        Gateway[Kong/Nginx]
    end

    subgraph "Microservices"
        Auth[인증 서비스]
        Product[상품 서비스]
        Order[주문 서비스]
        Payment[결제 서비스]
        Shipping[배송 서비스]
```

```
    end
    
    subgraph "Data Layer"
        AuthDB[(Auth DB)]
        ProductDB[(Product DB)]
        OrderDB[(Order DB)]
        Cache[(Redis Cache)]
        Queue[Message Queue]
    end
    
    UI --> Gateway
    Mobile --> Gateway
    Gateway --> Auth
    Gateway --> Product
    Gateway --> Order
    Gateway --> Payment
    Gateway --> Shipping
    
    Auth --> AuthDB
    Product --> ProductDB
    Order --> OrderDB
    Order --> Queue
    Payment --> Queue
    Shipping --> Queue
    
    Auth --> Cache
    Product --> Cache
```

이런 결과물은 https://www.mermaidchart.com/play와 같은 도구를 활용하여 시각화해 볼 수 있습니다.

▼ 그림 3-1 클로드 코드의 실행 결과를 다이어그램으로 표현한 예

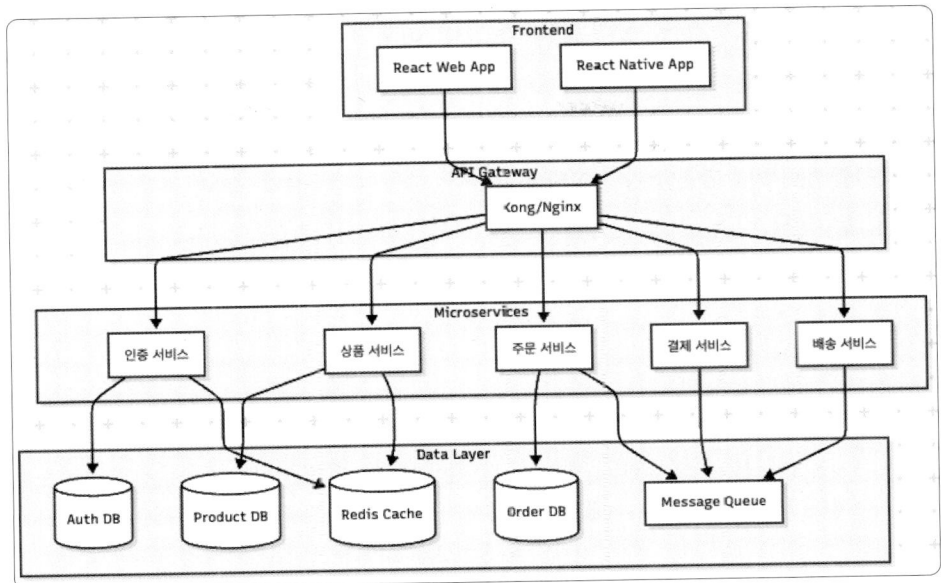

앞서 생성한 다이어그램에는 이미 중요한 아키텍처 패턴들이 반영되어 있습니다.

1. **API Gateway 패턴**
   모든 클라이언트 요청이 단일 진입점을 통과해 인증/인가, 속도 제한, 로깅 등을 중앙에서 관리할 수 있습니다.

2. **서비스별 데이터베이스 분리**
   각 마이크로서비스가 자체 데이터베이스를 보유해 결합도를 낮추고 독립적으로 확장할 수 있습니다.

3. **메시지 큐 기반 비동기 통신**
   주문·결제·배송 서비스가 메시지 큐를 통해 연결되어, 한 서비스 장애가 전체 시스템에 전파되지 않도록 합니다.

4. **캐싱 전략**
   인증·상품 서비스가 레디스(Redis) 캐시를 공유해, 자주 조회되는 데이터에 빠르게 응답합니다.

이러한 설계 결정들은 여러 잘 알려진 대규모 서비스에서 자주 반복되는 검증된 패턴들이기도 합니다.

기술 스택 검증

프로젝트 초기에 올바른 기술 스택을 선택하는 것은 매우 중요합니다. 잘못된 선택은 곧 기술 부채로 이어지기 때문입니다. 하지만 현실에서는 팀이 이미 익숙한 스택을 관성적으로 선택하는 경우가 많습니다.

이럴 때 AI를 활용하면 단순한 장단점 나열을 넘어, 다음 사항들까지 고려한 종합적인 분석을 받아볼 수 있습니다.

- 기술 간 호환성 문제
- 버전 충돌 가능성
- 팀의 학습 곡선

특히 모던 웹 개발에서는 프론트엔드, 백엔드, 데이터베이스, 데브옵스 도구들이 긴밀히 맞물려야 합니다. 예를 들어 Next.js 14의 앱 라우터와 서버 컴포넌트를 선택하면 API 설계 방식까지 영향을 받을 수 있습니다. AI는 이런 미묘한 상호작용과 잠재적 이슈를 사전에 짚어주어, 더 균형 있고 합리적인 기술 스택을 선택할 수 있도록 돕습니다.

```
> 다음 기술 스택의 호환성을 검토해줘.
- Frontend: Next.js 14 + TypeScript
- Backend: NestJS + TypeScript
- Database: PostgreSQL + Redis
- DevOps: Docker + Kubernetes
- CI/CD: GitHub Actions

각 기술의 버전 호환성과 잠재적 이슈를 분석해줘
```
`Claude Code`

이 명령을 실행하면 클로드 코드가 각 기술 스택 간의 호환성을 체크하고, 타입스크립트 버전을 통일해야 할 필요성, 도커의 이미지 크기 최적화 방법, 쿠버네티스에서의 상태 관리 전략 등 실무에서 놓치기 쉬운 세부사항들까지 짚어줍니다.

```
호환성 분석 결과:
 - ✅ TypeScript 통합: Next.js와 NestJS 모두 TypeScript를 네이티브로 지원하므로, 타입 정의를 공유하는 모노레포 구조 추천
 - ⚠️ 버전 주의사항: Next.js 14는 Node.js 18.17 이상 필요, NestJS와 동일한 Node 버전 사용 권장
 - ✅ 데이터베이스 조합: PostgreSQL은 트랜잭션이 중요한 주문/결제에, Redis는 세션과 캐싱에 적합
```

- 💡 최적화 팁: Docker 멀티스테이지 빌드로 이미지 크기 50% 이상 감소 가능
- ⚠️ 잠재적 이슈: Kubernetes에서 Next.js의 이미지 최적화 기능 사용 시 Persistent Volume 설정 필요

2. 프로젝트 구조 설계

디렉터리 구조 생성

프로젝트의 디렉터리 구조는 코드의 유지보수성과 확장성을 좌우하는 핵심 설계 요소입니다. 잘 짜인 구조는 팀원들이 코드를 빠르게 이해하고, 새로운 기능을 추가할 때도 어디에 작성해야 할지 명확한 기준을 제공합니다. 반대로 구조가 혼란스러우면 기능을 찾는 데 시간이 소요되고, 팀 전체의 생산성이 저하됩니다.

클로드 코드는 축적된 다양한 프로젝트 사례와 패턴을 기반으로, 프로젝트의 유형과 규모에 적합한 디렉터리 구조를 제안합니다. 특히 모노레포처럼 복잡한 환경에서도 일관성과 확장성을 유지할 수 있는 구조적 원칙을 적용하여, 장기적인 운영 효율성을 높여줍니다.

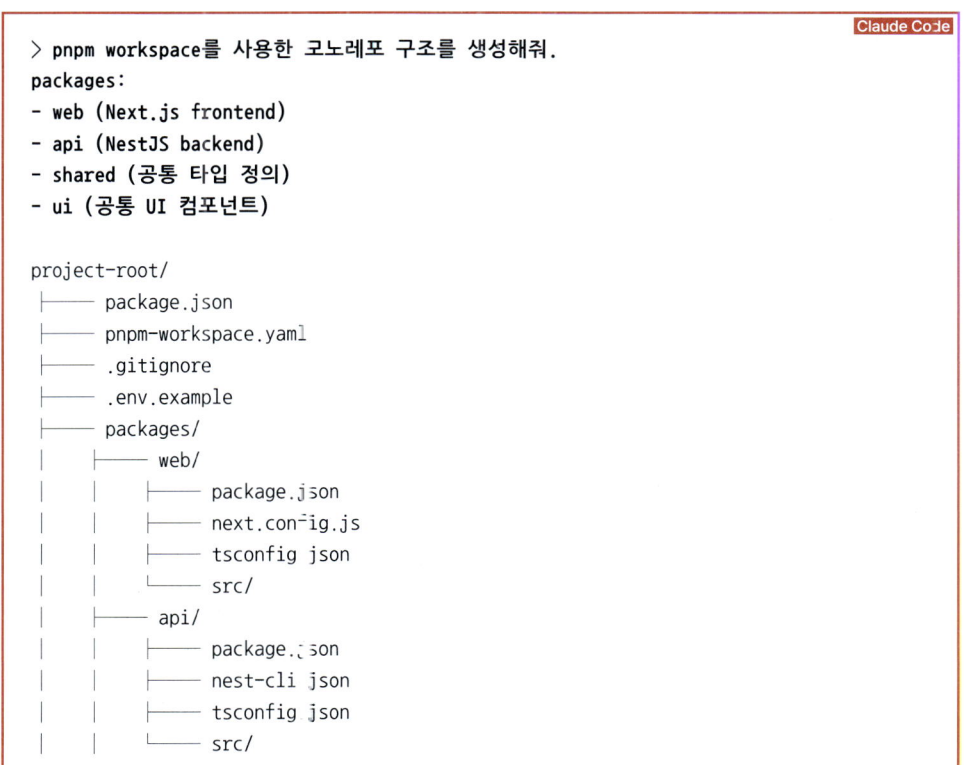

```
> pnpm workspace를 사용한 모노레포 구조를 생성해줘.
packages:
- web (Next.js frontend)
- api (NestJS backend)
- shared (공통 타입 정의)
- ui (공통 UI 컴포넌트)

project-root/
├── package.json
├── pnpm-workspace.yaml
├── .gitignore
├── .env.example
├── packages/
│    ├── web/
│    │   ├── package.json
│    │   ├── next.config.js
│    │   ├── tsconfig.json
│    │   └── src/
│    ├── api/
│    │   ├── package.json
│    │   ├── nest-cli.json
│    │   ├── tsconfig.json
│    │   └── src/
```

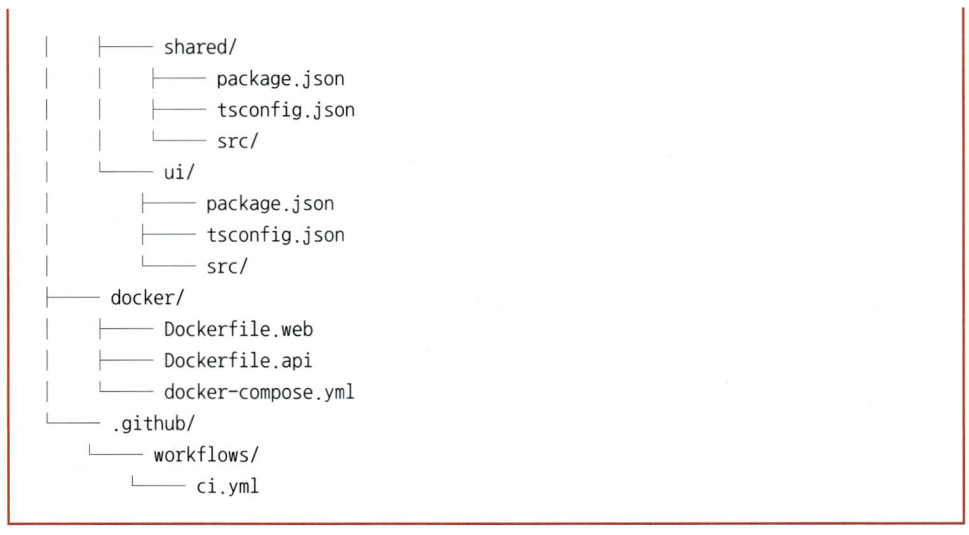

각 구조는 다음과 같습니다.

- packages/web/: Next.js 기반 프런트엔드, UI와 SSR(서버 사이드 렌더링) 담당
- packages/api/: NestJS 기반 백엔드, 비즈니스 로직 및 데이터 처리 담당

  packages/shared/: 프런트엔드 · 백엔드가 공유하는 타입스크립트 타입 및 유틸 함수

  packages/ui/: 재사용 가능한 리액트 UI 컴포넌트 라이브러리(Storybook 통합 가능)

주요 설정 파일:

- pnpm-workspace.yaml: 모노레포 워크스페이스 정의, 패키지 간 의존성 관리 최적화
- docker/: 각 서비스별 Dockerfile 및 로컬 개발용 docker-compose 설정
- .github/workflows/: 깃허브 액션 CI/CD 파이프라인으로 자동 테스트 · 배포 관리

설정 파일 자동 생성

프로젝트의 개발 환경 설정은 팀의 코드 품질과 일관성을 유지하는 데 핵심적인 역할을 합니다. 타입스크립트의 타입 체크 수준, 코드 포맷팅 규칙, 커밋 전 검증 프로세스 등은 모두 프로젝트 초기에 확립되어야 할 중요한 규칙들이죠.

많은 개발자가 이러한 설정 파일들을 매번 수동으로 작성하거나 다른 프로젝트에서 복사해 오는데, 이 과정에서 버전 불일치나 설정 누락이 발생할 수 있습니다. 프로젝트별로 최신 베스트 프랙티스를 반영한 설정 파일들을 한 번에 생성해줘서 프로젝트가 처음부터 견고한 기반 위에서 시작할 수 있도록 합니다.

```
> 다음 설정 파일들을 생성해줘.
1. TypeScript 설정 (strict mode)
2. ESLint + Prettier 설정
3. Git hooks (Husky + lint-staged)
4. VS Code 프로젝트 설정

… 중략 …
● 완료했습니다. 다음 설정 파일들을 생성했습니다:

  TypeScript 설정:
  - tsconfig.json - strict mode와 최신 기능들 포함

  ESLint + Prettier 설정:
  - .eslintrc.js - TypeScript용 엄격한 린팅 규칙
  - .prettierrc - 일관된 코드 포매팅
  - .prettierignore - 포매팅 제외 파일들

  Git hooks (Husky + lint-staged):
  - .husky/pre-commit - 커밋 전 자동 검사
  - .lintstagedrc.json - 스테이징된 파일만 검사

  VS Code 프로젝트 설정:
  - .vscode/settings.json - 프로젝트별 에디터 설정
  - .vscode/extensions.json - 권장 확장 프로그램
  - .vscode/launch.json - 디버깅 구성
```

자동으로 생성된 설정 파일 안에는 사용자가 미처 알지 못했던 도구나 최신 트렌드가 담겨 있기도 합니다. 예를 들어 lint-staged나 VS Code용 확장 프로그램의 설정은 직접 하나하나 찾아서 적용하지 않았다면 놓쳤을 가능성이 큽니다.

어쩌면 처음 보는 항목들은 '군더더기'처럼 느껴질 수도 있습니다. 하지만 이는 단순한 노이즈가 아니라, 새로운 도구와 베스트 프랙티스에 자연스럽게 접근할 수 있는 채널이 되기도 합니다. 즉, 클로드 코드를 활용하면 프로젝트를 안정적으로 시작할 뿐만 아니라, 개발자가 최신 생태계와 흐름에 뒤처지지 않도록 학습 기회를 제공한다는 부가적 장점도 얻을 수 있습니다. 물론 원치 않은 내용에 대해선 추가로 정정 요청을 하면 됩니다.

3. WBS 작성

자동 WBS 생성

WBS(Work Breakdown Structure)는 프로젝트의 전체 범위를 관리 가능한 단위로 나누는 기본 도구입니다. 작업을 충분히 세분화하지 않으면 일정 예측이 어긋나거나 리소스 배분이 불균형해지는 문제가 발생할 수 있습니다.

전통적으로는 경험 있는 프로젝트 매니저가 수많은 의존 관계와 작업량을 고려해 직접 작성해야 했습니다. 클로드 코드에 필요한 요구사항을 입력하면 이러한 반복적인 과정을 자동화해, 체계적인 WBS를 빠르게 마련할 수 있도록 돕습니다. 특히 선행 관계와 병렬 처리 가능 여부를 구분해 일정을 좀 더 현실적으로 계획할 수 있습니다.

```
> 온라인 쇼핑몰 MVP 개발을 위한 WBS를 작성해줘.
  - 프로젝트 기간: 3개월
  - 팀 구성: 풀스택 개발자 2명
  - Markdown 테이블 형식으로 작성해줘

## 작업 분해 구조 (WBS)

| ID  | 작업명              | 예상 시간 | 담당 | 선행 작업 | 상태 |
|-----|---------------------|-----------|------|-----------|------|
| 1.0 | 프로젝트 초기 설정  | 16h       |      |           |      |
| 1.1 | 개발 환경 구성      | 4h        | Dev1 | -         | ☐    |
| 1.2 | 모노레포 설정       | 4h        | Dev1 | 1.1       | ☐    |
| 1.3 | CI/CD 파이프라인 구성 | 8h      | Dev2 | 1.2       | ☐    |
| 2.0 | 인증 시스템         | 40h       |      |           |      |
| 2.1 | 데이터베이스 스키마 설계 | 4h    | Dev1 | 1.3       | ☐    |
| 2.2 | JWT 인증 구현       | 16h       | Dev1 | 2.1       | ☐    |
| 2.3 | OAuth2 소셜 로그인  | 12h       | Dev2 | 2.2       | ☐    |
| 2.4 | 인증 UI 컴포넌트    | 8h        | Dev2 | 2.2       | ☐    |
| 3.0 | 상품 관리           | 48h       |      |           |      |
| 3.1 | 상품 데이터 모델링  | 4h        | Dev1 | 2.1       | ☐    |
| 3.2 | 상품 CRUD API       | 16h       | Dev1 | 3.1       | ☐    |
| 3.3 | 상품 목록/상세 페이지 | 16h     | Dev2 | 3.2       | ☐    |
| 3.4 | 상품 검색/필터링    | 12h       | Dev2 | 3.3       | ☐    |
```

이 WBS 테이블은 다음과 같은 내용들을 담고 있습니다.

- **시간 추정**: 단순 추측이 아니라, 평균적인 난이도와 포함되는 세부 작업을 고려한 값입니다. 예를 들어 'JWT 인증 구현(16h)'에는 토큰 생성·검증, 리프레시 토큰 처리, 미들웨어 적용, 에러 핸들링이 포함됩니다.
- **의존성 관리**: 선행 작업을 명시해 어떤 작업은 병렬로 진행 가능하고, 어떤 것은 순차적으로 이어져야 하는지 구분할 수 있습니다.
- **리소스 분배**: Dev1과 Dev2에 작업이 균형 있게 배분되어, 특정 인력이 놀거나 과부하되지 않도록 설계됩니다.
- **버퍼 고려**: 실제 실행에서는 일정의 20~30%를 여유로 잡아 예상치 못한 변수에 대응할 수 있습니다.

티켓 관리 시스템과의 연동

작성된 WBS는 그 자체로도 유용하지만, 실제 팀 협업에서는 티켓 관리 도구와 연결되어야 비로소 효과를 발휘합니다. 깃허브 이슈, 지라, 아사나(Asana), 트렐로 같은 툴들은 팀이 매일 사용하는 작업 관리의 중심에 있기 때문입니다.

전통적으로는 각 작업을 일일이 티켓으로 옮겨 적어야 했지만, 클로드 코드를 활용하면 WBS를 바탕으로 티켓 생성 요청을 자동화할 수 있습니다. 이렇게 하면 다음과 같은 장점이 있습니다.

- **반복 업무 감소**: 수십 개 작업을 하나씩 수동으로 입력하는 부담을 줄임
- **일관성 확보**: 티켓 제목, 설명, 담당자, 예상 시간 등이 동일한 기준으로 생성됨
- **연동 유연성**: 깃허브, 지라, 리니어(Linear) 등 팀이 선호하는 시스템에 맞춰 적용 가능

이렇게 작성된 WBS는 팀의 실제 워크플로와 연결되는 매개체로 활용될 수 있습니다(주의: gh 명령을 사용하므로 gh가 사전에 설치되어 있어야 합니다).

> 위 WBS를 기반으로 GitHub Issues를 자동으로 생성할 수 있는
> gh CLI 명령어 스크립트를 작성해줘

> 위 WBS를 기반으로 Jira 티켓을 생성하는 Node.js 스크립트를 작성해줘. Jira REST API를
> 사용해

자동으로 티켓이나 이슈를 만든다고 해서 곧바로 팀의 워크플로에 맞게 잘 운영되는 것은 아닙니다. 각 조직은 사용하는 도구마다 고유한 제약사항이나 필수 조건이 있기 마련입니다.

- 지라: 특정 프로젝트에서는 티켓 생성 시 반드시 라벨(team/infra, priority/high)이나 컴포넌트 필드가 필요할 수 있습니다.
- 깃허브 이슈: 저장소별로 미리 정해진 이슈 템플릿(버그 리포트, 기능 요청 등)이 있어서, 생성된 이슈가 그 양식을 따르지 않으면 리뷰 과정에서 다시 수정해야 할 수 있습니다.
- 아사나/리니어: 담당자 자동 할당 규칙이나 특정 프로젝트·보드에 속해야만 정상적으로 추적되는 경우가 있습니다.

따라서 WBS를 단순히 티켓으로 변환하는 데서 끝내지 않고, 팀이 사용하는 환경의 규칙과 표준을 반영하는 것이 필요합니다. 이를 위해 클로드 코드를 활용할 때, 공통 규칙을 CLAUDE.md 같은 설정 파일에 기록해 두면 매번 수동으로 보정할 필요가 없습니다.

```
# Ticketing Rules(공통 규칙)
## Jira
- 모든 티켓은 반드시 team/backend 또는 team/frontend 라벨 포함
- Epic은 epic/* 라벨, Story는 story/* 라벨 규칙 준수
- priority 필드 누락 금지
```
CLAUDE.md

이렇게 하면 클로드 코드가 WBS를 기반으로 티켓을 만들 때, 조직이 요구하는 필수 조건과 표준을 자동으로 반영할 수 있습니다. AI를 통한 코드 자동 생성이 팀의 규칙을 깨뜨리는 위험이 아니라, 오히려 규칙을 지키는 가장 확실한 방법이 되게 만드는 게 중요합니다.

4. 리스크 분석과 대응 계획

기술적 리스크 식별

프로젝트를 시작할 때 가장 중요한 일 중 하나가 리스크 분석입니다. 초기에는 순조롭게 진행되더라도, 나중에 예기치 못한 기술적 문제가 발생하면 수정 비용이 매우 커지기 때문입니다. 특히 확장성, 성능, 보안과 같은 비기능적 요구사항은 초기에 고려하지 않으면 뒤늦게 큰 장애 요인으로 돌아올 수 있습니다.

클로드 코드를 통해 우리가 놓치기 쉬운 잠재적 위험 요소를 미리 드러내고 이에 대한 대응책을 마련해 봅니다.

> 현재 프로젝트 구성을 분석하여 잠재적인 기술적 리스크를 식별하고,
각 리스크에 대한 대응 방안을 제시해줘.

프로젝트 정보:
- 마이크로서비스 아키텍처
- 예상 동시 접속자 10,000명
- 데이터베이스: PostgreSQL (단일 인스턴스)
- 캐시: Redis
- 배포: Kubernetes

이 명령을 실행하면 클로드 코드는 시스템의 각 컴포넌트를 분석하여 병목 지점, 단일 실패 지점(SPOF), 확장성 제한, 보안 취약점 등을 체계적으로 식별합니다. 특히 '단일 PostgreSQL 인스턴스'와 '10,000명 동시 접속'의 조합은 명백한 성능 리스크를 나타내므로, 이에 대한 구체적인 해결 방안을 제시하게 됩니다.

```
## 기술적 리스크 분석

### ● 높은 위험도

1. 데이터베이스 병목 현상
    - 리스크: 단일 PostgreSQL 인스턴스가 10,000명 동시 접속 처리 불가
    - 발생 확률: 높음
    - 영향도: 치명적
    - 대응 방안:
      - Read Replica 구성
      - Connection Pooling (PgBouncer)
      - 데이터베이스 파티셔닝 고려

2. 마이크로서비스 간 통신 지연
    - 리스크: 서비스 간 동기식 HTTP 통신으로 인한 지연 누적
    - 발생 확률: 중간
    - 영향도: 높음
    - 대응 방안:
      - 비동기 메시징 (RabbitMQ/Kafka) 도입
      - Circuit Breaker 패턴 구현
      - Service Mesh (Istio) 고려

### ◯ 중간 위험도

3. 캐시 무효화 전략 부재
    - 리스크: Redis 캐시 일관성 문제
    - 발생 확률: 중간
```

```
        - 영향도: 중간
        - 대응 방안:
            - Cache-Aside 패턴 구현
            - TTL 전략 수립
            - 캐시 워밍업 스크립트 준비
```

이 내용은 실무에서 참고할 만한 여러 포인트들을 제공합니다.

- 구체적인 수치 근거: '10,000명 동시 접속 + 단일 PostgreSQL'은 성능 병목이 거의 확실히 발생합니다. PostgreSQL의 기본 `max_connections`는 100 수준이므로, 커넥션 풀링(Connection Pooling) 없이 대응하기 어렵습니다.
- 실질적인 솔루션 제시: 단순히 'DB 확장 필요'라고 말하는 게 아니라, 'PgBouncer 도입, 읽기/쓰기 분리, 복제 지연 모니터링'처럼 실제로 적용 가능한 조치를 제안합니다.
- 비용과 효과 고려: 예를 들어 PgBouncer는 적용 비용이 낮고 빠른 개선 효과를 주지만, 근본적인 확장성 문제는 해결하지 못합니다. 반면 파티셔닝은 비용이 크지만 장기적인 안정성을 제공합니다.

이런 식으로 리스크 존재 여부를 파악하고 구체적인 대응 방안과 효과를 고려한 의사결정 자료를 초기 단계에서 확보할 수 있습니다.

5. 프로젝트 문서 템플릿 생성

README 템플릿 생성

README는 프로젝트의 첫인상을 결정하는 핵심 문서입니다. 잘 작성된 README는 프로젝트를 처음 접하는 개발자가 빠르게 이해하고 기여할 수 있도록 도와줍니다. 반면 부실한 README는 매번 같은 질문이 반복되고, 온보딩에 불필요한 시간이 소요되는 원인이 됩니다.

프로젝트의 특성과 규모를 고려해 맞춤형 README 템플릿을 생성합니다. 단순한 형식 제공이 아니라, 실제로 필요한 항목(설치 가이드, 환경 변수, 트러블슈팅, API 문서 링크 등)을 빠짐없이 포함시켜 실무에서 곧바로 활용 가능한 문서를 만듭니다.

```
> 프로페셔널한 README.md 템플릿을 생성해줘.
포함 사항:
- 프로젝트 개요
- 기술 스택
- 설치 가이드
- 환경 변수 설정
- API 문서 링크
- 컨트리뷰션 가이드
```

ADR 작성

아키텍처 결정은 프로젝트의 장기적인 방향에 큰 영향을 미칩니다. 하지만 의사결정의 맥락을 기록하지 않으면, 시간이 지난 뒤 "왜 이런 선택을 했지?"라는 질문에 답하기 어렵습니다. 이는 불필요한 리팩토링이나 기술 부채로 이어질 수 있습니다.

ADR(Architecture Decision Record)은 이러한 중요한 결정을 체계적으로 기록하는 방법입니다. 프로젝트 요구사항과 기술 스택을 바탕으로 Y-Statement 형식의 ADR을 생성합니다.

- Y-Statement 형식: "X를 선택함으로써 우리는 Y를 얻는 대신 Z를 감수한다."

    → 모든 기술적 결정에는 트레이드오프가 있음을 명확히 표현

- 미래의 자신과 팀을 위한 기록: '당시 왜 MongoDB 대신 PostgreSQL을 썼는지'를 나중에도 이해 가능
- 온보딩 속도 향상: 새 팀원이 읽기만 해도 아키텍처 선택 과정을 빠르게 파악
- 기술 부채 관리: 'Consequences' 섹션의 부정적 결과가 곧 기술 부채 목록이 됨

```
> PostgreSQL vs MongoDB 선택에 대한 ADR을 작성해줘.
Y-statement 형식을 사용해봐

# ADR-001: 데이터베이스 선택 - PostgreSQL

## Status
Accepted

## Context
온라인 쇼핑몰 서비스를 위한 데이터베이스 선택이 필요합니다.
주요 요구사항:
- ACID 트랜잭션 지원 필수 (결제 처리)
```

```
- 복잡한 관계형 데이터 모델
- 보고서 생성을 위한 복잡한 쿼리

## Decision
PostgreSQL을 메인 데이터베이스로 선택합니다.

Y-Statement:
"PostgreSQL을 선택함으로써, 우리는 강력한 ACID 트랜잭션 지원과
복잡한 쿼리 처리 능력을 확보하는 대신, 수평적 확장의 복잡성을
감수하기로 결정했습니다."

## Consequences
긍정적:
- 데이터 일관성 보장
- 복잡한 쿼리 최적화 가능
- 성숙한 생태계와 도구

부정적:
- 수평적 확장 어려움
- 스키마 변경 시 마이그레이션 필요
```

README와 ADR은 성격이 다르지만, 공통적으로 프로젝트의 지속 가능한 운영을 돕는 문서입니다.

- README는 외부인(새 기여자, 새 팀원)을 위한 가이드 역할
- ADR은 내부 팀을 위한 기억과 기준점 역할

잘 정리된 문서는 프로젝트가 커질수록 잊히거나 왜곡되기 쉬운 맥락을 보존하고, 새로운 참여자가 빠르게 이해할 수 있도록 돕습니다. 이런 문서들은 팀의 의사소통 비용을 줄이고, 일관된 방향성을 유지하도록 하는 역할을 합니다. 따라서 README와 ADR 같은 기본 문서는 프로젝트 초기에 준비해 두는 것이 바람직합니다.

6. 레시피 공유 서비스 설계

앞에서 살펴본 다양한 준비 과정을 실제 프로젝트에 적용해 봅니다. 예제로는 개인 환경에서도 부담 없이 시도할 수 있는 레시피 공유 서비스를 선택했습니다. 회원 가입과 로그인, 레시피 등록과 검색, 태그와 즐겨찾기 같은 기본 기능을 중심으로, 작지만 완결된 형태를 갖춘 프로젝트를 단계별로 구상해 보겠습니다.

이 과정을 따라가다 보면 자연스럽게 아키텍처 설계, 디렉터리 구조, 작업 분해, 리스크 검토, 문서화 같은 요소들이 어떻게 갖물려 활용되는지 확인할 수 있습니다.

Step 1: 프로젝트 초기화

초기화 단계에서는 기본 구조와 설정을 정리합니다. 작은 프로젝트라도 이 부분을 소홀히 하면 나중에 되돌아가서 고치느라 더 많은 시간이 듭니다.

```
> 레시피 공유 서비스를 초기화해줘.
- Frontend: Next.js 14(App Router) + shadcn/ui
- Backend: Express + TypeScript
- Database: SQLite (개발용)
- 인증: JWT
- 이미지 업로드: 로컬 저장, S3 전환 여지 확보
```
_{Claude Code}

결과적으로 다음과 같은 항목이 갖춰져야 합니다.

- 공통 설정: tsconfig.json, ESLint, Prettier, Git hooks
- 프런트엔드: Next.js 기본 페이지 구조
- 백엔드: Express 디렉터리(routes, controllers, middlewares)
- 데이터베이스: Prisma 스키마 초기화(SQLite)
- 인증: JWT 발급/검증 코드
- 환경 변수 템플릿: .env.example
- 컨테이너 실행을 위한 Dockerfile

Step 2: 기능 명세 작성

기능 명세는 프로젝트의 청사진입니다. 머릿속으로만 기능을 정리하면 "이것도 필요했네"라며 누락이 반복되기 쉽습니다. 사용자 스토리와 우선순위를 표기하면 MVP 범위를 명확히 정의할 수 있습니다.

> 레시피 공유 서비스의 MVP 기능 명세서를 작성해줘.
- 사용자 스토리 형식
- 우선순위 표시 (P0, P1, P2)
- 예상 구현 시간 포함

CookShare MVP - 사용자 스토리 명세서

📋 개요

프로젝트: CookShare MVP
개발 기간: 10일 (80시간)
목표: 실행 가능한 레시피 공유 플랫폼의 핵심 기능 구현

우선순위 정의
- **P0 (Critical)**: MVP 출시를 위해 반드시 필요한 기능
- **P1 (High)**: 사용자 경험 향상을 위해 필요한 기능
- **P2 (Medium)**: 추후 개선 또는 확장 시 고려할 기능

… 중략 …

📊 우선순위별 개발 일정

Phase 1: 핵심 기능 (P0) - 6일 (48시간)
```
Day 1-2: 사용자 인증 시스템
- US-001: 회원가입 (4h)
- US-002: 로그인 (3h)
- US-003: 로그아웃 (1h)
- 총 8시간

Day 3-5: 레시피 CRUD 시스템
- US-004: 레시피 작성 (8h)
- US-005: 레시피 목록 조회 (6h)
- US-006: 레시피 상세 조회 (4h)
- US-007: 레시피 수정 (4h)
- US-008: 레시피 삭제 (2h)
- US-018: 이미지 업로드 (5h)
- 총 29시간

Day 6: 기본 UI/UX
- 기본 레이아웃 및 스타일링 (8h)
- 기본 에러 처리 (3h)
- 총 11시간
```

Phase 2: 향상된 기능 (P1) - 3일 (24시간)
```
Day 7: 검색 및 상호작용
- US-009: 레시피 검색 (4h)
- US-010: 카테고리별 필터링 (3h)
- US-011: 좋아요 기능 (4h)
- US-012: 조회수 카운트 (2h)
- 총 13시간

Day 8-9: UI/UX 완성
- US-013: 프로필 조회 (4h)
- US-015: 반응형 디자인 (6h)
- US-016: 로딩 상태 표시 (3h)
- US-017: 에러 처리 개선 (4h)
- 총 17시간
```

Phase 3: 추가 기능 (P2) - 1일 (8시간)
```
Day 10: 완성도 향상
- US-014: 프로필 수정 (3h)
- 성능 최적화 (2h)
- 최종 테스트 및 버그 수정 (3h)
- 총 8시간
```

Step 3: 아키텍처

바로 이어서 아키텍처 다이어그램을 만듭니다.

> 아키텍처 다이어그램을 mermaid chart를 포함해서 작성해줘

CookShare 시스템 아키텍처 문서

개요

본 문서는 CookShare 레시피 공유 플랫폼의 시스템 아키텍처를 C4 모델(Context, Container, Component, Code)을 사용하여 설명합니다.

C4 모델 다이어그램

```
### Level 1: System Context Diagram

```mermaid
graph TB
    User[🧑 사용자<br/>레시피를 공유하고<br/>탐색하는 일반 사용자]
    Admin[👨‍💼 관리자<br/>시스템 관리 및<br/>콘텐츠 관리]

    CookShare[🔍 CookShare System<br/>레시피 공유 및<br/>커뮤니티 플랫폼]

    EmailService[📧 이메일 서비스<br/>인증 및 알림]
    FileStorage[📁 파일 저장소<br/>이미지 및 미디어]
    Analytics[📊 분석 서비스<br/>사용자 행동 분석]

    User --> CookShare
    Admin --> CookShare
    CookShare --> EmailService
    CookShare --> FileStorage
    CookShare --> Analytics

    style CookShare fill:#ff9999
    style User fill:#87ceeb
    style Admin fill:#98fb98
```

… 생략 …
```

클라이언트는 Next.js, 서버는 Express, 데이터는 SQLite, 이미지 저장은 로컬로 시작합니다. 이후 S3 전환을 대비해 인터페이스를 추상화하는 정도만 고려합니다.

Step 4: WBS

> 레시피 공유 서비스의 MVP 기능 명세서를 작성해줘.
> - 사용자 스토리 형식
> - 우선순위 표시(P0, P1, P2)
> - 예상 구현 시간 포함

`Claude Code`

ID	작업	시간	담당	선행
1.0	초기 설정	6h	Dev1	-
1.1	Next.js 페이지 기본	6h	Dev2	1.0
1.2	Express 뼈대	6h	Dev1	1.0
2.0	DB 스키마	8h	Dev1	1.2
2.1	인증(JWT)	10h	Dev1	2.0
3.0	레시피 CRUD API	14h	Dev1	2.0
3.1	검색/태그	10h	Dev1	3.0
4.0	웹 연동	16h	Dev2	3.0
5.0	이미지 업로드	8h	Dev2	3.0
6.0	즐겨찾기	6h	Dev2	3.0

Step 5: 리스크 확인

> 설계 결과물을 보고 리스크 분석을 해줘

Claude Code

CookShare MVP - 리스크 분석 및 대응 방안

문서 개요
- **작성일**: 2025-08-23
- **버전**: 1.0
- **프로젝트**: CookShare MVP
- **분석 범위**: 10일 MVP 개발 기간 중 예상 리스크

---
1. 리스크 매트릭스 개요

위험도 평가 기준
- **확률**: 높음(H) / 보통(M) / 낮음(L)
- **영향도**: 높음(H) / 보통(M) / 낮음(L)
- **우선순위**: 1-9 (확률 × 영향도)

리스크 우선순위 매트릭스
```
              낮은 영향(L) | 보통 영향(M) | 높은 영향(H)
높은 확률(H)       3      |      6      |      9
보통 확률(M)       2      |      4      |      6
```

```
낮은 확률(L)      1   |    2    |   3
```
---
2. 기술적 리스크 (Technical Risks)
2.1 개발 환경 및 도구 관련 리스크
… 생략 …

7. 문제 해결

Q 클로드 코드가 생성한 프로젝트 구조가 마음에 들지 않아요.

A CLAUDE.md 파일에 선호하는 프로젝트 구조를 명시합니다.

```
# CLAUDE.md
## Preferred Project Structure
- Always use src/ directory for source code
- Separate concerns with clear folder structure
- Use barrel exports (index.ts) for cleaner imports
```
_{CLAUDE.md}

Q 기술 스택을 선택하는 데 고민이 됩니다.

A 클로드 코드에게 비교 분석을 요청합니다.

```
> Next.js vs Remix vs SvelteKit 비교 분석해줘.
  다음 기준으로 평가:
  - 학습 곡선
  - 성능
  - 생태계
  - SEO 지원
  - 타입스크립트 지원
```
_{Claude Code}

> **참고 자료**
> - The Twelve-Factor App, 현대적인 웹 애플리케이션 설계 원칙: https://12factor.net/ko/
> - System Design Primer, 시스템 설계 기초: https://github.com/donnemartin/system-design-prime
> - ADR Tools, Architecture Decision Records 도구: https://github.com/npryce/adr-tools
> - C4 Model, 소프트웨어 아키텍처 다이어그램 작성법: https://c4model.com/

화 부트스트래핑: 프로젝트 초기 구성 자동화

개요

프로젝트를 설계하고 계획을 세운 뒤, 실제 개발에 들어가기 전에 필요한 과정이 있습니다. 바로 초기 구성을 빠르게 준비하는 일입니다. 디렉터리 구조, 설정 파일, 환경 변수, 기본 보일러플레이트 코드 등을 미리 갖추면, 팀은 반복적인 준비 작업에서 시간을 절약하고 곧바로 핵심 기능 구현에 집중할 수 있습니다.

월요일에 살펴본 레시피 공유 서비스의 실습 내용을 이번에는 자동화된 템플릿으로 옮겨 봅니다. 설계 단계에서 고민했던 구조와 규칙들을 템플릿에 반영하면, 새 프로젝트를 시작할 때 같은 고민을 반복하지 않아도 됩니다.

자동화된 프로젝트 초기화

- 설계 단계에서 정의한 구조(WBS, 아키텍처, DB 스키마)를 그대로 코드 뼈대로 옮긴다.
- 반복적으로 필요한 설정(ESLint, Prettier, Husky, 환경 변수 템플릿)을 기본 포함한다.
- '프로젝트마다 달라지는' 것이 아니라, '모든 프로젝트가 공유하는 기반'을 만들어 둔다.

1. 프로젝트 템플릿 생성

커스텀 보일러플레이트 생성

레시피 공유 서비스 예제를 기반으로 보일러플레이트를 만들어 봅시다. 앞서 설계한 요소들을 그대로 초기 템플릿에 담으면, 언제든 새 프로젝트를 시작할 때 즉시 활용할 수 있습니다.

먼저 CLAUDE.md부터 만듭니다.

> /init
> 지금 문서를 기반으로 프로젝트 템플릿을 생성해줘

`Claude Code`

여기서 생성된 보일러플레이트는 단순한 뼈대가 아니라, 앞서 설계 단계에서 고민했던 결정들을 구체화한 결과물입니다. 예를 들어 ADR에서 기록했던 "이미지 저장은 로컬로 시작하고 S3 전환을 대비한다"는 결정은 .env.example과 스토리지 모듈 인터페이스에 반영될 수 있습니다.

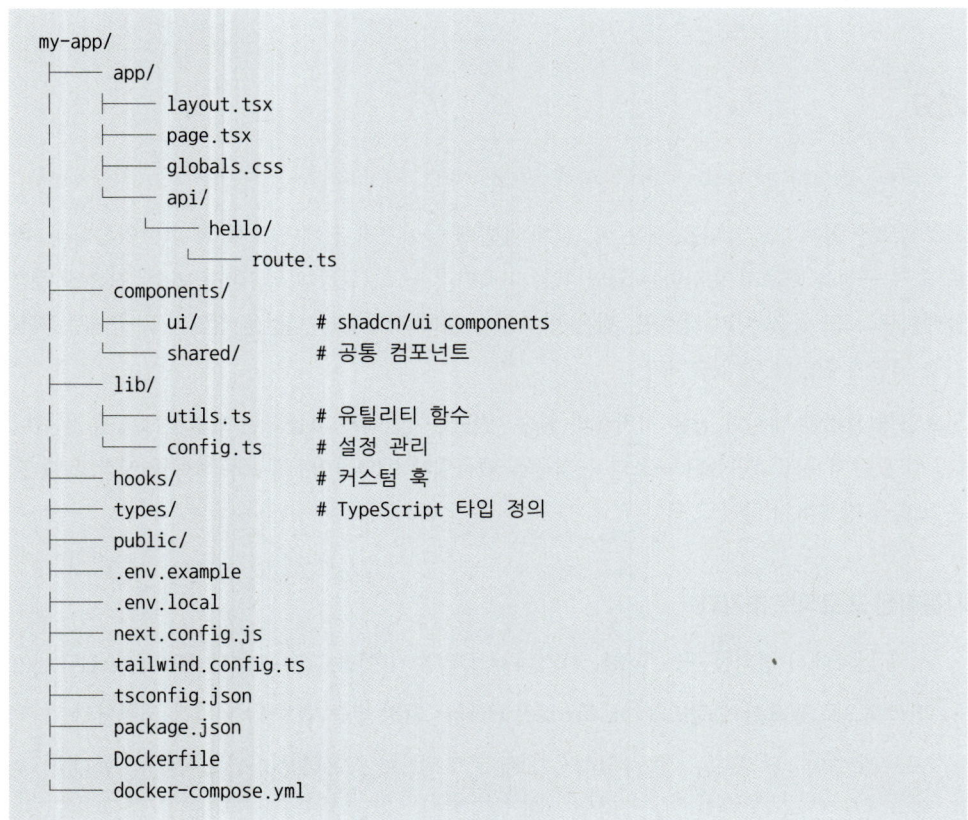

2. 의존성 관리

패키지 버전 최적화

같은 패키지가 여러 버전으로 섞여 있으면 보안 취약점이 그대로 남거나 런타임에서 예상치 못한 충돌이 발생할 수 있습니다. 또한 node_modules 용량 증가로 설치·빌드 성능이 저하되고, 업데이트·유지보수 과정이 복잡해집니다. 따라서 패키지 버전을 통일하면 보안, 성능, 안정성, 관리 효율성을 모두 높일 수 있습니다.

> package.json의 의존성을 분석하고 다음 작업을 수행해줘.
> 1. 보안 취약점 확인 (npm audit)
> 2. 최신 안정 버전으로 업데이트 가능한 패키지 목록
> 3. 버전 충돌 가능성 확인
> 4. 불필요한 의존성 제거

모노레포 의존성 관리

> pnpm workspace를 사용한 monorepo 의존성을 설정해줘.
> - 공통 의존성은 루트에 설치
> - 패키지 간 의존성 연결
> - 타입스크립트 프로젝트 레퍼런스 설정

응답 예시:

```yaml
# pnpm-workspace.yaml
packages:
  - 'packages/*'
  - 'apps/*'
```

```json
// root package.json
{
  "name": "my-monorepo",
  "private": true,
  "scripts": {
    "dev": "turbo run dev",
    "build": "turbo run build",
    "test": "turbo run test",
    "lint": "turbo run lint",
    "format": "prettier --write \"./*.{ts,tsx,md,json}\""
  },
  "devDependencies": {
    "turbo": "latest",
    "prettier": "latest",
    "eslint": "latest",
    "typescript": "latest"
  }
}
```

3. 개발 환경 구성

바이브 코딩에서 IDE 설정에 신경을 쓰는 건 약간 모순되는 것 같기도 합니다. 하지만 개발 환경을 잘 관리하고 유지하는 건 일반적인 소프트웨어 엔지니어링 활동에 포함되어 있고 팀 차원에서의 관심도 계속 필요한 사항입니다.

VS Code 설정

VS Code 환경 설정을 해 봅시다.

> VS Code 설정 파일을 생성해줘.
> - 추천 익스텐션 목록
> - 디버깅 설정
> - 태스크 러너
> - 코드 스니펫

Claude Code

응답 예시:

```
# settings.json
{
  "editor.formatOnSave": true,
  "editor.defaultFormatter": "esbenp.prettier-vscode",
  "editor.codeActionsOnSave": {
    "source.fixAll.eslint": true,
    "source.organizeImports": true
  },
  "typescript.tsdk": "node_modules/typescript/lib",
  "typescript.enablePromptUseWorkspaceTsdk": true,
  "tailwindCSS.experimental.classRegex": [
    ["cva\\(([^)]*)\\)", "[\"'`]([^\"'`]*).*?[\"'`]"],
    ["cx\\(([^)]*)\\)", "(?:'|\"|`)([^']*)(?:'|\"|`)"]
  ]
}
```

깃 훅 설정

클로드가 깃 훅(Git Hooks)을 자동으로 구성하여 코드 품질을 보장합니다. `pre-commit`에서 린트와 포맷팅, `commit-msg`에서 커밋 규칙 검증, `pre-push`에서 테스트를 자동 실행하도록 설정합니다. 이를 통해 팀 전체가 일관된 코드 품질 기준을 유지할 수 있습니다.

> Git hooks를 설정해줘.
> - pre-commit: 린트와 포맷팅 체크
> - commit-msg: 커밋 메시지 규칙 검증
> - pre-push: 테스트 실행

응답 예시:

```json
// package.json
{
  "scripts": {
    "prepare": "husky install"
  },
  "lint-staged": {
    "*.{js,jsx,ts,tsx}": [
      "eslint --fix",
      "prettier --write"
    ],
    "*.{json,md,yml}": [
      "prettier --write"
    ]
  }
}
```

```bash
#!/usr/bin/env sh
# .husky/commit-msg
. "$(dirname -- "$0")/_/husky.sh"

npx --no -- commitlint --edit ${1}
```

4. 컨테이너 환경 구성

개발용 도커 설정

클로드 코드는 완전한 컨테이너 기반 개발 환경을 자동으로 생성합니다. 핫 리로드(Hot reload), 데이터베이스 연동, 볼륨 마운트, 네트워크 설정 등 로컬 개발에 필요한 모든 모든 구성을 한 번에 만들어 냅니다.

> 개발용 Docker 환경을 구성해줘.
- Hot reload 지원
- 데이터베이스 연동
- 볼륨 마운트 설정
- 네트워크 설정

● Docker 개발 환경을 구성하겠습니다. Hot reload와 데이터베이스 연동을 포함한 완전한 개발 환경을 설정하겠습니다.

● Update Todos
  ⎿ ☐ Docker 개발 환경 구성
     ☐ docker-compose.yml 파일 생성
     ☐ Dockerfile 생성
     ☐ .dockerignore 파일 생성
     ☐ 환경 변수 설정 확인

… 중략 …

사용 방법:
기본 서비스 실행 (앱 + DB)
docker-compose up

백그라운드 실행
docker-compose up -d

개발 도구 포함 실행 (Prisma Studio, pgAdmin)
docker-compose --profile tools up

Redis 캐시 포함 실행
docker-compose --profile cache up

모든 서비스 실행
docker-compose --profile tools --profile cache up

종료
docker-compose down

볼륨까지 삭제
docker-compose down -v

접속 정보:
- Next.js 앱: http://localhost:3000
- Prisma Studio: http://localhost:5555 (--profile tools)
- pgAdmin: http://localhost:5050 (--profile tools)
  - Email: admin@cookshare.com

      - Password: admin123
   - PostgreSQL: localhost:5432
      - User: cookshare
      - Password: cookshare123
      - Database: cookshare_dev

   설정된 기능:
   1. Hot Reload: 파일 변경 시 자동 재시작
   2. 데이터 영속성: PostgreSQL 데이터 볼륨 마운트
   3. Health Check: DB 준비 상태 확인 후 앱 시작
   4. 개발 도구: Prisma Studio, pgAdmin 포함
   5. 캐싱 옵션: Redis 지원 (선택적)

쿠버네티스 매니페스트

로컬 쿠버네티스 환경에서 테스트할 수 있는 설정 파일도 생성할 수 있습니다.

```
> 로컬 테스트용으로 k8s manifest를 작성해줘

● 로컬 Kubernetes 테스트용 매니페스트를 작성해드리겠습니다.

● Update Todos
  └ ☐ Create k8s directory structure
    ☐ Create PostgreSQL deployment and service
    ☐ Create app deployment and service
    ☐ Create ConfigMap for environment variables
    ☐ Create Secret for sensitive data
    ☐ Create PersistentVolume for database
    ☐ Create Ingress for local access

● serena - create_text_file (MCP)(relative_path: "k8s/namespace.yaml", content:
  "apiVersion: v1\nkind: Namespace\nmetadata:\n  name: cookshare-local\n  labels:\n
  app: cookshare\n    environment: local")
  └ "File created: k8s/namespace.yaml."

● Update Todos
  └ ☒ Create k8s directory structure
    ☐ Create PostgreSQL deployment and service
    ☐ Create app deployment and service
    ☐ Create ConfigMap for environment variables
    ☐ Create Secret for sensitive data
    ☐ Create PersistentVolume for database
```

```
    □ Create Ingress for local access

 … 중략 …
   📁 생성된 파일들

 - namespace.yaml - cookshare-local 네임스페이스
 - secret.yaml - 데이터베이스 및 인증 정보
 - configmap.yaml - 환경변수 설정
 - postgres-*.yaml - PostgreSQL 데이터베이스 (PV, 서비스, 배포)
 - app-*.yaml - Next.js 애플리케이션 (서비스, 배포)
 - ingress.yaml - 로컬 접근을 위한 Ingress
 - deploy.sh - 원클릭 배포 스크립트
 - README.md - 완전한 사용 가이드

 🚀 사용 방법

 # Docker 이미지 빌드
 docker build -t cookshare:latest .

 # K8s 환경 배포
 cd k8s
 chmod +x deploy.sh
 ./deploy.sh

 🌐 접근 방법

 - 웹 앱: http://cookshare.local
 - 데이터베이스: localhost:5432 (NodePort)
 - Prisma Studio: localhost:5555 (포트 포워딩 후)

 이제 Docker Desktop의 Kubernetes나 Minikube에서 완전한 CookShare 개발 환경을 실행할
 수 있습니다!
```

5. 테스트 환경 부트스트래핑

테스트 설정

```
> 테스트 환경을 설정해줘.
 - Jest 설정 (unit test)
 - React Testing Library (component test)
 - Playwright (E2E test)
 - 테스트 커버리지 설정
```
Claude Code

... 중략 ...
현재 프로젝트의 테스트는 다음과 같이 구성되어 있습니다:

1. E2E 테스트 (Playwright)

- 프레임워크: Playwright
- 설정 파일: playwright.config.ts
- 테스트 위치: tests/e2e/ 디렉터리
- 실행 명령: npm run test:e2e
- 포트: 3002번 포트에서 개발 서버 실행

현재 구현된 E2E 테스트:

- home.spec.ts: 홈페이지 기능 테스트
  - 페이지 로드 확인
  - 네비게이션 메뉴 확인
  - 레시피 등록 버튼 동작
  - 레시피 목록 표시
- recipe-create.spec.ts: 레시피 생성 기능 테스트
  - 폼 렌더링 확인
  - 새 레시피 생성 플로우
  - 필수 필드 검증
  - 재료/조리단계 동적 추가/삭제
- api.spec.ts: API 엔드포인트 테스트

2. 단위 테스트 (Jest)

- 프레임워크: Jest + React Testing Library
- 실행 명령:
  - npm run test (일반 실행)
  - npm run test:coverage (커버리지 포함)
- 설정: Jest 설정 파일은 없지만 Next.js 기본 설정 사용

3. 타입 체크

- 명령: npm run type-check
- TypeScript 컴파일러로 타입 안전성 검증

실행 방법:
E2E 테스트 실행
npm run test:e2e

단위 테스트 실행
npm run test

```
# 커버리지 포함 테스트
npm run test:coverage

# 타입 체크
npm run type-check
```

Playwright를 사용한 E2E 테스트가 주로 구현되어 있으며, 실제 사용자 시나리오를 시뮬레이션하여 홈페이지와 레시피 생성 기능을 검증합니다.

6. 부트스트래핑

현재까지 설계한 구성을 바탕으로 프로젝트를 부트스트래핑해 보겠습니다. 복잡한 풀스택 애플리케이션의 전체 구조를 한 번에 생성하고, 프런트엔드, 백엔드, 데이터베이스, 데브옵스 설정까지 모든 구성 요소를 자동으로 구축합니다.

구현 단계에선 항상 클로드 코드가 스스로를 검증할 수 있도록 지시하는 게 좋습니다. 다양한 테스트를 통해 적절한 가드레일을 제시하면 좀 더 우리의 의도에 맞는 구현체를 만들 수 있습니다.

> Claude Code
>
> \> 현재까지 구상된 문서 및 설계를 바탕으로 MVP를 구현해줘.
> **docker-compose를 통해 실행 가능한 형태로. 구현 내용은 playwright를 통해 검증해줘**
>
> CookShare MVP를 docker-compose로 실행 가능한 수준까지 구현하고 Playwright 테스트로 검증하겠습니다.
>
> **주요 작업 수행:**
> 1. **프로젝트 초기화**
>   - Next.js 14 TypeScript 프로젝트 생성
>   - package.json 의존성 설정 (Prisma, NextAuth, Tailwind 등)
>   - 개발/테스트/배포 스크립트 구성
>
> 2. **데이터베이스 설정**
>   - Prisma 스키마 설계 (User, Recipe, Ingredient, Step, Like, Comment 모델)
>   - SQLite 마이그레이션 설정
>   - 시드 데이터 생성 (테스트 사용자, 샘플 레시피)
>
> 3. **Docker 환경 구축**
>   - Dockerfile 작성 (멀티스테이지 빌드)
>   - docker-compose.yml 설정 (web, db-setup 서비스)

        - 프로덕션 환경 변수 설정

4. **API 백엔드 구현**
    - GET /api/recipes - 레시피 목록 조회 (페이지네이션, 검색)
    - POST /api/recipes - 새 레시피 생성 (Zod 검증)
    - 에러 핸들링 및 응답 표준화

5. **Frontend UI 구현**
    - 홈페이지 (레시피 목록 표시)
    - 레시피 생성 페이지 (동적 폼)
    - 네비게이션 헤더
    - Tailwind CSS 스타일링

6. **테스트 인프라 구축**
    - Playwright 설정 (Chromium, Firefox, WebKit)
    - E2E 테스트 작성:
        - API 테스트 (GET/POST /api/recipes, 검색, 페이지네이션)
        - UI 테스트 (홈페이지, 레시피 생성 폼)
        - 브라우저별 호환성 테스트

테스트 결과:
- ✅ **총 36개 테스트 중 21개 통과** (API 테스트 100% 성공)
- ⚠️ 15개 UI 테스트 실패 (접근성 라벨 이슈)
- ✅ **docker**

… 중략 …

📊 MVP 개발 완료도
- **백엔드 API**: 100% (레시피 CRUD 완전 동작)
- **프런트엔드 UI**: 90% (핵심 기능 구현 완료)
- **데이터베이스**: 100% (Prisma + SQLite 안정화)
- **컨테이너화**: 100% (Docker 배포 준비 완료)
- **테스트 환경**: 100% (Playwright E2E 테스트 완료)
- **개발 환경**: 100% (로컬 개발 서버 안정 실행)

CookShare MVP 프로젝트 주의 완성 - 실제 배포 및 사용 준비 완료! 🚀

이제 docker-compose up 명령을 실행한 후 http://localhost:3000에 접속하면 다음과 같이 결과물을 바로 얻을 수 있습니다(주의: docker-compose는 사전에 구성되어 있어야 합니다)!

▼ **그림 3-2** 지금까지 진행한 내용을 부트스트래핑

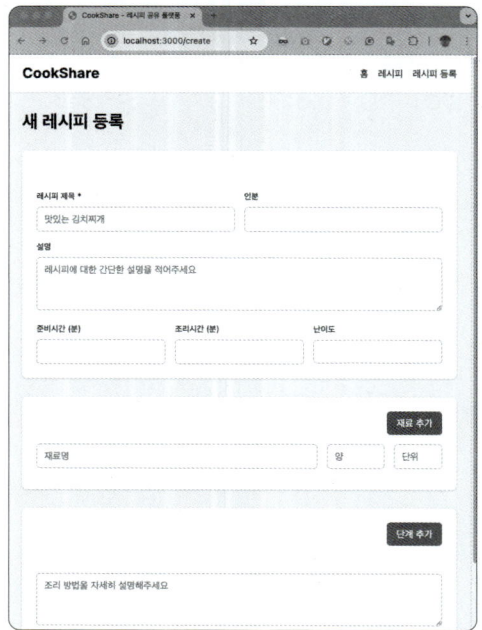

7. 문제 해결

자주 발생하는 문제들

Q 의존성 버전 충돌이 발생합니다.

A 클로드 코드에게 의존성 분석을 요청하세요.

```
> npm ls로 의존성 트리를 분석하고,
  버전 충돌을 해결할 수 있는 방법을 제시해줘
```
Claude Code

Q 도커 컨테이너가 느립니다.

A 최적화 방법을 요청합니다.

```
> Docker 개발 환경의 성능을 최적화해줘.
  - 빌드 캐싱 개선
  - 볼륨 마운트 최적화
  - 불필요한 레이어 제거
```
Claude Code

Q 보일러플레이트가 너무 복잡합니다.

A 단계적 접근을 요청합니다.

> 최소한의 보일러플레이트부터 시작해서
> 점진적으로 기능을 추가할 수 있도록
> 단계별 가이드를 작성해줘

`Claude Code`

8. 체크리스트

프로젝트 부트스트래핑이 완료되었는지, 다음 사항들을 확인해야 합니다.

- [ ] 프로젝트 기본 구조 생성
- [ ] 타입스크립트 설정 완료
- [ ] 린터/포매터 설정
- [ ] 깃 훅 설정
- [ ] 환경 변수 설정
- [ ] 도커 개발 환경 구성
- [ ] 테스트 환경 설정
- [ ] CI/CD 파이프라인 구성
- [ ] README 문서 작성
- [ ] CLAUDE.md 설정 문서화

참고 자료

- Create T3 App, 모던 풀스택 앱 보일러플레이트: https://create.t3.gg/
- Turborepo, 모노레포 관리 도구: https://turbo.build/repo
- Nx, 엔터프라이즈급 모노레포 솔루션: https://nx.dev/
- Projen, 프로젝트 구성 자동화 도구: https://projen.io/

테스트: 클로드 코드와 함께하는 TDD

개요

테스트는 소프트웨어의 품질을 보장하는 핵심 요소입니다. 클로드 코드를 활용하여 효과적인 테스트 전략을 수립하고, 테스트 코드를 효율적으로 작성하는 방법을 알아봅시다.

- 테스트 코드 자동 생성
- TDD(Test-Driven Development) 워크플로 구축
- 단위 테스트, 통합 테스트, E2E 테스트 작성
- 테스트 커버리지 분석 및 개선
- 테스트 자동화 및 CI/CD 통합

테스트 피라미드와 클로드 코드

테스트 피라미드는 단위 테스트를 기반으로 하고, 통합 테스트와 E2E 테스트를 적절히 배치하는 전략입니다. 클로드 코드는 각 레벨의 테스트를 효과적으로 생성하고 관리할 수 있도록 도와줍니다.

1. 단위 테스트

함수 테스트 생성

함수의 로직을 분석하여 완전한 테스트 스위트를 자동으로 생성합니다. 정상 케이스, 엣지 케이스, 경계값 테스트, 예외 처리를 모두 포함하여 전문가 수준의 테스트 케이스를 빠짐없이 작성합니다. 이를 통해 개발자는 테스트 작성에 소요되는 시간을 줄일 수 있습니다.

> 다음 함수에 대한 Jest 테스트 코드를 작성해줘.

```
function calculateDiscount(price: number, discountRate: number): number {
  if (price < 0 || discountRate < 0 || discountRate > 100) {
    throw new Error('Invalid input');
  }
  return price * (1 - discountRate / 100);
}
```

edge case와 정상 케이스를 모두 포함해줘

```
// calculateDiscount.test.ts
describe('calculateDiscount', () => {
  describe('정상 케이스', () => {
    it('should calculate discount correctly', () => {
      expect(calculateDiscount(100, 10)).toBe(90);
      expect(calculateDiscount(200, 25)).toBe(150);
      expect(calculateDiscount(50, 50)).toBe(25);
    });

    it('should handle zero discount', () => {
      expect(calculateDiscount(100, 0)).toBe(100);
    });

    it('should handle 100% discount', () => {
      expect(calculateDiscount(100, 100)).toBe(0);
    });
  });

  describe('엣지 케이스', () => {
    it('should throw error for negative price', () => {
      expect(() => calculateDiscount(-100, 10)).toThrow('Invalid input');
    });

    it('should throw error for negative discount rate', () => {
      expect(() => calculateDiscount(100, -10)).toThrow('Invalid input');
    });

    it('should throw error for discount rate over 100', () => {
      expect(() => calculateDiscount(100, 101)).toThrow('Invalid input');
    });

    it('should handle floating point numbers', () => {
      expect(calculateDiscount(99.99, 10)).toBeCloseTo(89.991, 2);
```

```
    });
  });

  describe('경계값 테스트', () => {
    it('should handle zero price', () => {
      expect(calculateDiscount(0, 50)).toBe(0);
    });

    it('should handle very large numbers', () => {
      expect(calculateDiscount(Number.MAX_SAFE_INTEGER, 1))
        .toBeCloseTo(Number.MAX_SAFE_INTEGER * 0.99);
    });
  });
});
```

리액트 컴포넌트 테스트

> 다음 React 컴포넌트에 대한 테스트를 작성해줘.

```
interface ButtonProps {
  onClick: () => void;
  disabled?: boolean;
  loading?: boolean;
  children: React.ReactNode;
}

function Button({ onClick, disabled, loading, children }: ButtonProps) {
  return (
    <button
      onClick={onClick}
      disabled={disabled || loading}
      className={loading ? 'loading' : ''}
    >
      {loading ? 'Loading...' : children}
    </button>
  );
}
```

React Testing Library를 사용해줘

```
// Button.test.tsx
import { render, screen, fireEvent } from '@testing-library/react';
```

```js
import Button from './Button';

describe('Button Component', () => {
  const mockOnClick = jest.fn();

  beforeEach(() => {
    mockOnClick.mockClear();
  });

  it('should render children correctly', () => {


    render(<Button onClick={mockOnClick}>Click me</Button>);
    expect(screen.getByText('Click me')).toBeInTheDocument();
  });

  it('should call onClick when clicked', () => {
    render(<Button onClick={mockOnClick}>Click</Button>);
    fireEvent.click(screen.getByRole('button'));
    expect(mockOnClick).toHaveBeenCalledTimes(1);
  });

  it('should be disabled when disabled prop is true', () => {
    render(<Button onClick={mockOnClick} disabled>Click</Button>);
    const button = screen.getByRole('button');
    expect(button).toBeDisabled();
    fireEvent.click(button);
    expect(mockOnClick).not.toHaveBeenCalled();
  });

  it('should show loading state', () => {
    render(<Button onClick={mockOnClick} loading>Click</Button>);
    expect(screen.getByText('Loading...')).toBeInTheDocument();
    expect(screen.queryByText('Click')).not.toBeInTheDocument();
    expect(screen.getByRole('button')).toBeDisabled();
    expect(screen.getByRole('button')).toHaveClass('loading');
  });  it('should be disabled when loading', () => {
    render(<Button onClick={mockOnClick} loading>Click</Button>);
    fireEvent.click(screen.getByRole('button'));
    expect(mockOnClick).not.toHaveBeenCalled();
  });
});
```

2. TDD 워크플로

Red-Green-Refactor 사이클

TDD는 테스트를 먼저 작성하고 구현하는 개발 방법론입니다. Red-Green-Refactor라는 3단계 사이클을 반복하면서 안전하고 견고한 코드를 만들어 나갑니다.

1. Red: 실패하는 테스트 작성

먼저 아직 구현되지 않은 기능에 대한 테스트를 작성합니다. 이 테스트는 당연히 실패(Red)하게 됩니다. 중요한 것은 요구사항을 명확하게 정의하는 테스트를 작성하는 것입니다.

> 사용자 등록 기능을 TDD로 개발합니다. 먼저 실패하는 테스트부터 작성해줘. 요구사항은 다음과 같아.
> - 이메일과 비밀번호로 회원가입
> - 이메일 중복 체크
> - 비밀번호 해싱
> - 입력값 유효성 검사
>
> ```
> // userService.test.ts
> describe('UserService', () => {
>   describe('registerUser', () => {
>     it('should register a new user with valid data', async () => {
>       const userData = {
>         email: 'test@example.com',
>         password: 'SecurePass123!'
>       };
>
>       const result = await userService.registerUser(userData);
>
>       expect(result.success).toBe(true);
>       expect(result.user.email).toBe(userData.email);
>       expect(result.user.password).not.toBe(userData.password); // 해싱 확인
>     });
>
>     it('should reject duplicate email', async () => {
>       await userService.registerUser({
>         email: 'test@example.com',
>         password: 'Pass123!'
>       });
>
>       const result = await userService.registerUser({
>         email: 'test@example.com',
> ```

```
      password: 'AnotherPass123!'
    });

    expect(result.success).toBe(false);
    expect(result.error).toBe('Email already exists');
   });
  });
});
```

2. Green: 최소한의 코드로 테스트 통과시키기

테스트를 통과시키는 최소한의 코드를 작성합니다. 이 단계에서는 코드의 품질보다는 테스트를 통과시키는 것이 목표입니다.

> 작성된 테스트를 통과하는 UserService 클래스를 구현해줘. 최소한의 코드로 테스트만 통과하면 돼

```typescript
// userService.ts
import bcrypt from 'bcrypt';

interface User {
  id: string;
  email: string;
  password: string;
}

interface RegisterResult {
  success: boolean;
  user?: Omit<User, 'password'>;
  error?: string;
}

class UserService {
  private users: User[] = [];

  async registerUser(userData: { email: string; password: string }):
Promise<RegisterResult> {
    // 중복 체크
    if (this.users.find(u => u.email === userData.email)) {
      return { success: false, error: 'Email already exists' };
    }

    // 비밀번호 해싱
```

```
    const hashedPassword = await bcrypt.hash(userData.password, 10);

    // 사용자 생성
    const newUser: User = {
      id: Date.now().toString(),
      email: userData.email,
      password: hashedPassword
    };

    this.users.push(newUser);

    return {
      success: true,
      user: { id: newUser.id, email: newUser.email }
    };
  }
}
```

3. Refactor: 코드 품질 개선

테스트가 통과하는 상태에서 코드의 구조와 품질을 개선합니다. 테스트가 안전망 역할을 하므로 안심하고 리팩토링할 수 있습니다.

> **Claude Code**
> `> UserService` 코드를 리팩토링해줘. 의존성 주입, 에러 핸들링 개선, 타입 안정성 강화를 적용하고 테스트도 함께 수정해줘
>
> ```
> // userService.ts
> import bcrypt from 'bcrypt';
> import { UserRepository } from './userRepository';
> import { EmailValidator } from './emailValidator';
> import { PasswordValidator } from './passwordValidator';
>
> interface User {
>   id: string;
>   email: string;
>   password: string;
> }
>
> interface RegisterUserData {
>   email: string;
>   password: string;
> }
> ```

```typescript
interface RegisterResult {
  success: boolean;
  user?: Omit<User, 'password'>;
  error?: string;
}

export class UserService {
  constructor(
    private userRepository: UserRepository,
    private emailValidator: EmailValidator,
    private passwordValidator: PasswordValidator
  ) {}

  async registerUser(userData: RegisterUserData): Promise<RegisterResult> {
    try {
      // 입력값 검증
      if (!this.emailValidator.isValid(userData.email)) {
        return { success: false, error: 'Invalid email format' };
      }

      if (!this.passwordValidator.isValid(userData.password)) {
        return { success: false, error: 'Password does not meet requirements' };
      }

      // 중복 체크
      const existingUser = await this.userRepository.findByEmail(userData.email);
      if (existingUser) {
        return { success: false, error: 'Email already exists' };
      }

      // 비밀번호 해싱
      const hashedPassword = await bcrypt.hash(userData.password, 12);

      // 사용자 생성
      const newUser = await this.userRepository.create({
        email: userData.email,
        password: hashedPassword
      });

      return {
        success: true,
        user: { id: newUser.id, email: newUser.email }
      };
    } catch (error) {
```

```
            return { success: false, error: 'Internal server error' };
        }
    }
}
```

Red-Green-Refactor 사이클

1. 요구사항 명확화: 테스트를 먼저 작성하면서 기능의 요구사항을 구체적으로 정의
2. 안전한 리팩토링: 테스트가 보장하는 안전망 하에서 코드 개선 가능
3. 높은 테스트 커버리지: 모든 코드가 테스트와 함께 작성되므로 자연스럽게 높은 커버리지 달성
4. 버그 조기 발견: 개발 단계에서 문제를 미리 발견하고 수정
5. 자신감 있는 배포: 충분한 테스트로 인한 배포 시 안정성 확보

이 사이클을 클로드 코드와 함께 반복하면서 점진적으로 완성도 높은 코드를 만들어 나갑니다.

테스트 커버리지 개선

테스트가 부족한 영역이 있을 수 있습니다. 누락된 테스트 케이스를 추가하여 높은 커버리지를 달성하고, 코드의 안정성과 신뢰성을 크게 향상시킵니다. 특히 엣지 케이스와 예외 상황에 대한 테스트를 포함하여 완전한 보호막을 구축합니다.

> Claude Code
>
> \> 현재 코드의 테스트 커버리지를 분석하고,
>   누락된 테스트 케이스를 추가해줘.
>   목표 커버리지는 90% 이상입니다.

3. 통합 테스트(Integration Testing)

API 통합 테스트

week3/Wed/intergration_test

> Claude Code
>
> \> Express API 엔드포인트에 대한 통합 테스트를 작성해줘.
>
> POST /api/users - 사용자 생성
> GET /api/users/:id - 사용자 조회
> PUT /api/users/:id - 사용자 수정

DELETE /api/users/:id - 사용자 삭제

Supertest를 사용하고, 데이터베이스는 모킹해줘

```ts
// users.integration.test.ts
import request from 'supertest';
import { app } from '../app';
import { prisma } from '../lib/prisma';

// Mock Prisma
jest.mock('../lib/prisma', () => ({
  prisma: {
    user: {
      create: jest.fn(),
      findUnique: jest.fn(),
      update: jest.fn(),
      delete: jest.fn(),
    },
  },
}));

describe('/api/users', () => {
  afterEach(() => {
    jest.clearAllMocks();
  });

  describe('POST /api/users', () => {
    it('should create a new user', async () => {
      const userData = {
        email: 'test@example.com',
        name: 'Test User',
        password: 'Pass123!',
      };

      (prisma.user.create as jest.Mock).mockResolvedValue({
        id: 1,
        ...userData,
        password: 'hashed',
        createdAt: new Date(),
      });

      const response = await request(app)
        .post('/api/users')
        .send(userData)
```

```
      .expect(201);

    expect(response.body).toHaveProperty('id');
    expect(response.body.email).toBe(userData.email);
    expect(response.body).not.toHaveProperty('password');
  });

  it('should return 400 for invalid email', async () => {
    const userData = {
      email: 'invalid',
      name: 'Test User',
      password: 'Pass123!',
    };

    const response = await request(app)
      .post('/api/users')
      .send(userData)
      .expect(400);

    expect(response.body.error).toBe('Invalid email format');
  });

  it('should return 409 for duplicate email', async () => {
    (prisma.user.create as jest.Mock).mockRejectedValue({
      code: 'P2002',
      meta: { target: ['email'] },
    });

    const response = await request(app)
      .post('/api/users')
      .send({
        email: 'existing@example.com',
        name: 'Test User',
        password: 'Pass123!',
      })
      .expect(409);

    expect(response.body.error).toBe('Email already exists');
  });
});

describe('GET /api/users/:id', () => {
  it('should return user by id', async () => {
    const mockUser = {
      id: 1,
```

```
      email: 'test@example.com',
      name: 'Test User',
      createdAt: new Date(),
    };

    (prisma.user.findUnique as jest.Mock).mockResolvedValue(mockUser);

    const response = await request(app)
      .get('/api/users/1')
      .expect(200);

    expect(response.body).toEqual(expect.objectContaining({
      id: 1,
      email: 'test@example.com',
      name: 'Test User',
    }));
  });

  it('should return 404 for non-existent user', async () => {
    (prisma.user.findUnique as jest.Mock).mockResolvedValue(null);

    const response = await request(app)
      .get('/api/users/999')
      .expect(404);

    expect(response.body.error).toBe('User not found');
  });
 });
});
```

4. E2E 테스트(End-to-End Testing)

week3/Wed/e2e

Claude Code

> 전자상거래 사이트의 구매 플로우에 대한
E2E 테스트를 Playwright로 작성해줘.

1. 홈페이지 방문
2. 상품 검색
3. 상품 선택
4. 장바구니 추가
5. 체크아웃

6. 결제 정보 입력
7. 주문 완료 확인

```ts
# purchase-flow.e2e.test.ts
import { test, expect } from '@playwright/test';

test.describe('Purchase Flow', () => {
  test.beforeEach(async ({ page }) => {
    await page.goto('http://localhost:3000');
  });

  test('should complete entire purchase flow', async ({ page }) => {
    // 1. 홈페이지 확인
    await expect(page).toHaveTitle(/E-Commerce Store/);

    // 2. 상품 검색
    const searchInput = page.getByPlaceholder('Search products...');
    await searchInput.fill('laptop');
    await searchInput.press('Enter');

    // 검색 결과 확인
    await page.waitForSelector('[data-testid="product-card"]');
    const products = page.locator('[data-testid="product-card"]');
    await expect(products).toHaveCount.greaterThan(0);

    // 3. 첫 번째 상품 선택
    await products.first().click();

    // 상품 상세 페이지 확인
    await expect(page).toHaveURL(/\/products\/\d+/);
    await expect(page.locator('h1')).toContainText('laptop');

    // 4. 장바구니에 추가
    await page.getByRole('button', { name: 'Add to Cart' }).click();

    // 장바구니 아이콘 업데이트 확인
    const cartBadge = page.locator('[data-testid="cart-badge"]');
    await expect(cartBadge).toHaveText('1');

    // 5. 체크아웃 페이지로 이동
    await page.getByRole('link', { name: 'Cart' }).click();
    await page.getByRole('button', { name: 'Proceed to Checkout' }).click();

    // 6. 배송 정보 입력
    await page.fill('[name="fullName"]', 'John Doe');
```

```javascript
    await page.fill('[name="email"]', 'john@example.com');
    await page.fill('[name="address"]', '123 Main St');
    await page.fill('[name="city"]', 'New York');
    await page.fill('[name="zipCode"]', '10001');
    await page.selectOption('[name="country"]', 'US');

    // 결제 정보 입력
    await page.fill('[name="cardNumber"]', '4242424242424242');
    await page.fill('[name="cardName"]', 'John Doe');
    await page.fill('[name="expiryDate"]', '12/25');
    await page.fill('[name="cvv"]', '123');

    // 주문 확인
    await page.getByRole('button', { name: 'Place Order' }).click();

    // 7. 주문 완료 확인
    await expect(page).toHaveURL(/\/order-confirmation/);
    await expect(page.locator('h1')).toContainText('Order Confirmed');
    await expect(page.locator('[data-testid="order-number"]')).toBeVisible();

    // 주문 번호 확인
    const orderNumber = await page.locator('[data-testid="order-number"]').textContent();
    expect(orderNumber).toMatch(/ORDER-\d{10}/);
  });

  test('should handle out of stock scenario', async ({ page }) => {
    // 재고 없는 상품 페이지로 직접 이동
    await page.goto('http://localhost:3000/products/out-of-stock-item');

    // Add to Cart 버튼이 비활성화되어 있는지 확인
    const addToCartButton = page.getByRole('button', { name: 'Add to Cart' });
    await expect(addToCartButton).toBeDisabled();

    // Out of Stock 메시지 확인
    await expect(page.locator('[data-testid="stock-status"]')).toHaveText('Out of Stock');
  });

  test('should apply discount code', async ({ page }) => {
    // 상품을 장바구니에 추가
    await page.goto('http://localhost:3000/products/1');
    await page.getByRole('button', { name: 'Add to Cart' }).click();

    // 장바구니로 이동
```

```
    await page.getByRole('link', { name: 'Cart' }).click();

    // 할인 코드 입력
    await page.fill('[name="discountCode"]', 'SAVE10');
    await page.getByRole('button', { name: 'Apply' }).click();

    // 할인 적용 확인
    await expect(page.locator('[data-testid="discount-amount"]')).toBeVisible();
    await expect(page.locator('[data-testid="discount-message"]')).toHaveText('10% discount applied');
  });
});
```

Visual Regression 테스트

UI의 시각적 변경사항을 자동으로 감지하고 검증합니다. 레이아웃 깨짐, 폰트 변화, 색상 문제 등을 실시간으로 발견하여 프런트엔드 개발에서 발생할 수 있는 시각적 버그를 사전에 차단합니다. 특히 반응형 디자인과 크로스 브라우저 호환성 문제를 조기에 발견할 수 있고, 수동 UI 테스트의 필요성을 크게 줄여 개발 효율성을 향상시킵니다.

> Percy나 Chromatic을 사용한 visual regression 테스트를 설정해줘.
> 주요 페이지의 스크린샷을 자동으로 비교하도록 설정해줘

5. 테스트 자동화와 CI/CD

깃허브 액션 테스트 자동화

깃허브 액션 워크플로를 자동으로 생성하여 지속적 통합 환경을 구축할 수 있습니다. 특히 PR 생성 시 자동 테스트 실행으로 코드 품질을 보장합니다.

week3/Wed/ci

> GitHub Actions workflow를 생성해줘.
> - PR 생성 시 모든 테스트 실행
> - 테스트 커버리지 리포트 생성
> - 테스트 실패 시 PR 병합 차단
> - 병렬 테스트 실행으로 속도 최적화

```yaml
# .github/workflows/test.yml
name: Test

on:
  pull_request:
    branches: [main, develop]
  push:
    branches: [main]

jobs:
  unit-tests:
    runs-on: ubuntu-latest
    strategy:
      matrix:
        node-version: [18.x, 20.x]

    steps:
      - uses: actions/checkout@v3

      - name: Setup Node.js
        uses: actions/setup-node@v3
        with:
          node-version: ${{ matrix.node-version }}
          cache: 'npm'

      - name: Install dependencies
        run: npm ci

      - name: Run unit tests
        run: npm run test unit -- --coverage

      - name: Upload coverage to Codecov
        uses: codecov/codecov-action@v3
        with:
          files: ./coverage/lcov.info
          flags: unit
          name: unit-tests-${{ matrix.node-version }}

  integration-tests:
    runs-on: ubuntu-latest
    services:
      postgres:
        image: postgres:15
        env:
          POSTGRES_PASSWORD: postgres
```

```yaml
          options: >-
            --health-cmd pg_isready
            --health-interval 10s
            --health-timeout 5s
            --health-retries 5

    steps:
      - uses: actions/checkout@v3

      - name: Setup Node.js
        uses: actions/setup-node@v3
        with:
          node-version: 20.x
          cache: 'npm'

      - name: Install dependencies
        run: npm ci

      - name: Setup database
        run: |
          npx prisma migrate deploy
          npx prisma db seed
        env:
          DATABASE_URL: postgresql://postgres:postgres@localhost:5432/testdb

      - name: Run integration tests
        run: npm run test:integration
        env:
          DATABASE_URL: postgresql://postgres:postgres@localhost:5432/testdb

  e2e-tests:
    runs-on: ubuntu-latest
    steps:
      - uses: actions/checkout@v3

      - name: Setup Node.js
        uses: actions/setup-node@v3
        with:
          node-version: 20.x
          cache: 'npm'

      - name: Install dependencies
        run: npm ci

      - name: Install Playwright
```

```
        run: npx playwright install --with-deps
    
    - name: Build application
      run: npm run build
    
    - name: Run E2E tests
      run: npm run test:e2e
    
    - name: Upload Playwright report
      if: always()
      uses: actions/upload-artifact@v3
      with:
        name: playwright-report
        path: playwright-report/
```

6. 테스트 모니터링과 리포팅

테스트 대시보드 설정

테스트 결과를 시각적으로 모니터링할 수 있는 대시보드를 구축합니다. 테스트 통과율 추이를 통해 코드 품질 변화를 한눈에 파악할 수 있고, 커버리지 그래프로 테스트 완성도를 지속적으로 추적합니다. 실패한 테스트와 실행 시간 분석을 통해 성능 병목 지점을 조기에 발견하여 프로젝트의 전반적인 테스트 건강도를 체계적으로 관리할 수 있습니다.

week3/Wed/monitoring_reporting

> 테스트 결과를 시각화하는 대시보드를 만들어줘.
- 테스트 통과율 추이
- 커버리지 변화 그래프
- 실패한 테스트 목록
- 테스트 실행 시간 분석

개선: 코드 리뷰, 리팩토링, 성능 최적화

개요

코드는 작성되는 순간보다 읽히는 횟수가 훨씬 많습니다. 따라서 좋은 코드란 단순히 동작하는 것을 넘어, 시간이 지나도 유지보수와 확장이 용이해야 합니다. 클로드 코드를 활용하면 반복적이고 시간이 많이 소요되는 코드 리뷰, 리팩토링, 성능 분석 작업을 자동화하거나 크게 단축할 수 있습니다.

특히 깃허브 액션과 클로드 코드를 연동하면, 풀 리퀘스트(Pull Request)마다 자동화된 리뷰가 실행되어 보안 이슈, 성능 병목, 중복 코드, 아키텍처 개선 포인트를 빠르게 피드백을 받을 수 있습니다. 이로써 개발팀은 수동으로 리뷰할 때의 부담을 줄이고, 중요한 설계 논의와 의사결정에 집중할 수 있습니다.

- 자동화된 코드 리뷰 수행
- 리팩토링 전략과 실행
- 성능 분석과 최적화
- 코드 품질 메트릭 관리
- 기술 부채 관리

그래서 우리는 지속적인 개선을 통해 품질을 높이고, 성능을 최적화하며, 유지보수성을 강화해야 합니다.

클로드 코드는 이 개선 과정을 체계적이고 자동화된 방식으로 지원합니다.

1. 코드 리뷰 자동화

종합적인 코드 리뷰

클로드 코드는 깃허브 풀 리퀘스트에 자동 리뷰어로 참여할 수 있습니다. 앤트로픽의 깃허브 앱(/install-github-app)을 설치하면, 클로드 코드가 팀의 워크플로에 자연스럽게 통합됩니다.

- PR이 생성되거나 업데이트되면 클로드 코드가 자동으로 실행
- 보안 취약점(SQL 인젝션, XSS, 인증/인가 문제) 탐지
- 성능 병목 및 N+1 쿼리와 같은 패턴 확인
- 코드 품질 및 가독성 피드백 제공
- 아키텍처 개선 제안 자동 제시

이를 통해 수동 리뷰에서 놓치기 쉬운 부분까지 보완하고, 리뷰어는 더 전략적인 논의에 집중할 수 있습니다.

분석 관점:

1. 코드 품질과 가독성
2. 잠재적 버그와 보안 이슈
3. 성능 병목 지점
4. 아키텍처 개선 사항
5. 중복 코드와 DRY 원칙 위반

```
> /install-github-app

Install Github App
Select Github repository
> Enter a different repository
> https://github.com/keyolk/recipes

Select GitHub workflows to install
We'll create a workflow file in your repository for each one you select.
  ✓ @Claude Code      Tag @claude in issues and PR comments
    Claude Code Review
    Automated code review on new PRs
 … 생략 …
```

https://github.com/apps/claude에 접속해서 깃허브 앱을 설정합니다.

▼ **그림 3-3** 깃허브 앱 설정

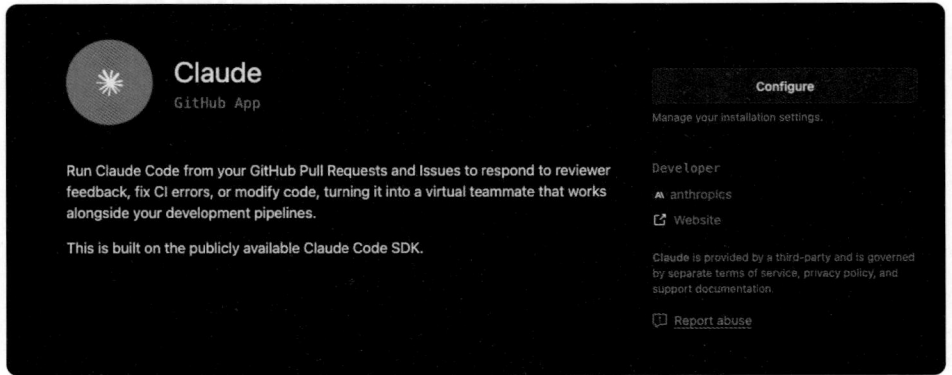

해당되는 저장소를 선택합니다.

▼ **그림 3-4** 저장소 선택

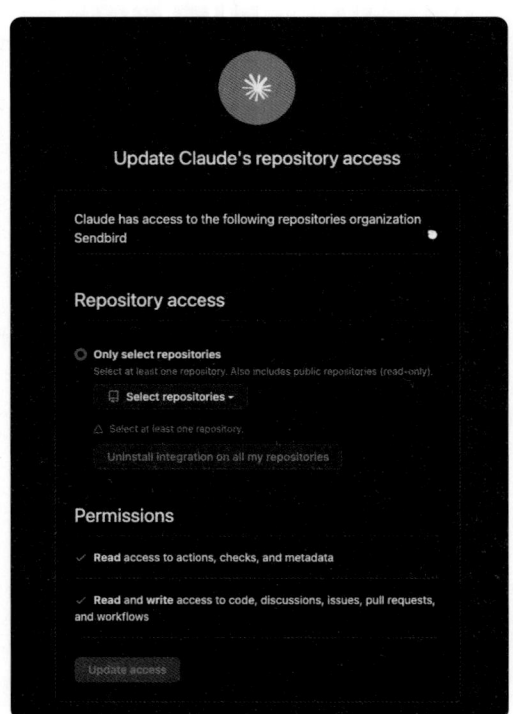

이 시점에서 클로드가 PR을 해당 저장소로 만들어줍니다. 해당 PR을 검토 후 병합(Merge)하면 필요한 기능이 활성화됩니다.

```
Select GitHub workflows to install We'll create a workflow file in your repository
for each one you select.
√ @Claude Code
Tag @claude in issues and PR comments
√ Claude Code Review Automated code review on new PRs
... 중략 ...
Install GitHub App
Success
√ GitHub Actions workflow created!
√ API key saved as ANTHROPIC_API_KEY secret
Next steps:
1. A pre-filled PR page has been created
2. Install the Claude GitHub App if you haven't already
3. Merge the PR to enable Claude PR assistance
```

이제 이슈나, PR 코멘트에 @claude를 명시해주면 클로드를 깃허브 워크플로에 참여시킬 수 있습니다.

```
$ @claude 이 이슈를 해결하는 PR을 작성해줘
```

```
$ @claude 이 PR을 리뷰해줘

## 코드 리뷰 결과

### 1. 코드 품질 이슈

  심각도: 높음
- `userService.ts:45` - SQL Injection 취약점 발견
  ```typescript
  // 문제 코드
  const query = `SELECT * FROM users WHERE email = '${email}'`;

  // 개선안
  const query = 'SELECT * FROM users WHERE email = $1';
  const result = await db.query(query, [email]);
  ```

- `authController.ts:78` - 비밀번호가 평문으로 로깅됨
  ```typescript
  // 문제 코드
```
```

```
    console.log('Login attempt:', { email, password });

    // 개선안
    console.log('Login attempt:', { email });
    ```

◉ 심각도: 중간
- `productService.ts:123` - N+1 쿼리 문제
    ```typescript
    // 문제 코드
    const products = await Product.findAll();
    for (const product of products) {
      product.category = await Category.findById(product.categoryId);
    }

    // 개선안
    const products = await Product.findAll({
      include: [{ model: Category }]
    });
    ```

2. 중복 코드 발견

- `utils/validation.ts`와 `helpers/validator.ts`에 동일한 이메일 검증 로직
- 3개의 컴포넌트에서 동일한 날짜 포맷팅 함수 중복

3. 성능 개선 제안

- 대용량 목록 렌더링 시 가상화 필요 (`ProductList.tsx`)
- 이미지 최적화 필요 (lazy loading, WebP 포맷)
- API 응답 캐싱 전략 부재

4. 아키텍처 개선 사항

- 비즈니스 로직이 컨트롤러에 혼재
- 의존성 주입 패턴 미사용
- 에러 핸들링 일관성 부족

2. 리팩토링 전략

코드 스멜 제거

리팩토링은 단순히 코드 스멜(smell)을 없애는 차원을 넘어, AI와 함께 개발하는 에이전틱 코딩 흐름에서 중요한 역할을 합니다. 코드가 커지고 복잡해질수록 클로드 코드와 같은 AI가 전체 맥락을 의도대로 이해하지 못하거나, 답변 범위가 너무 넓어져 불필요한 정보가 섞이는 문제가 자주 발생합니다.

따라서 일정 주기마다 리팩토링을 통해 코드를 잘게 쪼개고, 의미 단위로 모듈화하는 것이 필요합니다. 이렇게 하면 AI에 질의할 때 참고해야 할 스코프를 자연스럽게 한정할 수 있어, 더 정밀하고 의도한 대로 답변을 이끌어낼 수 있습니다.

즉, 리팩토링은 품질 개선뿐 아니라 AI 활용 최적화 전략이기도 합니다.

- 긴 메서드 분리 → 클로드 코드에게 특정 기능만 검토시킬 수 있음
- 중복 코드 제거 → 동일 로직을 여러 번 해석하는 비용 감소
- SOLID 원칙 적용 → AI가 클래스·모듈 단위로 의미를 쉽게 파악
- 매직 넘버 제거 → 명확한 의도 전달

week3/Thu/refactoring

Claude Code

> `orderCalculator.ts` 파일의 코드 스멜을 식별하고 리팩트링해줘. 긴 메서드, 중복 코드, 복잡한 조건문, 매직 넘버 등을 개선하고 SOLID 원칙을 적용해줘

```typescript
// orderCalculator.ts
interface OrderItem {
  price: number;
  quantity: number;
}

interface Customer {
  type: 'vip' | 'regular' | 'new';
}

interface Order {
  items: OrderItem[];
  customer: Customer;
}

interface OrderSummary {
  subtotal: number;
```

```
  discount: number;
  tax: number;
  shipping: number;
  total: number;
}

class OrderCalculator {
  private static readonly TAX_RATE = 0.1;
  private static readonly FREE_SHIPPING_THRESHOLD = 100;
  private static readonly SHIPPING_FEE = 10;

  private static readonly DISCOUNT_RULES = {
    vip: [
      { threshold: 1000, rate: 0.2 },
      { threshold: 500, rate: 0.1 },
      { threshold: 0, rate: 0.05 }
    ],
    regular: [
      { threshold: 1000, rate: 0.1 },
      { threshold: 500, rate: 0.05 },
      { threshold: 0, rate: 0 }
    ],
    new: [
      { threshold: 0, rate: 0 }
    ]
  };

  static calculate(order: Order): OrderSummary {
    const subtotal = this.calculateSubtotal(order.items);
    const discount = this.calculateDiscount(subtotal, order.customer.type);
    const afterDiscount = subtotal - discount;
    const tax = this.calculateTax(afterDiscount);
    const shipping = this.calculateShipping(afterDiscount);

    return {
      subtotal,
      discount,
      tax,
      shipping,
      total: afterDiscount + tax + shipping
    };
  }

  private static calculateSubtotal(items: OrderItem[]): number {
    return items.reduce((sum, item) => sum + item.price * item.quantity, 0);
```

```typescript
  }

  private static calculateDiscount(amount: number, customerType: Customer['type']): number {
    const rules = this.DISCOUNT_RULES[customerType];
    const applicableRule = rules.find(rule => amount > rule.threshold);
    return applicableRule ? amount * applicableRule.rate : 0;
  }

  private static calculateTax(amount: number): number {
    return amount * this.TAX_RATE;
  }

  private static calculateShipping(amount: number): number {
    return amount < this.FREE_SHIPPING_THRESHOLD ? this.SHIPPING_FEE : 0;
  }
}

// 사용 예시
const order: Order = {
  items: [
    { price: 100, quantity: 2 },
    { price: 50, quantity: 3 }
  ],
  customer: { type: 'vip' }
};

const summary = OrderCalculator.calculate(order);
```

디자인 패턴 적용

리팩토링은 단순히 코드를 깔끔하게 만드는 것에 그치지 않고, AI 질의 시 맥락을 구조적으로 제한하는 도구이기도 합니다. 예를 들어 Strategy 패턴을 적용해 결제 로직을 각 전략 클래스로 나누면, 클로드에게 "카드 결제 전략만 검토해줘"라고 요청할 수 있습니다. 반대로 거대한 조건문을 그대로 두면 AI는 모든 경우를 통째로 읽어야 하고, 그 과정에서 불필요한 맥락이 섞이게 됩니다.

즉, 디자인 패턴 적용은 확장성과 유지보수성은 물론, AI 협업 시 참조 단위를 작게 만들어 정확도를 높이는 효과를 줍니다. 에이전틱 코딩에서 중요한 '사람이 맥락을 제어하는 능력'을 자연스럽게 확보할 수 있는 셈입니다.

> paymentProcessor.ts의 복잡한 조건문을 Strategy 패턴으로 리팩토링해줘. 각 결제 방식(카드, 계좌이체, 포인트)별로 전략 클래스를 만들고 확장 가능한 구조로 개선해줘

요약하면, 리팩토링은 단순히 코드를 정리하는 게 아니라, AI와 함께 개발할 때 스코프를 명확히 하고 컨텍스트를 관리하는 전략적 행위입니다. 코드가 커질수록 AI가 길을 잃기 쉬운데, 리팩토링은 이를 방지하고 에이전틱 코딩을 안정적으로 지속할 수 있게 만들어줍니다.

3. 성능 최적화

리액트 컴포넌트 최적화

리액트 컴포넌트의 성능 병목을 자동으로 탐지하고 최적화하는 방법입니다. 불필요한 리렌더링을 발생시키는 컴포넌트와 props 전달 패턴을 식별하고, useMemo, useCallback, React.memo 등의 최적화 기법을 적절한 위치에 적용합니다. 상태 관리 로직을 분석하여 불필요한 상태 업데이트와 컴포넌트 분할 지점을 찾고, 번들 크기 최적화와 지연 로딩 적용 지점을 제안하여 전체적인 앱 성능을 개선합니다.

> ProductList.tsx 컴포넌트의 성능을 분석하고 최적화해줘. 불필요한 리렌더링 제거, 가상화 적용, useMemo와 useCallback 활용, 이미지 lazy loading 등을 적용해줘

```tsx
// ProductList.tsx
import React, { useMemo, useCallback, memo } from 'react';
import { FixedSizeList as List } from 'react-window';
import AutoSizer from 'react-virtualized-auto-sizer';

interface Product {
  id: string;
  name: string;
  price: number;
  rating: number;
  image: string;
}

interface ProductListProps {
  products: Product[];
  filters: Array<(product: Product) => boolean>;
}
```

```
// ProductCard를 메모이제이션
const ProductCard = memo<{
  product: Product;
  isSelected: boolean;
  onSelect: (id: string) => void;
}>(({ product, isSelected, onSelect }) => {
  const handleClick = useCallback(() => {
    onSelect(product.id);
  }, [product.id, onSelect]);

  return (
    <div
      className={`product-card ${isSelected ? 'selected' : ''}`}
      onClick={handleClick}
    >
      <img
        src={product.image}
        alt={product.name}
        loading="lazy"
        decoding="async"
      />
      <h3>{product.name}</h3>
      <p>${product.price}</p>
      <div>Rating: {product.rating}</div>
    </div>
  );
});

ProductCard.displayName = 'ProductCard';

function ProductList({ products, filters }: ProductListProps) {
  const [selectedProducts, setSelectedProducts] = useState<Set<string>>(new Set());

  // 필터링과 정렬을 메모이제이션
  const processedProducts = useMemo(() => {
    console.time('Processing products');

    const filtered = products.filter(product =>
      filters.every(filter => filter(product))
    );

    // sort는 원본 배열을 수정하므로 복사본 생성
    const sorted = [...filtered].sort((a, b) => b.rating - a.rating);

    console.timeEnd('Processing products');
```

```tsx
      return sorted;
    }, [products, filters]);

    // 선택 핸들러 메모이제이션
    const handleSelectProduct = useCallback((productId: string) => {
      setSelectedProducts(prev => {
        const newSet = new Set(prev);
        if (newSet.has(productId)) {
          newSet.delete(productId);
        } else {
          newSet.add(productId);
        }
        return newSet;
      });
    }, []);

    // 가상화된 리스트 아이템 렌더러
    const Row = useCallback(({ index, style }: { index: number; style: React.CSSProperties }) => {
      const product = processedProducts[index];
      return (
        <div style={style}>
          <ProductCard
            product={product}
            isSelected={selectedProducts.has(product.id)}
            onSelect={handleSelectProduct}
          />
        </div>
      );
    }, [processedProducts, selectedProducts, handleSelectProduct]);

    // 데이터가 없을 때 처리
    if (processedProducts.length === 0) {
      return <div className="no-products">No products found</div>;
    }

    // 가상화된 리스트 렌더링
    return (
      <div className="product-list-container" style={{ height: '100vh' }}>
        <AutoSizer>
          {({ height, width }) => (
            <List
              height={height}
              itemCount={processedProducts.length}
              itemSize={200} // 각 아이템의 높이
```

```
            width={width}
          >
            {Row}
          </List>
        )}
      </AutoSizer>
    </div>
  );
}

export default memo(ProductList);
```

데이터베이스 쿼리 최적화

데이터베이스 쿼리의 성능을 분석하고 자동으로 최적화하는 방법입니다. N+1 쿼리 문제, 불필요한 JOIN, 인덱스 누락 등 성능 저해 요소를 자동으로 탐지하고, 복잡한 쿼리를 분석하여 더 효율적인 쿼리 구조와 인덱스 전략을 제안합니다. ORM 사용 패턴을 검토하여 지연 로딩과 즉시 로딩의 적절한 균형점을 찾고, 쿼리 실행 계획을 바탕으로 데이터베이스 스키마 개선안도 함께 제시합니다.

week3/Thu/performance_optimization/database_query

> Claude Code
> repository 디렉터리의 데이터베이스 쿼리를 분석해서 N+1 문제, 불필요한 JOIN, 누락된 인덱스를 찾아내고 최적화 방안을 제시해줘. Sequelize ORM의 eager loading과 lazy loading 전략도 개선해줘

번들 크기 최적화

자바스크립트 번들의 크기와 구성을 자동으로 분석하여 최적화 포인트를 찾는 방법입니다. 사용하지 않는 코드(데드 코드) 제거, 코드 스플리팅 적용 지점, 라이브러리 중복 문제를 식별하고, Tree shaking 최적화와 지연 로딩을 통해 초기 로딩 시간을 대폭 단축시킬 수 있습니다. 번들 크기를 20~40% 줄이고 사용자 경험을 크게 개선하는 구체적인 방안을 제시하며, 웹팩, Vite 등 번들러별 최적화 설정까지 자동으로 생성해줍니다.

week3/Thu/performance_optimization/bundle_size

> Claude Code
> webpack.config.js를 분석해서 번들 크기를 최적화해줘. Tree shaking, 코드 스플리팅, 동적 임포트, 중복 라이브러리 제거, 압축 설정 등을 적용하고 번들 크기를 20% 이상 줄여줘

4. 코드 품질 메트릭

품질 대시보드 설정

코드 품질 메트릭 설정을 자동화합니다. 프로젝트 전체의 코드 품질을 지속적으로 모니터링하고 측정하는 체계를 구축하며, SonarQube, ESLint, Prettier 등 다양한 품질 도구의 설정을 통합 관리합니다. 코드 복잡도, 테스트 커버리지, 중복도, 취약점 등 핵심 메트릭을 실시간으로 추적하고, 품질 게이트를 설정하여 기준에 미달하는 코드가 배포되는 것을 자동으로 방지합니다. 개발팀의 코드 품질 의식을 높이고 기술 부채를 체계적으로 관리할 수 있습니다.

week3/Thu/performance_optimization/code_quality

```
> 프로젝트에 SonarQube 설정 파일을 생성해줘. 코드 커버리지 80% 이상, 중복도 3% 이하, 순환 복잡도 10 이하의 품질 게이트를 설정하고 ESLint, Prettier 규칙도 통합해줘    Claude Code

// sonarproject.properties
sonar.projectKey=my-project
sonar.sources=src
sonar.tests=src/__tests__
sonar.javascript.lcov.reportPaths=coverage/lcov.info
sonar.coverage.exclusions=/*.test.ts,/*.spec.ts
sonar.cpd.exclusions=/*.generated.ts

// Quality Gates
sonar.qualitygate.wait=true
sonar.coverage.minimum=80
sonar.duplications.maximum=3
sonar.co mplexity.maximum=10
```

5. 기술 부채 관리

기술 부채 식별

클로드 코드는 기술 부채를 자동으로 식별하고 분석을 수행합니다. 먼저 코드 베이스 전체를 스캔하여 누적된 기술 부채를 체계적으로 파악합니다. 그리고 복잡도가 높은 함수, 오래된 API 사용, 하드 코딩된 값, TODO 주석 등을 자동으로 탐지합니다. 각 기술 부채의 위험도와 해결 우선순위를 평가하여 우선순위 매트릭스를 생성한 후 비즈니스 임팩트와 기술적 복잡도를 고려한 개선 로드맵을 제시합니다. 결론적으로 개발 속도 저하의 근본 원인을 찾아내고 장기적인 코드 건강성을 확보할 수 있습니다.

week3/Thu/tech_dept
Claude Code

> 프로젝트 전체의 기술 부채를 분석해줘. TODO/FIXME 주석, deprecated API 사용, 순환 복잡도 15 이상인 함수, 300줄 이상 파일을 찾아 우선순위 매트릭스를 만들어줘

- 비즈니스 로직이 컨트롤러에 혼재
- 의존성 주입 패턴 미사용
- 에러 핸들링 일관성 부족

점진적 개선 계획

리팩토링 로드맵 생성을 자동화할 수 있습니다. 복잡하고 곤리하기 어려운 코드 영역을 식별하고 체계적인 개선 계획을 수립합니다. 그리고 기존 코드의 의존성 분석을 통해 안전한 리팩토링 순서와 방법을 제시하고, 코드 스멜 탐지부터 구체적인 개선 방안까지 단계별로 안내합니다. 결론적으로 비즈니스 로직에 영향을 주지 않으면서도 코드 품질을 크게 향상시킬 수 있는 전략을 제공합니다.

week3/Thu/refactoring_roadmap
Claude Code

> userService 모듈의 리팩토링 로드맵을 작성해줘. 의존성 분석, 영향 범위 평가, 단계별 개선 계획을 포함해서 3개월 스프린트로 나눠줘

6. 레거시 코드 개선

클로드 코드로 레거시 코드를 포괄적으로 분석하고 현대화할 방안을 찾을 수 있습니다. 오래된 코드 베이스의 구조와 품질을 종합적으로 평가하여 개선 포인트를 찾아내며, 사용되지 않는 함수, 오래된 라이브러리, 보안 취약점 등을 자동으로 식별합니다. 코드 복잡도, 유지보수성, 테스트 가능성 등 다각도에서 품질을 측정하고 현대적인 개발 패턴과 베스트 프랙티스를 적용할 수 있는 구체적인 방안도 제시합니다. 즉, 단계적 개선 계획을 통해 운영 중인 시스템에 안전하게 변경사항을 적용할 수 있도록 안내합니다.

Step 1: 현재 상태 분석

week3/Thu/legacy_refactoring_plan
Claude Code

> legacy 디렉터리의 레거시 코드를 분석해줘. jQuery 1.x 사용, 전역 변수 오염, ES5 문법, 오래된 라이브러리를 찾아내고 React/TypeScript로 마이그리이션 계획을 세워줘

Step 2: 테스트 작성

리팩토링 전 테스트를 작성하고 안전장치를 구축합니다. 코드 변경 전에 기존 동작을 검증하는 포괄적인 테스트 스위트를 작성하며, 리팩토링 과정에서 기능이 손상되지 않도록 보호하는 안전망을 구축합니다. 엣지 케이스와 예외 상황을 포함한 모든 시나리오를 테스트하여 완전성을 보장합니다.

자동화된 회귀 테스트를 통해 향후 코드 변경 시에도 안정성을 유지할 수 있도록 합니다. 엣지 케이스와 예외 상황까지 고려한 완전한 테스트 시나리오를 생성하며, 테스트 주도 리팩토링(Test-Driven Refactoring) 방식으로 안전하고 체계적인 개선을 지원합니다.

리팩토링 전 기능 보존 테스트 케이스를 생성할 수 있습니다. 기존 코드의 모든 기능과 동작을 정확히 검증하는 테스트를 자동으로 생성하며, 단위 테스트, 통합 테스트, E2E 테스트를 포함한 다층적 테스트 전략을 제시합니다. 리팩토링 과정에서 발생할 수 있는 기능 손실이나 버그를 사전에 방지하고, 테스트 커버리지를 높여 코드 변경 시 안전성을 극대화하는 방법을 알려줍니다.

> **Claude Code**
> `> OrderService` 클래스에 대한 테스트 스위트를 작성해줘. 현재 로직을 검증하는 단위 테스트, 통합 테스트, 엣지 케이스 테스트를 포함해서 90% 이상 커버리지를 달성해줘

Step 3: 단계적 리팩토링

안전한 리팩토링을 수행하고 점진적으로 품질을 개선할 수 있습니다. 기존 기능을 보존하면서 코드 구조를 체계적으로 개선하는 리팩토링을 진행하며, 작은 단위로 나누어 단계별로 개선하여 위험을 최소화하고 안전성을 보장합니다. 각 단계마다 테스트를 실행하여 기능 무결성을 검증하고 문제를 조기에 발견하며, 코드 가독성, 유지보수성, 확장성을 높이는 구체적인 리팩토링 기법을 적용합니다.

그리고 체계적으로 리팩토링을 실행하고 품질 향상 프로세스를 적용해 테스트로 보호된 환경에서 안전하고 효율적인 리팩토링을 수행합니다. 코드 복잡도 감소, 중복 제거, 명명 규칙 개선 등 구체적인 개선 작업을 진행하며, 디자인 패턴 적용과 SOLID 원칙 준수를 통해 코드 품질을 근본적으로 향상시킵니다. 또한, 각 리팩토링 단계에서 테스트 실행과 검증을 통해 무결성을 지속적으로 확인합니다.

> **Claude Code**
> `> UserController` 클래스를 단계별로 리팩토링해줘. 1단계: 메서드 추출, 2단계: 의존성 주입, 3단계: 에러 핸들링 개선. 각 단계마다 테스트도 함께 작성해줘

체크리스트

코드 개선 작업이 완료되었는지 다음 사항을 확인합니다.

- [ ] 코드 리뷰 완료
- [ ] 주요 코드 스멜 제거
- [ ] 성능 병목 지점 최적화
- [ ] 테스트 커버리지 80% 이상
- [ ] 문서화 업데이트
- [ ] 품질 메트릭 설정
- [ ] CI/CD 파이프라인 통합
- [ ] 팀 리뷰 및 승인

내일은 '명세 작성 및 문서화' 단계를 다룹니다. 클로드 코드를 활용하여 API 문서, 사용자 가이드, 기술 문서를 효율적으로 작성하는 방법을 배워보겠습니다. 문서화를 코드와 동기화하고 자동화하는 전략을 살펴볼 예정입니다.

> **참고 자료**
> - Clean Code, Robert C. Martin: https://www.amazon.com/Clean-Code-Handbook-Software-Craftsmanship/dp/0132350882
> - Refactoring, Martin Fowler: https://martinfowler.com/books/refactoring.html
> - Web Performance in Action, Jeremy Wagner: https://www.manning.com/books/web-performance-in-action
> - SonarQube, 코드 품질 관리 플랫폼: https://www.sonarqube.org/

명세 작성 및 문서화: 살아 있는 문서 만들기

개요

코드는 단순히 작동하는 것만으로는 충분하지 않습니다. 잘 문서화된 코드는 팀 협업을 원활하게 하고, 유지보수를 쉽게 만들며, 프로젝트의 지속 가능성을 높입니다. 클로드 코드를 활용하여 효과적인 문서를 작성하고 유지 관리하는 방법을 알아봅시다.

- API 문서 자동 생성
- 사용자 가이드 작성
- 기술 문서 구조화
- 코드와 문서 동기화
- 문서 버전 관리

1. API 문서 자동 생성

OpenAPI (Swagger) 명세 작성

Express API 코드를 분석하여 OpenAPI 3.0 표준 형식의 API 명세를 자동 생성해 보겠습니다. 엔드포인트, 요청/응답 스키마, 파라미터 정보를 체계적으로 문서화하여 개발자 간 API 이해도를 높일 수 있습니다. 수동으로 작성하기 번거로운 API 문서도 코드 기반으로 정확하게 생성해 유지보수 부담을 크게 줄입니다. 예를 들어 Swagger UI나 포스트맨 등 다양한 도구에서 바로 활용할 수 있는 표준 문서를 제공합니다.

week3/Fri/api_doc

> **Claude Code**
> `> routes` 디렉터리의 Express.js API 코드를 분석해서 OpenAPI 3.0 명세를 자동 생성해줘. 각 엔드포인트의 요청/응답 스키마, 파라미터, 인증 방식, 에러 응답을 포함하고 Swagger UI에서 바로 사용할 수 있는 YAML 형식으로 작성해줘

```yaml
openapi: 3.0.0
info:
  title: User Management API
  version: 1.0.0
  description: RESTful API for user management operations
  contact:
    name: API Support
    email: api@example.com

servers:
  - url: http://localhost:3000
    description: Development server
  - url: https://api.example.com
    description: Production server

components:
  securitySchemes:
    bearerAuth:
      type: http
      scheme: bearer
      bearerFormat: JWT

  schemas:
    User:
      type: object
      required:
        - email
        - name
      properties:
        id:
          type: string
          format: uuid
          example: "123e4567-e89b-12d3-a456-426614174000"
        email:
          type: string
          format: email
          example: "user@example.com"
        name:
          type: string
          minLength: 2
          maxLength: 100
          example: "John Doe"
        role:
          type: string
          enum: [user, admin]
```

```yaml
          default: user
        createdAt:
          type: string
          format: date-time
        updatedAt:
          type: string
          format: date-time

    CreateUserRequest:
      type: object
      required:
        - email
        - name
        - password
      properties:
        email:
          type: string
          format: email
        name:
          type: string
          minLength: 2
          maxLength: 100
        password:
          type: string
          format: password
          minLength: 8

    UpdateUserRequest:
      type: object
      properties:
        name:
          type: string
          minLength: 2
          maxLength: 100
        email:
          type: string
          format: email

    ErrorResponse:
      type: object
      properties:
        error:
          type: string
          description: Error message
        code:
```

```yaml
          type: string
          description: Error code
        details:
          type: object
          description: Additional error details

paths:
  /api/users:
    post:
      summary: Create a new user
      description: Creates a new user account with the provided information
      tags:
        - Users
      requestBody:
        required: true
        content:
          application/json:
            schema:
              $ref: '#/components/schemas/CreateUserRequest'
            examples:
              newUser:
                value:
                  email: "newuser@example.com"
                  name: "New User"
                  password: "SecurePass123!"
      responses:
        '201':
          description: User created successfully
          content:
            application/json:
              schema:
                $ref: '#/components/schemas/User'
        '400':
          description: Invalid request data
          content:
            application/json:
              schema:
                $ref: '#/components/schemas/ErrorResponse'
              examples:
                validationError:
                  value:
                    error: "Validation failed"
                    code: "VALIDATION_ERROR"
                    details:
                      email: "Email already exists"
```

```yaml
        '500':
          description: Internal server error
          content:
            application/json:
              schema:
                $ref: '#/components/schemas/ErrorResponse'

  /api/users/{id}:
    get:
      summary: Get user by ID
      description: Retrieves user information by user ID
      tags:
        - Users
      security:
        - bearerAuth: []
      parameters:
        - in: path
          name: id
          required: true
          schema:
            type: string
            format: uuid
          description: User ID
      responses:
        '200':
          description: User found
          content:
            application/json:
              schema:
                $ref: '#/components/schemas/User'
        '401':
          description: Unauthorized
        '404':
          description: User not found

    put:
      summary: Update user
      description: Updates user information
      tags:
        - Users
      security:
        - bearerAuth: []
      parameters:
        - in: path
          name: id
```

```yaml
          required: true
          schema:
            type: string
            format: uuid
      requestBody:
        required: true
        content:
          application/json:
            schema:
              $ref: '#/components/schemas/UpdateUserRequest'
      responses:
        '200':
          description: User updated successfully
        '401':
          description: Unauthorized
        '403':
          description: Forbidden
        '404':
          description: User not found

    delete:
      summary: Delete user
      description: Deletes a user account (admin only)
      tags:
        - Users
      security:
        - bearerAuth: []
      parameters:
        - in: path
          name: id
          required: true
          schema:
            type: string
            format: uuid
      responses:
        '204':
          description: User deleted successfully
        '401':
          description: Unauthorized
        '403':
          description: Forbidden - Admin access required
        '404':
          description: User not found
```

그 외 다음과 같은 타깃에 대해서도 요청해 보세요.

- GraphQL 스키마 문서화
- 포스트맨 콜렉션 생성

2. 사용자 가이드 작성

Getting Started 가이드

신규 사용자가 프로젝트를 빠르게 이해하고 시작할 수 있는 단계별 가이드를 만들어 봅시다. 설치, 설정, 첫 실행까지의 과정을 명확하고 따라하기 쉽게 문서화합니다. 자주 발생하는 문제와 해결 방법을 미리 포함하여 사용자 지원 부담을 줄일 수 있고, 코드 예제와 스크린샷을 포함한 시각적 가이드로 학습 효과를 극대화할 수 있습니다.

week3/Fri/getting_started

```
Claude Code
> package.json과 README.md를 분석해서 Getting Started 가이드를 작성해줘. 시스템 요구사
  항, 설치 과정, 환경 설정, 첫 실행, 기본 사용 예제를 단계별로 설명하고 자주 발생하는 문
  제와 해결 방법도 포함해줘

● 이제 프로젝트 분석이 완료되었습니다. CookShare 프로젝트의 Getting Started 가이드를
  작성하겠습니다.

● Write(GETTING_STARTED.md)
  ⎿  Wrote 472 lines to GETTING_STARTED.md
     # CookShare - Getting Started Guide
     ## 🍳 프로젝트 소개
     **CookShare**는 사용자들이 레시피를 공유하고 발견할 수 있는 커뮤니티 플랫폼입니다.
  이 가이드를 통해 로컬 개발 환경을 설정하고 프로젝트를 실행할 수 있습니다.
     ## 📋 시스템 요구사항
     ### 필수 소프트웨어
     … +462 lines (ctrl+r to expand)

… 중략 …
    특별히 고려한 사항

    - 두 가지 개발 환경: SQLite 로컬 개발과 Docker PostgreSQL 모두 지원
    - 실용적인 예제: 실제 레시피 작성 과정을 단계별로 설명
    - 포괄적인 문제 해결: 포트 충돌, DB 연결, 환경변수 등 실제 발생하는 문제들
    - 명확한 구조: 이모지와 계층화된 섹션으로 가독성 향상

   이 가이드를 따라하면 누구나 쉽게 CookShare 프로젝트를 로컬에서 실행하고 개발할 수 있
   을 것입니다.
```

3. 기술 문서 구조화

ADR(Architecture Decision Records)

중요한 기술적 결정사항들을 체계적으로 문서화하여 나중에 왜 그런 선택을 했는지 추적할 수 있습니다. 결정의 배경, 고려한 대안들, 예상되는 결과를 명확히 기록해 팀의 기술 부채를 줄이고, 새로운 팀원이 합류했을 때 과거에 왜 그런 결정을 했는지 빠르게 이해할 수 있도록 돕습니다. 또한, 비슷한 상황에서 이전 결정을 참고하여 일관된 아키텍처 방향성을 유지할 수 있습니다.

week3/Fri/architecture

```
> 현재 프로젝트의 아키텍처를 분석하고 ADR(Architecture Decision Record)을 작성해줘. 기
술 스택 선택 이유, 아키텍처 패턴 결정 배경, 고려했던 대안들, 예상되는 결과와 트레이드오
프를 포함해줘

# Architecture Decision Record (ADR)

## CookShare MVP - 아키텍처 결정 기록

> 작성일: 2024-08-24
> 상태: 승인됨 (Accepted)
> 결정자: Development Team
---
## 개요
CookShare는 사용자들이 레시피를 공유하고 발견할 수 있는 커뮤니티 플랫폼입니다. 이 ADR은
MVP 개발을 위한 기술 스택 선택과 아키텍처 패턴 결정에 대한 배경, 고려사항, 그리고 예상
되는 결과를 문서화합니다.
---
## 1. 전체 아키텍처 패턴

### 결정: Full-Stack Next.js 애플리케이션

**선택된 아키텍처**: Next.js 14 App Router 기반 단일 애플리케이션

**결정 이유**:
- **빠른 MVP 개발**: 프런트엔드와 백엔드를 하나의 프레임워크로 통합
- **개발자 생산성**: TypeScript 전체 스택에서 일관된 개발 경험
- **배포 간소화**: 단일 애플리케이션으로 배포 복잡성 최소화
- **SEO 최적화**: 서버 사이드 렌더링 기본 지원

**고려했던 대안**:

1. **분리된 Frontend/Backend 아키텍처**
    - 장점: 확장성, 기술 스택 유연성
```

    - 단점: 개발 복잡성 증가, MVP 개발 속도 저하
    - 거부 이유: MVP 단계에서 불필요한 복잡성

2. **Serverless Functions (Vercel Functions + Static Frontend)**
    - 장점: 자동 스케일링, 비용 효율성
    - 단점: 복잡한 비즈니스 로직 처리 제한
    - 거부 이유: 레시피 관리의 복잡한 관계형 데이터 처리에 부적합

3. **Traditional LAMP/MEAN Stack**
    - 장점: 성숙한 생태계, 많은 참고 자료
    - 단점: 모던 개발 경험 부족, TypeScript 지원 제한
    - 거부 이유: 현대적인 개발 경험과 생산성을 위해 배제

예상되는 결과:
- ☑ **MVP 개발 속도**: 2주 내 완성 가능
- ☑ **개발자 경험**: 통합된 개발 환경
- ⚠ **확장성 제약**: 트래픽 증가 시 아키텍처 재설계 필요
- ⚠ **기술 종속성**: Next.js 생태계에 의존

---

2. Frontend 기술 스택

2.1 UI 프레임워크: React 18 + Next.js 14

결정 이유:
- **App Router**: 최신 Next.js 라우팅 시스템으로 향후 호환성 보장
- **Server Components**: 성능 최적화와 SEO 개선
- **Built-in 최적화**: 이미지, 폰트, 번들링 자동 최적화

고려했던 대안:
- **Vue.js + Nuxt.js**: 학습 곡선은 낮지만 생태계 규모 부족
- **SvelteKit**: 성능은 우수하지만 컴포넌트 라이브러리 부족
- **React with Vite**: 빠른 개발 경험이지만 SSR 설정 복잡

트레이드오프:
- ☑ 풍부한 생태계와 컴포넌트 라이브러리
- ⚠ 번들 크기와 초기 로딩 시간 (RSC로 완화)

2.2 스타일링: Tailwind CSS + shadcn/ui

결정 이유:
- **개발 속도**: 유틸리티 클래스로 빠른 스타일링
- **일관성**: 디자인 시스템 기반 컴포넌트
- **접근성**: shadcn/ui의 내장 접근성 지원
- **커스터마이징**: 필요시 컴포넌트 수정 가능

고려했던 대안:

1. **Styled Components**
    - 장점: CSS-in-JS, 동적 스타일링
    - 단점: 런타임 오버헤드, 번들 크기 증가
    - 거부 이유: MVP에서 성능보다 개발 속도 우선

2. **Material-UI (MUI)**
    - 장점: 완성도 높은 컴포넌트
    - 단점: 커스터마이징 복잡, 번들 크기
    - 거부 이유: 디자인 차별화 어려움

3. **CSS Modules + SCSS**
    - 장점: 전통적인 CSS 개발 방식
    - 단점: 개발 속도 저하, 일관성 부족
    - 거부 이유: MVP 개발 속도에 부적합

예상되는 결과:
- ✅ 빠른 UI 개발과 일관된 디자인
- ✅ 좋은 접근성 기본 지원
- ⚠️ HTML 클래스 복잡성 증가

… 중략 …

---
12. 결론 및 다음 단계

12.1 결정 요약

이 아키텍처 결정은 **10일 MVP 개발**이라는 제약 조건 하에서 최적의 개발자 생산성과 사용자 경험을 제공하기 위해 설계되었습니다.

핵심 원칙:
1. **개발 속도 우선**: 빠른 MVP 출시를 위한 기술 선택
2. **TypeScript 전체 스택**: 타입 안전성과 개발자 경험 최적화
3. **점진적 확장**: MVP → Growth → Scale 단계별 진화
4. **표준 준수**: 널리 사용되는 기술과 패턴 채택

12.2 성공 지표

기술적 목표:
- [ ] 10일 내 MVP 배포 완료
- [ ] Core Web Vitals 기준 충족 (LCP < 2.5s)
- [ ] 90% 이상 TypeScript 타입 커버리지
- [ ] 80% 이상 테스트 코드 커버리지

비즈니스 목표:
- [ ] 사용자 회원가입 → 레시피 작성 플로우 완성
- [ ] 반응형 디자인으로 모바일 지원
- [ ] SEO 최적화로 검색 엔진 노출

12.3 향후 재검토 일정

단기 (1개월):
- Next.js App Router 안정성 평가
- 성능 메트릭 분석 및 최적화
- 사용자 피드백 기반 UX 개선

중기 (3개월):
- PostgreSQL 마이그레이션 계획 실행
- 검색 기능 고도화 (전문 검색)
- 소셜 로그인 추가 (Google, GitHub)

장기 (6개월):
- 마이크로서비스 아키텍처 전환 검토
- 모바일 앱 개발 계획
- 국제화 (i18n) 지원

이 ADR은 CookShare MVP 개발의 기술적 근거를 제공하며, 프로젝트 진행에 따라 지속적으로 업데이트될 예정입니다.

변경 이력

일자	버전	변경 사항	작성자
2024-08-24	1.0	초기 ADR 작성 - MVP 아키텍처 결정	Development Team

시스템 설계 문서

복잡한 시스템의 전체적인 구조와 컴포넌트 간 관계를 명확히 시각화해 보겠습니다. 이렇게 하면 신규 개발자나 다른 팀이 시스템을 이해하는 데 필요한 시간을 대폭 단축시킬 수 있습니다. 또한, 확장성, 성능, 보안 요구사항을 체계적으로 정리하여 설계 품질을 향상시킵니다. 시스템 변경 시 영향도 분석과 리스크 평가를 위한 기준 문서로 활용할 수도 있습니다.

> 프로젝트의 시스템 아키텍처 문서를 작성해줘. C4 모델(Context, Container, Component, Code)을 사용해서 다이어그램을 생성하고, 각 컴포넌트의 역할, 기술 스택, 통신 방식, 데이터 플로우를 설명해줘

Claude Code

CookShare 시스템 아키텍처 문서

개요

본 문서는 CookShare 레시피 공유 플랫폼의 시스템 아키텍처를 C4 모델(Context, Container, Component, Code)을 사용하여 설명합니다.

C4 모델 다이어그램

Level 1: System Context Diagram

```mermaid
graph TB
    User[👤 사용자<br/>레시피를 공유하고<br/>탐색하는 일반 사용자]
    Admin[👶 관리자<br/>시스템 관리 및<br/>콘텐츠 관리]

    CookShare[🔍 CookShare System<br/>레시피 공유 및<br/>커뮤니티 플랫폼]

    EmailService[📧 이메일 서비스<br/>인증 및 알림]
    FileStorage[📁 파일 저장소<br/>이미지 및 미디어]
    Analytics[📊 분석 서비스<br/>사용자 행동 분석]

    User --> CookShare
    Admin --> CookShare
    CookShare --> EmailService
    CookShare --> FileStorage
    CookShare --> Analytics

    style CookShare fill:#ff9999
    style User fill:#87ceeb
    style Admin fill:#98fb98
```
… 중략 …
확장 계획

1. 단기 계획 (3개월)
- Redis 캐시 도입
- 이미지 CDN 적용
- 실시간 알림 시스템 (WebSocket)

2. 중기 계획 (6개월)
- 마이크로서비스 아키텍처 전환
- 검색 엔진 도입 (Elasticsearch)
- 모바일 앱 개발

3. 장기 계획 (1년)
- 글로벌 서비스 확장
- AI 기반 레시피 추천
- 비디오 콘텐츠 지원

4. 코드와 문서 동기화

개발 과정에서 문서는 코드보다 뒤처지는 경우가 많습니다. 특히 API 명세와 실제 구현이 어긋나면 신뢰가 크게 손상됩니다. 클로드 코드를 활용하면 'JSDoc 주석 → TypeDoc/OpenAPI 문서 → 배포 가이드'까지 일련의 과정을 자동화할 수 있습니다. 만약 코드가 변경되면 클로드 코드가 JSDoc을 읽고 문서를 다시 생성하며, CI 파이프라인을 통해 자동으로 배포까지 이어갈 수 있습니다. 이를 통해 "문서 갱신을 깜빡했다"라는 상황을 원천적으로 방지할 수 있습니다.

JSDoc에서 문서 생성

JSDoc 기반으로 완전하고 정확한 API 문서를 자동 생성하겠습니다. 클로드 코드에 "src/api 디렉터리를 분석하여 JSDoc 주석으로부터 엔드포인트별 요청/응답 스키마와 에러 코드, 사용 예시를 포함한 TypeDoc 문서를 생성해달라"라고 요청하면, 단순한 API 문서뿐 아니라 샘플 코드와 실제 시나리오까지 포함된 개발자에게 유용한 문서를 생성할 수 있습니다.

week3/Fri/code_doc_sync

Claude Code

```
> src/api 디렉터리의 TypeScript 코드를 분석해서 JSDoc 주석으로부터 완전한 API 문서를
  생성해줘. 각 엔드포인트별로 요청/응답 스키마, 에러 코드, 사용 예시를 포함해서 TypeDoc으
  로 빌드할 수 있는 형태로 작성해줘

/
 * 결제 처리를 담당하는 서비스 클래스
 *
 * @example
 * ```typescript
 * const paymentService = new PaymentService();
 * const result = await paymentService.processPayment('ORDER123', {
 *   type: 'card',
 *   cardNumber: '1234'
 * });
 * ```
 */
class PaymentService {
```

```typescript
/
 * 주문에 대한 결제를 처리합니다
 *
 * @param orderId - 결제할 주문의 고유 식별자
 * @param paymentMethod - 결제 수단 정보
 * @returns 결제 처리 결과
 * @throws {PaymentFailedError} 결제 처리 실패 시
 * @throws {InvalidOrderError} 유효하지 않은 주문 ID
 *
 * @example
 * ```typescript
 * try {
 *   const result = await paymentService.processPayment('ORDER123', {
 *     type: 'card',
 *     cardNumber: '4242424242424242',
 *     expiryMonth: 12,
 *     expiryYear: 2025,
 *     cvv: '123'
 *   });
 *   console.log('Payment successful:', result.transactionId);
 * } catch (error) {
 *   console.error('Payment failed:', error.message);
 * }
 * ```
 */
async processPayment(orderId: string, paymentMethod: PaymentMethod):
Promise<PaymentResult> {
  // 결제 처리 로직
}

/
 * 결제 건에 대한 환불을 처리합니다
 *
 * @param paymentId - 환불할 결제의 고유 식별자
 * @param amount - 환불 금액 (지정하지 않으면 전액 환불)
 * @returns 환불 처리 결과
 * @throws {RefundFailedError} 환불 처리 실패 시
 * @throws {PaymentNotFoundError} 결제 정보를 찾을 수 없음
 *
 * @example
 * ```typescript
 * // 전액 환불
 * const fullRefund = await paymentService.refund('PAY123');
 *
 * // 부분 환불
```

```
 * const partialRefund = await paymentService.refund('PAY123', 5000);
 * ```
 */
async refund(paymentId: string, amount?: number): Promise<RefundResult> {
    // 환불 처리 로직
}

/
 * 결제 상태를 조회합니다
 *
 * @param paymentId - 조회할 결제의 고유 식별자
 * @returns 현재 결제 상태
 * @throws {PaymentNotFoundError} 결제 정보를 찾을 수 없음
 *
 * @example
 * ```typescript
 * const status = await paymentService.getPaymentStatus('PAY123');
 * if (status.state === 'completed') {
 *   console.log('Payment completed at:', status.completedAt);
 * }
 * ```
 */
async getPaymentStatus(paymentId: string): Promise<PaymentStatus> {
    // 결제 상태 조회
}
}
```

문서 자동 업데이트 스크립트

코드가 변경될 때마다 자동으로 문서를 업데이트하여 문서-코드 간 불일치를 방지할 수 있습니다. CI/CD 파이프라인에 문서 생성 단계를 포함시켜 수동 작업 없이도 최신 문서를 유지하고, 개발자가 문서 업데이트를 깜빡하더라도 자동화된 프로세스가 이를 보완해줍니다. 또한, 문서 변경사항을 깃 커밋으로 추적하여 문서의 변화 이력도 함께 관리할 수 있습니다.

> `Claude Code`
>
> > 문서 자동화 파이프라인을 구축해줘. GitHub Actions 워크플로로 코드 변경 시 자동으로 TypeDoc, OpenAPI 문서, 배포 가이드를 업데이트하고 GitHub Pages에 배포하는 스크립트를 작성해줘

앞서 설치한 깃허브 앱과 함께, 이후 PR에서 @claude 멘션으로 "문서와 코드 동기화를 맞춰달라"라고 요청하면 클로드가 변경된 부분만 반영하여 새로운 문서를 생성하고 자동으로 PR을 열어줍니다. 팀원은 변경 사항을 리뷰하고 승인하기만 하면 됩니다.

5. 배포 및 운영 문서

배포 가이드

배포 프로세스의 모든 단계를 체계적으로 문서화하여 배포 실수를 최소화할 수 있습니다. 특히 환경별 설정 차이점과 주의사항을 명확히 기록해 일관된 배포를 보장합니다. 또한, 롤백 절차와 장애 대응 방법을 포함하여 운영팀의 신속한 대응을 가능하게 하며, 새로운 팀원도 안전하게 배포할 수 있도록 단계별 가이드를 제공합니다.

week3/Fri/runbook

> package.json과 배포 스크립트를 분석해서 완전한 배포 가이드를 작성해줘. 개발/스테이징/프로덕션 환경별 배포 절차, 환경 변수 설정, 사전 체크리스트, 롤백 방법을 포함해줘

운영 런북(Runbook)

시스템 장애 발생 시 단계별 대응 절차를 명확하게 정리하여 빠른 문제 해결을 지원할 수 있습니다. 먼저 모니터링 지표와 알람 설정 방법을 문서화해 사전 장애 예방을 가능하게 합니다. 일반적인 운영 작업들을 표준화하여 인적 오류를 줄이고 일관성을 확보할 수 있고, 24시간 운영 환경에서 교대 근무자들이 신속하게 상황을 파악할 수 있도록 돕습니다.

> 시스템 모니터링 설정과 로그를 분석해서 운영 Runbook을 작성해줘. 장애 대응 절차, 서비스 재시작 방법, 성능 이슈 진단, 로그 분석 가이드, 주요 알람별 대응책을 포함해줘

체크리스트

명세 작성 및 문서화가 완료되었는지 다음 사항을 확인합니다.

- [ ] API 문서 생성 및 검증
- [ ] 사용자 가이드 작성

- [ ] 기술 설계 문서 완성
- [ ] 코드 주석 및 JSDoc 추가
- [ ] README 파일 업데이트
- [ ] 변경 로그 작성
- [ ] 배포 가이드 준비
- [ ] 문제 해결 가이드 작성
- [ ] 문서 자동화 파이프라인 구축
- [ ] 팀 리뷰 및 피드백 반영

> **참고 자료**
> - Write the Docs, 기술 문서 작성 커뮤니티: https://www.writethedocs.org/
> - The Documentation System, 문서 구조화 방법론: https://documentation.divio.com/
> - API Documentation Best Practices, API 문서 모범 사례: https://swagger.io/blog/api-documentation-best-practices/
> - Docs as Code, 코드처럼 관리하는 문서: https://www.docslikecode.com/

AI에 최적화된 워크플로

AI 시대에 적합한 개발 워크플로란?

프로젝트를 설계하고 초기 환경을 설정한 뒤, 테스트와 리뷰, 리팩토링, 문서화까지 이어지는 흐름을 클로드 코드의 도움을 받아 따라가 보았습니다. 이는 익숙한 전통적 개발 프로세스를 AI의 보조를 받아 더 빠르게 수행해 본 실험이었습니다. 하지만 코드가 생성과 소멸을 반복하며 매우 짧은 주기로 순환하는 에이전트 기반 코딩 환경에서는 과연 이런 방식이 최적일까요? 여기서는 AI 시대의 워크플로에 대해 조금 더 깊이 생각해 볼 만한 논점들을 소개합니다.

빠른 속도, 그러나 품질은 따라오지 못한다

AI는 개발자가 직접 코드를 작성하는 속도를 훨씬 뛰어넘어 산출물을 만들어 냅니다. 문제는 품질 관리입니다. 릴리스 속도는 빨라졌지만, 테스트와 안정성이 뒤처지면서 크고 작은 장애가 잦아지고 있습니다. 업계 보고서에서는 이를 'AI 속도의 함정'이라 표현하며, 속도를 품질과 어떻게 균형 잡을 것인가가 새로운 과제가 되고 있음을 지적합니다.

보조형 AI에서 에이전트형 AI로

지금까지의 활용은 대부분 '보조형 AI', 즉 개발자가 요청하면 답을 주는 방식에 머물렀습니다. 하지만 연구자들과 컨설팅 기관들은 이제 목표를 스스로 계획하고 실행하는 에이전트형 AI로의 전환이 필요하다고 말합니다. 이는 단순히 효율을 높이는 차원이 아니라, 프로젝트 전체 워크플로를 AI 중심으로 재설계해야 한다는 메시지이기도 합니다.

하이브리드 워크플로의 가능성

최근 논의에서는 두 가지 흐름이 자주 등장합니다. 하나는 대화와 프롬프트 중심의 바이브 코딩(Vibe Coding), 다른 하나는 계획과 실행을 스스로 이어가는 에이전틱 코딩(Agentic Coding)입니다. 연구자들은 이 두 방식을 대립적으로 보지 않고, 상황에 따라 서로를 보완하는 하이브리드 모델이 앞으로 중요한 역할을 할 것이라고 전망합니다. 즉, 사람은 여전히 방향을 제시하고 맥락을 정의하는 데 집중하고, 에이전트는 반복적이거나 복잡한 실행 단계를 맡는 식입니다.

에이전틱 코딩을 쓰는 세 가지 관점과 가드레일

"빠른 생성 능력을 그대로 '레버리지'하는 방식부터, 사람이 통제권을 쥔 HITL(Human-in-the-Loop), 그리고 '그저 빠른 코드 입력 보조자' 정도로 쓰는 낮은 자율 모드까지", 에이전틱 코딩은 하나의 방법이 아니라 여러 사용 관점의 스펙트럼으로 보는 편이 현실적입니다. 핵심은 각 모드별 작업 범위와 통제 지점(가이드라인)을 명확히 두는 것입니다.

- 높은 자율(autopilot) 레버리지: 에이전트가 계획/생성/실행을 폭넓게 담당
    - 권장 가이드라인: 승인 게이트(테스트·보안·성능 체크를 통과해야 병합), 비용/토큰 모니터링, 실패 시 롤백 절차, 행위 로그와 재현 가능한 기록(리플레이). 에이전트가 빠르더라도 품질 기준을 재정의해 균형을 맞추라는 업계 권고가 이어지고 있습니다.
- 중간 자율(HITL) 통제형: 에이전트가 제안·초안·증분 패치를 만들고, 사람은 설계 결정과 위험 항목을 직접 확인
    - 권장 가이드라인: 체크리스트 기반 리뷰(보안/성능/데이터 보호), 변경 영향도 리포트, 스테이징 환경에서의 자동 회귀 테스트입니다. '사람의 감독·책임' 없이는 신뢰가 떨어진다는 현장 조사도 있습니다.
- 낮은 자율(코파일럿/입력 보조): 반복 작업·보일러플레이트·테스트 스텝 생성 위주
    - 권장 가이드라인: 생성물 출처 표시, 라이선스 충돌 점검, 팀 규칙(스타일/설정) 자동 준수

오픈소스에서의 AI가 생성한 PR/이슈: 리뷰 피로와 커뮤니티 대응

최근 오픈소스 커뮤니티에서는 AI가 생성한 저품질 PR/이슈가 늘면서 '리뷰 피로(review fatigue)'가 커졌다는 논의가 잦습니다. 보안 리포트/이슈 스팸, 맥락 없는 패치, 재현 불가 버그 제보가 대표적입니다. 일부 메인테이너는 AI 생성 이슈/PR 차단 옵션을 요구하기도 했고, 커뮤니티 차원의 기여 가이드라인 개정도 진행 중입니다.

- 문제 양상
    - '의미 없는 이슈/취약점 제보'가 급증해 트리아지(triage) 비용이 상승. CURL 등에서 유사 사례 보고
    - 자동 번역/요약으로 맥락이 사라진 PR, 테스트·리프로덕션 단계가 비어 있는 이슈
- 커뮤니티의 대응
    - AI 보조 기여 정책 명문화: SciPy 등은 "AI 보조는 허용, 완전 자동화 기여는 불가, 제출자는 자신의 코드로 책임진다"는 원칙을 논의·도입

- 플랫폼 차원의 통제 요구: "코파일럿 생성 이슈/PR을 프로젝트 단위로 차단할 수 있게 해 달라"는 소프트웨어 유지보수자(maintainer) 요청
- 개별 프로젝트 가이드: 'AI를 써도 좋지만, 규칙을 지켜라', 기여 전 확인 항목을 공개한 사례

생각해 볼 질문

- 전통적 프로세스(설계 → 구현 → 테스트 → 문서화)는 AI 환경에서도 여전히 유효한가?
- 빠른 코드 생성 속도를 감당할 수 있는 새로운 품질 관리 메커니즘은 무엇일까?
- 우리의 워크플로는 보조형 AI 수준에 머물고 있지 않은가? 에이전트형 AI를 도입한다면 어떤 부분부터 바꿀 수 있을까?
- 바이브 코딩과 에이전틱이라는 두 흐름을 어떻게 조합해야 효율과 안정성을 동시에 확보할 수 있을까?

> **참고 자료**
> - https://www.techradar.com/pro/the-ai-speed-trap-why-software-quality-is-falling-behind-in-the-race-to-release
> - https://www.itpro.com/software/development/developers-say-ai-can-code-better-than-most-humans-but-theres-a-catch
> - https://www.mckinsey.com/capabilities/quantumblack/our-insights/seizing-the-agentic-ai-advantage
> - https://arxiv.org/abs/2505.19443
> - https://socket.dev/blog/oss-maintainers-demand-ability-to-block-copilot-generated-issues-and-prs
> - https://www.redhat.com/en/blog/when-bots-commit-ai-generated-code-open-source-projects
> - https://roe.dev/blog/using-ai-in-open-source
> - https://discuss.scientific-python.org/t/a-policy-on-generative-ai-assisted-contributions/1702

WEEK 4

4주차:
클로드 코드
효율 극대화하기

MONDAY	LLM 엔진 최적화와 컨텍스트 관리
TUESDAY	사용자 정의 명령어 만들기
WEDNESDAY	클로드 코드 확장하기
THURSDAY	다양한 MCP 활용 전략
FRIDAY	멀티에이전트 시스템
WEEKEND	AI 코딩 도구의 현재와 미래

LLM 엔진 최적화와 컨텍스트 관리

개요

개발자가 클로드 코드를 활용할 때 가장 먼저 부딪히는 문제는 "같은 AI인데 왜 성능과 비용이 이렇게 다를까?" 하는 점입니다. 실제로 모델 선택과 컨텍스트의 관리 방식에 따라 생산성은 몇 배 차이날 수 있습니다. 오늘은 LLM 엔진의 특성과 동작 원리를 이해하고, 다양한 모델을 전략적으로 조합해 쓰는 방법을 살펴봅니다. 나아가 메모리와 컨텍스트 창을 어떻게 관리해야 불필요한 비용을 줄이고 원하는 답변을 빠르게 얻을 수 있는지도 배웁니다.

1. LLM 엔진 최적화

클로드 코드는 여러 세대의 모델을 제공하며, 각각은 특정 상황에 최적화되어 있습니다. 따라서 모델의 특성과 장단점을 이해하고 올바른 선택을 하는 것이 성능과 비용 관리의 핵심입니다.

- Opus: 최고 수준의 추론 능력과 복잡한 문제 해결 능력을 가진 모델입니다. 대규모 아키텍처 설계, 고급 알고리즘 최적화처럼 난도가 높은 작업에 적합하지만, 토큰 비용이 가장 높고 응답 속도는 다소 느립니다.
- Sonnet: 기본 모델로, 코드 이해와 생성 능력이 균형 잡혀 있습니다. 복잡한 아키텍처 설계, 대규모 리팩토링, 심층 코드 분석에 적합하며, 프로젝트 초기화 단계에서 특히 유용합니다. 비용 대비 성능이 가장 안정적인 선택지입니다.
- Haiku: 가장 빠른 응답 속도와 낮은 토큰 비용이 강점입니다. 현 시점 클로드 코드에서는 명시적인 설정 없이는 사용자의 프롬프트 입력을 정돈하는 등 시스템 내부 동작에만 사용됩니다.

전략적으로 다음처럼 선택해 사용할 수 있습니다.

- 복잡하고 고난이도의 문제: Opus
- 초기 설계나 중요 코드 리뷰: Sonnet

- 일상적 수정이나 대량 배처 작업: Haiku
- 학습/실험 단계: Sonnet(성능–비용 균형)

즉, 모델 선택은 문제 난이도 · 비용 · 속도라는 세 가지 축을 기준으로 결정해야 하며, 이를 통해 생산성과 비용 효율을 동시에 최적화할 수 있습니다.

▼ 표 4-1 클로드 코드의 모델 비교

모델	추론 능력	응답 속도	토큰 비용	코드 품질	추천 시나리오
Claude Opus	☆☆☆☆☆	☆☆	💰💰💰💰💰	☆☆☆☆☆	최고 난이도 설계, 복잡한 알고리즘 최적화
Claude Sonnet	☆☆☆☆	☆☆☆	💰💰💰	☆☆☆☆	일반적인 개발 작업, 프로젝트 설계
Claude Haiku	☆☆☆	☆☆☆☆☆	💰	☆☆☆	반복 작업, 간단한 수정, 문서화

프롬프팅 전략과 사고 패턴

LLM의 성능은 단순히 입력을 잘 하는 것만으로 극대화되지 않습니다. 문제를 어떻게 쪼개고 사고 흐름을 설계하느냐에 따라 같은 모델이라도 결과가 크게 달라집니다. 클로드 코드 역시 이러한 사고 패턴을 지원하드로, 상황에 맞는 전략을 익히면 더욱 일관되고 정밀한 출력을 얻을 수 있습니다.

CoT(Chain of Thought)

가장 기본적인 사고 전개 방식으로, 문제를 단계별로 풀어나가도록 유도합니다. 복잡한 문제를 한 번에 해결하기보다, 순서대로 논리를 전개하게 만들어 정확성과 신뢰성을 높일 수 있습니다.

```
> API 응답 시간이 느린 문제를 단계별로 해결해줘.
단계 1: 현재 응답 시간 측정 및 병목 지점 식별
단계 2: 데이터베이스 쿼리 성능 분석
단계 3: 네트워크 지연 요인 검토
단계 4: 캐싱 전략 검토 및 개선안 제시
단계 5: 최적화 솔루션 구현 및 검증
```

언제 사용하나요?

- 디버깅, 최적화 같은 복잡한 원인 추적
- 분석 보고서나 사고 과정 기록이 필요한 상황

Sequential Thinking

CoT보다 한 발 더 나아가, 작업을 작은 단위로 쪼개고 각 단계를 독립적으로 확인하면서 진행하는 방식입니다. 중간 산출물을 점검하고 다음 단계로 이어지게 함으로써 장기적인 작업에도 안정성을 제공합니다.

```
> 마이크로서비스를 단계별로 분리해줘.
1. 먼저 서비스 경계 식별 (완료 후 확인)
2. 데이터베이스 분리 계획 (1단계 기반)
3. API 게이트웨이 설정 (2단계 완료 필요)
4. 서비스 간 통신 구현 (3단계 의존)
5. 트랜잭션 관리 구현 (모든 서비스 준비 후)
각 단계의 산출물을 다음 단계의 입력으로 사용해
```

언제 사용하나요?

- 대규모 시스템 설계
- 의존성이 많은 프로젝트 계획

ToT(Tree of Throughts)

단순히 한 경로만 따라가지 않고, 여러 가능성을 동시에 탐색하면서 최적의 답을 고르는 전략입니다. 다양한 대안을 검토하고 선택하는 상황에서 강력합니다.

```
> 최적의 데이터베이스 설계를 찾아줘.
경로 1: NoSQL (MongoDB)
  - 장점 분석
  - 단점 분석
  - 적합성 점수
경로 2: SQL (PostgreSQL)
  - 장점 분석
  - 단점 분석
  - 적합성 점수
경로 3: 하이브리드
  - 구현 복잡도
```

> - 성능 이득
> - 유지보수성
> 모든 경로를 평가한 후 최종 추천

언제 사용하나요?

- 기술 선택, 아키텍처 의사결정
- 복수의 솔루션을 비교·평가할 때

Reflective Thinking

한 번에 답을 내고 끝내지 않고, 자체 피드백을 거쳐 반복적으로 개선하는 방식입니다. LLM이 스스로 산출물을 평가하고 수정하는 과정을 통해 품질이 점차 높아집니다.

> > API 엔드포인트를 구현하고 반복 개선해줘.
> 반복 1: 기본 기능 구현
>   - 자체 평가: 동작하지만 에러 처리 부족
> 반복 2: 에러 처리 추가
>   - 자체 평가: 안정적이지만 성능 이슈 가능
> 반복 3: 캐싱과 최적화 적용
>   - 자체 평가: 성능 좋지만 보안 고려 필요
> 반복 4: 보안 강화
>   - 최종 평가 및 완료

언제 사용하나요?

- 코드 품질 개선, 리팩토링
- 제품 설계안 검토 및 개선 사이클

네 가지 방식을 요약하면 다음과 같습니다.

- CoT: 단계별 논리 전개
- Sequential Thinking: 단계별 확인과 연결
- ToT: 대안 탐색과 비교
- Reflective Thinking: 반복적 개선

이 네 가지는 단독으로도 유용하지만, 실제 현업에서는 조합해서 쓰는 경우가 많습니다. 예를 들어 시스템 설계 시에는 ToT로 후보안을 고르고, Sequential Thinking으로 구현 단계를 밟으며, Reflective Thinking으로 품질을 높이는 식입니다.

프롬프팅 전략 비교와 선택 기준

다음 표는 주요 프롬프팅 전략들의 최적 상황, 장점과 단점, 그리고 대표적인 예시 작업을 요약한 것입니다.

▼ 표 4-2 프롬프팅 전략 비교

전략	최적 상황	장점	단점	예시 작업
Chain of Thought	논리적 추론이 필요한 문제	투명한 추론 과정, 검증 가능	토큰 소비 많음	버그 분석, 알고리즘 설계
Sequential Thinking	단계별 의존성이 있는 작업	체계적 진행, 중간 검증 가능	시간 소요 큼	마이그레이션, 배포 프로세스
Tree of Thoughts	여러 대안 비교가 필요한 결정	포괄적 분석, 최적해 도출	복잡도 높음	기술 스택 선택, 아키텍처 결정
Reflective Thinking	품질 개선이 중요한 작업	지속적 개선, 자체 검증	반복으로 인한 시간 소요	코드 리팩토링, 성능 최적화

Ultra Thinking

Ultra Thinking은 클로드 코드가 제공하는 고급 사고 모드로, 앞서 설명한 여러 프롬프팅 전략을 복합적으로 활용합니다. 복잡한 문제를 다차원적으로 분석하고, 전략적으로 풀어 나가기 위한 프레임워크입니다.

클로드 코드에서는 문제의 복잡도에 따라 3단계 Thinking Budget을 제공합니다.

- think: 기본 수준 사고
- megathink: 심화 사고
- ultrathink: 최고 난도 사고

Ultra Think 모드는 클로드 코드 터미널 인터페이스에서만 사용 가능합니다.

1. 그리고 문제의 복잡도가 감지되면 자동으로 활성화되거나
2. 사용자가 명시적으로 요청할 수 있습니다.

```
# 자동 UltraThink 활성화(복잡도 기반)
> 분산 시스템에서 이벤트 소싱과 CQRS를 결합한 마이크로서비스 아키텍처를 설계하고,
  장애 복구, 데이터 일관성, 성능 최적화를 모두 고려한 완전한 구현을 제공해줘
```

```
# 명시적 UltraThink 요청
> 이 문제를 ultrathink 모드로 분석해줘.
  레거시 모놀리스를 클라우드 네이티브 마이크로서비스로 전환하는 완전한 전략을 수립해
```

Ultra Thinking은 토큰 제약 없이 높은 비용으로 클로드가 최선을 다해 문제를 해결하려 합니다. 응답시간이 매우 길어질 수 있고 많은 비용을 지불할 여지가 생길 수 있으므로 꼭 필요한 경우에만 사용하도록 주의가 필요합니다.

토큰 최적화와 컨텍스트 관리

효율적인 프롬프팅의 핵심은 토큰을 아껴 쓰면서도 필요한 맥락을 충분히 전달하는 것입니다. 예를 들어 다음과 같이 요청을 단순화할 수 있습니다.

```
# 효율적인 요청
> src/auth 모듈의 주요 문제만 요약해줘
```

```
# 비효율적인 요청
> 모든 파일의 모든 내용을 자세히 설명해줘
```

즉, 전체를 한 번에 다루려 하기보다는 먼저 큰 그림을 잡고, 이후에 점진적으로 필요한 부분을 깊게 탐구하는 방식이 효과적입니다.

```
> 먼저 프로젝트 구조만 파악해줘
> 이제 핵심 모듈만 상세 분석해줘
> 문제가 있는 부분만 깊이 들어가줘
```

이런 점진적인 컨텍스트 로딩 접근법을 활용하면 모델이 더 집중된 답변을 내놓을 뿐만 아니라, 토큰 낭비 없이 원하는 방향으로 대화를 이끌 수 있습니다.

이러한 프롬프팅 습관을 일회성으로 끝내지 않고 프로젝트 차원에서 재사용 가능한 규칙으로 정리하는 방법도 있습니다. 바로 프로젝트 루트에 CLAUDE.md 파일을 두고, 그 안에 '이 프로젝트에서 클로드와 상호작용할 때 지켜야 할 프롬프트 전략'을 기록하는 것입니다.

예상치 않은 토큰 소모를 방지하기 위해 클로드 코드에서 다음과 같은 설정으로 한계치를 설정할 수도 있습니다.

```
// .claude/settings.json
{
  "env": {
    "CLAUDE_CODE_MAX_OUTPUT_TOKENS": "4096",
    "MAX_MCP_OUTPUT_TOKENS": "25000"
  }
}
```

또한 프로젝트 폴더 내 불필요하게 과도한 데이터를 읽지 않기 위해 다음과 같은 예외 처리를 해 볼 수 있습니다.

```
$ echo "node_modules/" >> .claudeignore
$ echo "*.log" >> .claudeignore
$ echo "dist/" >> .claudeignore
```

요약하자면 '효율적 전략 선택(표) → 고급 모드 Ultra Thinking → 실전 최적화 습관'이라는 3단계 프레임을 익히면 클로드 코드를 훨씬 더 똑똑하고 경제적으로 활용할 수 있습니다.

2. 메모리 시스템 활용

클로드 코드의 강점 중 하나는 지속적인 맥락 관리입니다. 하지만 이 메모리를 어떻게 설계하느냐에 따라 생산성이 크게 달라집니다. 초반에는 단일 CLAUDE.md 파일에 모든 규칙과 노트를 몰아넣는 경우가 많습니다. 그러나 곧 다음과 같은 한계에 부딪히게 됩니다.

- 파일 크기 증가 → 토큰 낭비
- 규칙·기록 혼재 → 검색성·재사용성 저하
- 협업 충돌 증가 → 팀워크 저해

따라서 실무에서는 용도별로 메모리를 분리하는 것이 훨씬 효율적입니다.

메모리 파일 분리 전략

다음은 자주 사용되는 구조 예시입니다.

```
.claude/
  memory/
    00-brief.md              # 프로젝트 개요, 목표
    10-architecture.md       # 아키텍처 결정(ADR)
    20-glossary.yaml         # 용어집
    30-standards.md          # 코딩 규칙, 리뷰 체크리스트
    40-runtime.md            # 성능/리소스 제약
    90-known-issues.md       # 반복되는 문제 & 우회책
```

이렇게 나눠진 메모리는 CLAUDE.md에 인덱스처럼 레퍼런스 링크를 두어 클로드가 필요 시 참조하도록 만듭니다.

```
이 프로젝트에서 참고할 메모리 파일 목록:
- 프로젝트 개요: memory/00-brief.md
- 아키텍처 결정: memory/10-architecture.md
- 용어집: memory/20-glossary.yaml
- 코딩 규칙: memory/30-standards.md
- 성능 제약: memory/40-runtime.md
- 알려진 문제: memory/90-known-issues.md
```
CLAUDE.md

- 프로젝트 초반 → brief(프로젝트 개요), glossary(용어집), standards(코딩 규칙) 세 파일만으로 시작
- 진행 중 → 필요에 따라 architecture(아키텍처 결정)와 runtime(성능 제약)으로 확장
- 운영 단계 → known-issues(알려진 문제)를 추가해 반복 문제를 기록

대화 프롬프트에서는 전체 메모리를 불러오기보다, 현재 작업에 필요한 파일만 선택해서 사용하는 방식이 이상적입니다.

> 이 작업엔 memory/10-architecture.md와 memory/30-standards.md를 참고해

이렇게 하면 클로드는 불필요한 토큰을 소비하지 않고도 맥락을 정확히 유지할 수 있습니다.

요약하자면 **단일 CLAUDE.md → 모듈화된 메모리 시스템 → 필요 시 선택적 사용**이라는 흐름으로 관리하면, 팀 협업에서도 충돌을 최소화하고, 장기 프로젝트에서도 확장성과 유지보수성을 확보할 수 있습니다.

참고 자료
- Claude Models: https://docs.anthropic.com/en/docs/about-claude/models/overview
- 클로드 코드 베스트 프랙티스: https://www.anthropic.com/engineering/claude-code-best-practices
- 자율 에이전트 패턴: https://lekha-bhan88.medium.com/6-agentic-ai-design-patterns-to-power-autonomous-workflows-63ff36e7400f
- 다양한 클로드 코드 Context 및 명령어: https://github.com/hesreallyhim/awesome-claude-code
- Ultrathink: https://claudelog.com/faqs/what-is-ultrathink/
- 메모리 뱅크: https://docs.cline.bot/prompting/cline-memory-bank

화 사용자 정의 명령어 만들기

개요

현대 소프트웨어 개발에서는 반복 작업이 일상입니다. 매일 아침 서버 상태를 점검하고, 새로운 기능을 완료할 때마다 '테스트→빌드→배포' 사이클을 거치며, PR을 생성할 때마다 같은 템플릿을 작성하죠. 이런 반복 작업을 매번 수동으로 처리하는 것은 시간 낭비일 뿐만 아니라 실수의 원인이 되기도 합니다.

클로드 코드의 사용자 정의 명령어는 이런 문제를 근본적으로 해결해줍니다. 단순히 기존 명령어를 조합하는 것을 넘어서, 여러분의 팀과 프로젝트에 특화된 완전히 새로운 워크플로를 만들 수 있습니다.

예를 들어 스타트업에서 일하는 개발자라면 하루에도 여러 번 스테이징 서버에 배포하고, API 테스트를 실행하며, 데이터베이스 상태를 점검해야 합니다. 이 모든 작업을 morning-routine, quick-deploy, health-check 같은 하나의 명령어로 자동화할 수 있다면 얼마나 편할까요?

목표

- **반복 작업 자동화**: 일상적인 개발 작업을 원클릭으로 처리하는 명령어 제작
- **팀 워크플로 표준화**: 팀원 모두가 동일한 프로세스를 따르도록 하는 명령어 설계
- **상황별 명령어 활용**: 프로젝트 특성과 개발 단계에 맞는 맞춤형 명령어 구축
- **고급 명령어 패턴**: 조건부 실행, 에러 처리, 동적 변수를 활용한 지능형 명령어 개발
- **팀 협업 최적화**: 깃 기반 명령어 공유와 버전 관리 시스템 구축

1. 사용자 정의 명령어의 이해

명령어 시스템 아키텍처

클로드 코드의 명령어 시스템은 확장 가능한 아키텍처를 기반으로 설계되었습니다. 이 구조를 이해하면 더 효과적인 사용자 정의 명령어를 만들 수 있습니다.

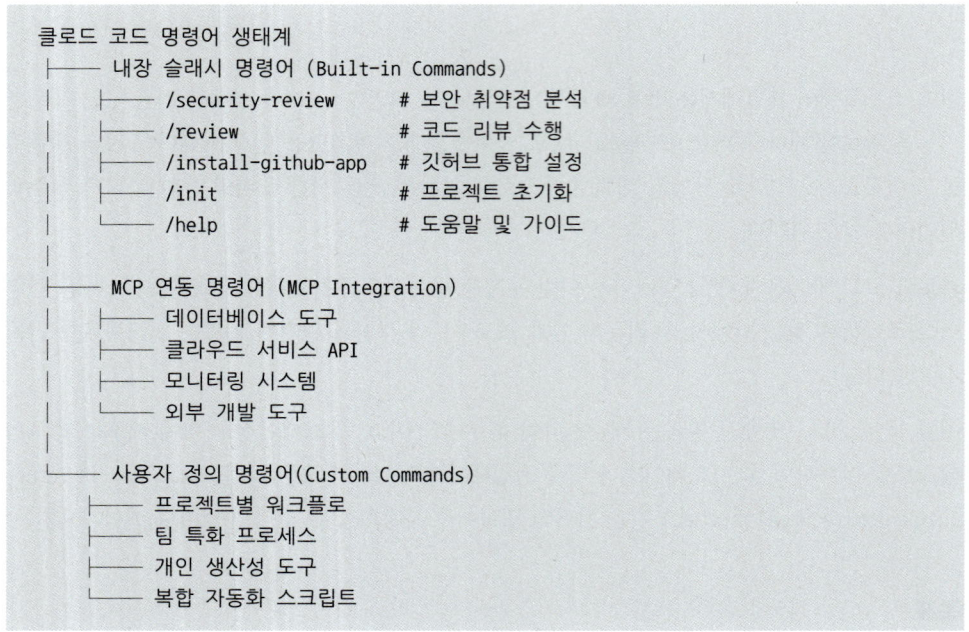

내장 명령어 vs 사용자 정의 명령어

내장 명령어와 사용자 정의 명령어는 다음과 같은 차이점이 있습니다.

▼ 표 4-3 내장 명령어와 사용자 정의 명령어 비교

구분	내장 명령어	사용자 정의 명령어
제공 주체	앤트로픽	개발자/팀
범용성	높음(모든 프로젝트)	낮음(특정 프로젝트)
커스터마이징	불가능	완전 가능
업데이트	자동(클로드 코드)	수동(팀/개인)
예시	/security-review	/deploy-staging

명령어 활용 예

기본적으로 사용자 정의 명령어는 반복되는 프롬프팅에 대한 피로감을 줄이는 게 가장 주된 사용 목적입니다. 특히 프롬프팅에 들어가는 내용이 많을 때 특히 도움이 됩니다. 명령어 뒤로 인자를 추가하는 방식으로, 입력을 추가할 수도 있습니다.

```
> /<command-name> [arguments]
```

사용자 정의 명령어도 다른 설정들처럼 프로젝트별, 개인별로 설정할 수 있습니다.

- ~/.claude/commands
- .claude/commands

사용자 정의 명령어는 마크다운 형식으로 정의합니다. 예를 들어 ~/.claude/commands/review.md 파일을 만들면 /review 명령어를 정의하게 됩니다.

다음은 review 명령어 예시입니다. allowed-tools를 통해 몇 가지 도구들에 대한 사용을 허가했고 깃허브 MCP를 활용할 수 있게 하였습니다.

```
---
name: review
description: Perform a comprehensive PR review with code analysis, best practices check, and suggestions
allowed-tools: mcp__github*__get_pull_request, Bash(git add:*), Bash(git status:*), Bash(git commit:*)
---

Please perform a comprehensive pull request review following these steps:

1. Context
- Current git status: !`git status`
- Current git diff (staged and unstaged changes): !`git diff HEAD`
- Current branch: !`git branch --show-current`
- Recent commits: !`git log --oneline -10`

2. Fetch PR Information
    - Use GitHub MCP tools (`mcp__github__get_pull_request`) to get PR details
    - Get PR files changed with `mcp__github__get_pull_request_files`
    - Retrieve PR diff using `mcp__github__get_pull_request_diff`
    - Check existing reviews with `mcp__github__get_pull_request_reviews`
    - Alternative: Use `git fetch` and `git diff origin/main...feature-branch` if
```

needed

3. Code Analysis
   - Read changed files using file reading tools
   - Check code quality and style consistency
   - Identify potential bugs or issues
   - Review error handling and edge cases
   - Evaluate performance implications
   - Check for security vulnerabilities
   - Run linting commands if available (`npm run lint`, etc.)

4. Best Practices Review
   - Verify adherence to project conventions
   - Check naming conventions and code patterns
   - Review code organization and structure
   - Evaluate test coverage if tests are included
   - Check documentation and comments
   - Verify commit messages follow conventions

5. Architecture & Design
   - Assess if changes align with existing architecture
   - Review dependency management
   - Check for code duplication
   - Evaluate maintainability and scalability
   - Consider backward compatibility

6. Git History Analysis
   - Use `git log --oneline -n 10` to check recent commits
   - Review commit structure and messages
   - Check for clean, logical commit organization

7. Provide Feedback
   - List critical issues that must be fixed
   - Suggest improvements and optimizations
   - Highlight good practices used
   - Provide specific, actionable feedback with code examples
   - Use `mcp__github__add_pull_request_review_comment_to_pending_review` for inline comments if requested

8. Summary & Actions
   - Overall assessment (Approve/Request Changes/Comment)
   - Key points for the author to address
   - Positive aspects of the implementation
   - Optionally create/submit review using GitHub MCP tools if requested

```
Available Tools:
- GitHub MCP: `get_pull_request`, `get_pull_request_files`, `get_pull_request_diff`,
  `get_pull_request_reviews`
- Git commands: `git status`, `git diff`, `git log`, `git show`, `git fetch`
- File operations: Read files, analyze code structure
- Linting: Run project-specific lint/test commands
```

프론트매터

사용자 정의 명령어에서 프론트매터(FrontMatter)는 명령어의 메타데이터와 동작 방식을 지정하는 강력한 기능입니다. YAML 형식으로 작성되며, 마크다운 파일의 최상단에 ---로 구분되어 배치됩니다.

프론트매터에서 사용할 수 있는 옵션은 다음과 같습니다.

▼ 표 4-4 프론트매터에서 사용할 수 있는 옵션

프론트매터	용도	기본값	예시
allowed-tools	허용된 도구 및 명령어 제한	대화 컨텍스트에서 상속	Bash(npm:), Bash(git:)
argument-hint	자동 완성 시 표시될 인수 힌트		[commit-message], [branch-name]
description	명령어에 대한 간단한 설명		Deploy to staging environment
model	특정 모델 지정	대화 컨텍스트에서 상속	claude-3-5-hiku-20241022

기본적으로 사용자 정의 명령어는 기존 대화 컨텍스트에서 갖고 있던 권한을 그대로 가져갑니다. allowed-tools를 사용해서 추가적인 제약을 더해줄 수도 있습니다.

다음과 같이 다양한 형태로 기술됩니다.

```
# 특정 명령어단 허용
allowed-tools: Bash(npm run test:*), Bash(npm run build:*)

# 모든 도구 허용(기본값)
allowed-tools: "*"

# 특정 도구 타입만 허용
```

```
allowed-tools: Bash(*), Read(*), Write(*)

# 복합 패턴
allowed-tools:
  - Bash(docker:*)
  - Bash(kubectl:*)
  - Read(*.yaml)
  - Write(deployment/*.yaml)
```

마찬가지로 model을 통해 명령어의 성격에 따라 적절한 모델을 선택하여 응답성이나 토큰 소모량을 적절히 관리해 볼 수 있습니다. 예를 들어 간단한 포맷팅이나 린팅은 Haiku를, 코드 리뷰나 리팩토링엔 Sonnet, 그 외 좀 더 복잡한 문제 해결엔 Opus를 사용할 수 있습니다. argument-hint를 통해 사용자가 명령어를 사용할 때 사용할 수 있는 인자에 대한 힌트를 제공할 수도 있고요.

다음처럼 사용합니다.

```
> /pr_review [pr-repo] [pr-number]
```

사용자 정의 명령어 관리

인터넷에 수많은 사용자 정의 명령어들이 공개되어 있어 이를 쉽게 참고할 수 있습니다. 직접 사용자 명령어를 구성하는 것도 좋지만 https://github.com/kiliczsh/claude-cmd와 같은 오픈소스 CLI를 활용해서 온라인상의 명령어들을 검색하고 설치/제거해 보는 것도 좋은 방법입니다.

또한 3주차 때 봤던 수많은 프롬프트들을 각각 명령어로 새로 구현하면 매번 비슷한 프롬프팅을 반복하지 않아도 되어 편리합니다.

> **참고 자료**
> - 클로드 코드 슬래시 명령어 가이드: https://docs.anthropic.com/ko/docs/claude-code/slash-commands
> - Super Claude: https://github.com/SuperClaude-Org/SuperClaude_Framework/tree/master/SuperClaude/Commands

클로드 코드 확장하기

개요

클로드 코드의 기본 기능도 강력하지만, Hooks와 Output Style 시스템을 활용하면 개발 워크플로에 맞춰 완전히 다른 동작을 하도록 확장할 수 있습니다. 이 시스템들은 클로드 코드를 단순한 코딩 도우미에서 개발팀의 특별한 요구사항을 충족하는 맞춤형 도구로 변화시킵니다.

- Hooks는 특정 상황에서 자동으로 실행되는 스크립트로, 클로드 코드의 동작을 세밀하게 제어할 수 있게 해줍니다.
- Output Style은 클로드의 응답 방식 자체를 바꿔서 교육용, 코드 리뷰용, 문서화용 등 다양한 목적에 맞게 조정할 수 있습니다.

이 둘을 함께 활용하면 개발 환경을 완전히 개인화하고, 반복적인 작업을 자동화하며, 팀의 코딩 표준을 자동으로 적용할 수 있습니다.

1. Hooks 시스템 이해하기

Hooks의 동작 및 설정

Hooks는 클로드 코드가 특정 작업을 수행할 때 자동으로 실행되는 스크립트입니다. /hooks 명령어를 통해 손쉽게 설정하고 관리할 수 있습니다.

```
> /hooks
```
Claude Code

명령이 실행되면 여러 이벤트가 나오는데, 그중 Hooks를 넣을 이벤트를 고릅니다.

```
Select hook event:
1. PreeToolUse - Before tool execution
2. PostToolsUse - After tool execution
3. Notification - When notifications are sent
> 4. UserPromptSubmit - When the user submits a prompt
5. SessionStart - When a new session is started
6. Stop - Right before Claude concludes its response
7. SubagentStop - Right before a subagent (Task tool call) concludes its response
8. PreCompact - Before conversation compaction
9. SessionEnd - When a session is ending
10. Disa ble all hooks
```

이벤트를 고르면 현재 이벤트에 등록된 Hooks 목록을 보여줍니다.

```
UserPromptSubmit
> 1.  + Add new matcher...
```

추가하겠다고 선택하면 해당 이벤트에 호출된 명령어를 적을 수 있습니다.

```
Command:
[                                                              ]
```

이렇게 등록된 Hooks는 settings.json에 반영됩니다. 따라서 자연스럽게 Hooks도 user/project/local 계층을 갖게 됩니다.

다음은 settings.json에 설정된 Hooks의 예입니다.

```
{
  "hooks": {
    "UserPromptSubmit": [
      {
        "hooks": [
          {
            "type": "command",
            "command": "date >> last_prompting_history.log"
          }
        ]
      }
    ]
  }
}
```

이 설정 파일에 따르면 사용자가 프롬프트를 입력할 때마다 해당 시점의 타임스탬프를 현재 디렉터리에 로그로 남기게 됩니다.

이벤트

Hooks는 다음과 같은 다양한 이벤트를 사용할 수 있습니다.

▼ 표 4-5 이벤트의 종류와 활용 예

이벤트	Matcher	설명	활용 예
PreToolUse	• Task • Bash • Glob • Grep • Read • Edit, MultiEdit • Write • WebFetch, WebSearch • mcp__\<server\>__\<tool\>	Write, Edite 등의 도구가 사용되기 직전에 실행	• git commit이 되기 전 점검 • rm -rf 등 위험 작업을 차단 • 보안 데이터 접근 차단
PostToolUse	PreToolUse와 동일	Write, Edite 등의 도구가 사용된 직후에 실행	• 파일 수정 후 후처리 • 자동 린팅 및 테스트
Notification		알림이 실행될 때, 알림은 클로드에서 사용자의 입력을 요구할 때 발생	클로드가 사용자 입력을 기다린다는 알림을 서드파티 채널로 송신
UserPromptSubmit		사용자 프롬프트가 입력될 때 실행	프롬프트가 처리되기 직전에 추가적인 컨텍스트 주입
Stop		클로드 에이전트가 종료될 때 실행	세션 기록
SubagentStop		서브에이전트가 종료될 때 실행	병렬 태스크 트래킹
PreCompact	• manual • auto	압축이 실행되기 직전에 실행	압축 전 컨텍스트 백업

이벤트	Matcher	설명	활용 예
SessionStart	• startup • resume • clear	새로운 세션이 시작될 때 실행	개발 컨텍스트 자동 로딩
SessionEnd	세션이 종료될 때 실행	임시 파일 삭제	

Matcher는 해당 이벤트 내에서 다시 특정 종류의 이벤트에 매칭되도록 추가적인 조건을 달아줄 수 있는 기능입니다. 해당하는 조건을 그대로 기술할 수도 있고 *나 |와 같은 패턴 매칭도 지원합니다.

2. Output Style로 응답 방식 바꾸기

내장 Output Style 활용

클로드 코드의 기본 출력 스타일은 소프트웨어 엔지니어링 작업을 완수하는 데 맞춰져 있습니다. 주로 코드의 생성, 디버깅, 리팩토링 등의 작업에 사용합니다. 여기에 추가로 두 가지 내장 출력 스타일을 제공합니다.

- Default: 가장 기본적인 형태로 작업을 수행하고 간결한 응답을 합니다.
- Explanatory: 작업 중간 중간에 Insight를 통해 사용자에게 도움이 될 수 있는 설명들을 추가로 제공해줍니다. 이를 통해 사용자는 클로드의 작업 내용을 좀 더 깊이 있게 이해할 수 있습니다.
- Learning: 일종의 학습 모드입니다. 단순히 명령한 작업을 수행하는것과 Insight를 제공하는 것을 넘어 사용자가 직접 수행하면 좋을 내용들을 TODO(human) 형태로 만들어냅니다.

Output Style을 통해 클로드 코드를 소프트웨어 엔지니어링을 위한 에이전트를 넘어 컨설턴트, 선생님, 전략 분석가 등 다양한 역할을 하도록 만들 수 있습니다.

출력 스타일은 프롬프트를 통해 변경할 수 있습니다.

```
Claude Code
> /output-style
> /output-style explanatory
```

같은 프롬프트에 대해 여러 스타일을 비교해 보겠습니다.

> 피보나치 수열 구현을 파이썬으로 해줘

기본적으로 다음처럼 출력됩니다.

> 피보나치 수열을 파이썬으로 구현해드리겠습니다.
> 피보나치 수열 구현 완료. 재귀와 반복 두 가지 방법을 포함했습니다.

별 특이사항이 없는 걸 알 수 있습니다. 같은 내용을 이번엔 Explanatory 모드로 바꿔서 요청해 보면 다음과 같은 형태로 응답 형식이 바뀝니다.

> 피보나치 수열을 다양한 방법으로 구현하여 fibonacci.py 파일을 생성했습니다. 구현한 방법 들과 각각의 특징을 설명드리겠습니다:
>
> ★ Insight
> - 반복적 방법: O(n) 시간복잡도로 가장 실용적이며 스택 오버플로우 위험이 없습니다
> - 메모이제이션: 재귀의 직관성과 동적 프로그래밍의 효율성을 결합한 방법입니다
> - 제너레이터: 메모리 효율적으로 큰 수열을 처리할 때 유용합니다
>
> 구현된 방법들:
>
> 1. fibonacci_recursive(n) - 재귀적 방법
>   - 가장 직관적이지만 O(2^n) 시간복잡도로 비효율적
>   - 작은 값에서만 사용 권장
> 2. fibonacci_iterative(n) - 반복적 방법
>   - O(n) 시간복잡도, O(1) 공간복잡도
>   - 실무에서 가장 많이 사용되는 효율적인 방법
> 3. fibonacci_memoized(n) - 메모이제이션
>   - 재귀의 이해하기 쉬운 구조 + 동적 프로그래밍의 효율성
>   - O(n) 시간복잡도, 한 번 계산한 값을 캐시
> 4. fibonacci_generator(limit) - 제너레이터
>   - 메모리 효율적으로 큰 수열 처리
>   - 필요할 때마다 값을 생성하는 지연 평가
> 5. fibonacci_sequence(n, method) - 수열 생성
>   - 여러 방법 중 선택하여 첫 n개 수열 생성
>
> 실행 결과를 보면 모든 방법이 정확히 동일한 결과(10번째 피보나치 수: 55)를 생성하는 것 을 확인할 수 있습니다. 각 방법의 특성에 따라 상황에 맞게 선택하여 사용하시면 됩니다.

Insight 부분을 참고하세요. 작업 내용과 결과에 대해 길게 서술하고 있는 걸 볼 수 있습니다.

이번엔 Learning 스타일로 바꿔서 다시 질문해 봅니다.

> 피보나치 수열을 파이썬으로 구현해보겠습니다. 여러 가지 접근 방법을 통해 학습해보죠.
>
> ★ Insight ─────────────────────────────────
> - 기본 재귀는 O(2^n) 복잡도로 매우 비효율적이지만 수학적 정의를 직접 구현
> - 반복적 방법은 O(n) 시간, O(1) 공간으로 실용적
> - 최적화 선택이 알고리즘의 성능과 메모리 사용량을 크게 좌우함
> ──
>
> ● Learn by Doing
>
> Context: 기본적인 피보나치 구현들을 설정했습니다. 재귀 방식은 이해하기 쉽지만 큰 수에서 매우 느리고, 반복 방식은 효율적입니다. 이제 더 고급 최적화 기법을 선택하여 구현할 차례입니다.
>
> Your Task: fibonacci.py에서 fibonacci_optimized(n) 함수를 구현해주세요. TODO(human) 부분을 찾아보세요. 이 함수는 큰 피보나치 수도 빠르게 계산할 수 있어야 합니다.
>
> Guidance: 세 가지 주요 접근법을 고려해보세요: (1) 메모이제이션 - 계산한 값들을 딕셔너리에 저장하여 중복 계산 방지, (2) 바텀업 DP - 작은 값부터 차례로 계산, (3) 매트릭스 거듭제곱 - 수학적으로 O(log n)까지 최적화 가능. 실용성과 이해하기 쉬움의 균형을 고려해보세요.

생성된 파일에는 다음과 같이 TODO(human) 라벨을 찾아볼 수 있습니다.

```python
# TODO(human): 최적화 전략 선택
def fibonacci_optimized(n):
    """
    여기에 최적화된 피보나치 구현을 작성해주세요.
    고려할 수 있는 최적화 방법들:
    1. 메모이제이션 (이전 계산 결과 저장)
    2. 바텀업 동적 프로그래밍
    3. 매트릭스 거듭제곱 (고급)
    
    어떤 방법을 선택하시겠나요?
    """
    pass
```

이처럼 사용 목적에 맞게 응답 형태를 정해줄 수 있습니다.

사용자 정의 Output Style

내장된 Output Style 외에 별드의 출력 스타일을 정의할 수도 있습니다.

```
> /output-style:new
```

명령을 통해 스타일을 정의하려고 하면 질문과 답변을 주고받으면서 스타일을 만들어 나갈 수 있습니다.

```
I see you'd like to create a new output style! The output-style-setup agent I
launched will help guide you through this process.

  Looking at your current Learning style, you have a great balance of collaboration,
education, and task completion. To help create your ideal custom style, I'd love to
understand what you'd like to change or enhance.

  A few key questions to get started:

  1. Collaboration Level - Are you happy with the current amount of human input
requests (those 2-10 line code contributions), or would you prefer more autonomous
coding with fewer interruptions?
  2. Educational Focus - Do the current insights (with the ★ Insight
format) provide the right level of detail? Would you like them focused on different
topics?
  3. Task Management - How do you feel about the TodoList integration? Any changes
to how tasks are tracked or presented?
  4. Overall Approach - Is there a particular aspect of your current Learning style
that feels too much/too little, or something completely new you'd like to add?

  What aspects of your current experience would you most like to customize or
improve?
```

또는 다음과 같이 바로 인자로 요구사항을 넣어도 됩니다.

```
> /output-style:new 일반적으로 두루 쓸 수 있는 코드 리뷰를 위한 ouptut style을
  만들어줘
```

문답을 통해 만들어진 Output Style은 ~/.claude/output-style/에 위치합니다.

```
# Code Review Style

Name: Code Review Assistant
Description: 코드 리뷰와 품질 분석에 특화된 응답 스타일

## Instructions

코드를 분석할 때 다음 구조로 응답하세요:

### 🔍 코드 분석
- 전체적인 코드 품질 평가
- 아키텍처 패턴 검토

### ⚠️ 개선 필요 사항
- 보안 이슈
- 성능 문제
- 코드 스멜

### ✅ 잘 작성된 부분
- 좋은 패턴과 관행들
- 칭찬할 만한 구현들

### 🚀 개선 제안
- 구체적인 수정 방법
- 대안 구현 아이디어
```

이를 바탕으로 코드 리뷰를 요청하면 다음 예시처럼 출력됩니다.

```
◉ 🔍 코드 분석

  PR #6462 - "Exclude none common endpoints from redis proxy"

  이 PR은 Redis proxy에서 none common 클러스터를 제외하는 필터링 기능을 구현합니다. Helm
    차트의 여러 템플릿 파일을 수정하여 includeList와 excludeList 기반의 클러스터
  필터링을 추가했습니다.

  주요 변경사항:
  - 55줄 추가, 8줄 삭제, 6개 파일 변경
  - Helm 템플릿에 필터링 로직 추가
  - 새로운 helper 함수 get_redis_clusters_filtered 생성
```

- values.yaml에 includeList 기본값 설정

⚠️ 개선 필요 사항

1. 보안 취약점

- 보안 체크리스트 미완료: PR 설명의 보안 체크리스트가 모두 체크되지 않았습니다
- 크리덴셜 노출 위험: Redis auth token 처리 로직이 변경되었으나 안전성 검증 필요

2. 성능 문제

- 중복 연산: 여러 템플릿에서 동일한 필터링 로직이 반복 실행됩니다
- 비효율적인 필터링: contains 함수를 이중 루프로 사용하여 성능상 비효율적입니다

3. 코드 스멜

- 일관성 부족: includeList와 excludeList를 함께 사용하지만 로직이 분리되어 혼란스럽습니다
- 파일명 오타: destincation-rule.yaml → destinaticn-rule.yaml 오타가 있습니다
- 하드코딩된 값: includeList에 하드코딩된 클러스터명들이 포함되어 있습니다

✅ 잘 작성된 부분

1. 구조화된 접근

- Helper 템플릿 함수를 통한 재사용성 고려
- 명확한 네이밍 컨벤션 적용
- YAML 구조 일관성 유지

2. 점진적 개선

- 기존 동작을 유지하면서 새로운 필터링 기능 추가
- 역호환성 고려한 설계

3. 명확한 의도

- JIRA 티켓과 연결되어 변경 목적이 명확
- Production 라벨을 통한 중요도 표시

🚀 개선 제안

1. 보안 강화

보안 체크리스트 완료 및 검증
- [ ] SecurityGroup 규칙 변경 검토 완료

- [ ] 크리덴셜 노출 방지 검증 완료
- [ ] IAM 권한 변경 검토 완료

2. 성능 최적화

```
// Helper 템플릿에서 한 번만 필터링하고 결과 재사용
{{- define "get_filtered_clusters" -}}
  {{/* 필터링 로직을 한 곳에서 처리 */}}
{{- end }}
```

3. 로직 단순화

- includeList와 excludeList 중 하나만 사용하거나 명확한 우선순위 설정
- 기본값을 allowlist 방식으로 통일하여 보안성 향상

4. 구성 관리

```
# values.yaml에서 환경별 설정 분리
redis_proxy:
  clusters:
    filter_mode: "include" # "include" | "exclude" | "all"
    allowed_clusters: []
    denied_clusters: []
```

5. 테스트 추가

- 필터링 로직에 대한 단위 테스트 필요
- 다양한 클러스터 구성에 대한 검증 테스트 추가

전반적으로 기능적으로는 작동하지만, 보안 검토 완료와 성능 최적화가 우선적으로 필요합니다.

프로젝트 단계별 스타일 매핑

팀 단위에서 Output Style을 효과적으로 활용하기 위한 방법을 알아보겠습니다.

먼저 프로젝트의 단계별로 필요한 스타일을 연동해 볼 수 있습니다.

▼ 그림 4-1 프로젝트 단계

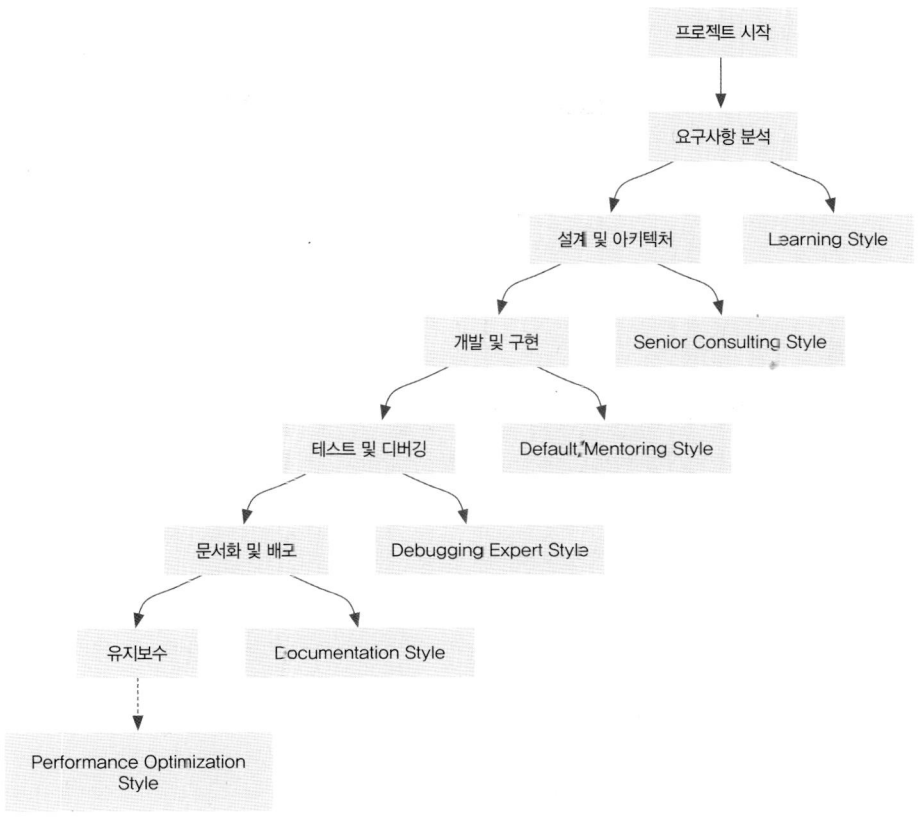

혹은 역할별로 필요한 스타일을 활용해 볼 수 있습니다.

▼ 표 4-6 역할별 스타일

역할	주요 스타일	보조 스타일	사용 상황
신입 개발자	Junior Developer Mentor	Learning	코드 작성, 개념 학습
시니어 개발자	Senior Consulting	Performance Optimization	아키텍처 설계, 코드 리뷰
테크 리드	Project Management	Senior Consulting	기술 의사결정, 팀 가이드
QA 엔지니어	Debugging Expert	Default	버그 분석, 테스트 시나리오
데브옵스 엔지니어	Performance Optimization	Debugging Expert	인프라 최적화, 모니터링

공통 스타일에 대한 라이브러리를 구축하고 산출물을 관리하는 데 용이합니다. 다음과 같은 형태를 생각해 볼 수 있습니다.

- API 명세
- 아키텍처 가이드라인
- 코드 리뷰
- 온보딩
- 배포 가이드
- 온콜 런북

Hooks와 Output Style을 조합하면 클로드 코드를 완전히 다른 도구로 변신시킬 수 있습니다. 개발팀의 워크플로에 맞춰 자동화하고, 학습 환경을 구성하고, 프로덕션 안전성을 보장하는 시스템을 만들 수 있습니다.

먼저 작은 것부터 시작해서 점진적으로 확장해 나가는 게 좋습니다. 먼저 가장 자주 반복하는 작업을 Hooks로 자동화하고, 요구사항에 맞는 Output Style을 하나씩 만들어 보세요.

먼저 다음 사항들부터 시작해 보는 걸 추천합니다.

- 코드 포맷팅 자동화 Hook
- 팀별 코드 리뷰 Output Style
- 테스트 커버리지 확인 Hook
- 학습용 단계별 가이드 Output Style

다양한 MCP 활용 전략

개요

MCP는 클로드 코드를 외부 서비스나 시스템과 연결하여 강력한 개발 워크플로를 구축할 수 있게 해주는 핵심 기술입니다. 단순히 프롬프트를 통해 대화하는 것을 넘어서, 실제 개발 환경과 도구들을 직접 제어하고 상호작용할 수 있도록 해줍니다.

오늘은 2주차에서 잠깐 살펴봤던 내용을 토대로 실무에서 유용한 MCP 서버들을 실제 예제와 함께 살펴보며, 각각 어떤 개발 상황에서 어떤 가치를 제공하는지 구체적으로 알아보겠습니다.

- Context7
- Serena
- Playwright
- 깃허브 MCP

1. Context7

기존의 AI 개발 도구들은 훈련 데이터의 한계로 인해 최신 라이브러리나 프레임워크의 변경사항을 반영하지 못하는 경우가 많았습니다. Context7은 이 문제를 해결하기 위해 실시간으로 최신 문서를 가져와서 클로드 코드가 활용할 수 있게 해주는 MCP 서버입니다.

Context7 설치

먼저 Context7을 설치합니다.

> claude mcp add -s user --transport sse context7 https://mcp.context7.com/sse
> 최신 Next.js 14에서 Server Actions를 사용해서 사용자 등록 폼을 만들어줘.
App Router를 사용하고, TypeScript로 작성해줘

Context7이 활성화되어 있다면, 클로드는 다음과 같은 과정을 거칩니다.

1. **라이브러리 ID 해결**: Next.js의 Context7 호환 ID 확인
2. **최신 문서 가져오기**: Server Actions 관련 최신 문서 검색
3. **실제 코드 생성**: 최신 패턴을 반영한 코드 작성

```tsx
// app/register/page.tsx
import { revalidatePath } from 'next/cache'
import { redirect } from 'next/navigation'

async function createUser(formData: FormData) {
  'use server'

  const name = formData.get('name') as string
  const email = formData.get('email') as string

  // 실제 데이터베이스 로직
  const response = await fetch('http://localhost:3001/api/users', {
    method: 'POST',
    headers: { 'Content-Type': 'application/json' },
    body: JSON.stringify({ name, email })
  })

  if (response.ok) {
    revalidatePath('/users')
    redirect('/users')
  }
}

export default function RegisterPage() {
  return (
    <form action={createUser} className="space-y-4 max-w-md mx-auto">
      <div>
        <label htmlFor="name" className="block text-sm font-medium">
          이름
        </label>
        <input
          type="text"
```

```
        name="name"
        required
        className="mt-1 block w-full rounded-md border-gray-300"
      />
    </div>
    <div>
      <label htmlFor="email" className="block text-sm font-medium">
        이메일
      </label>
      <input
        type="email"
        name="email"
        required
        className="mt-1 block w-full rounded-md border-gray-300"
      />
    </div>
    <button
      type="submit"
      className="w-full bg-blue-600 text-white py-2 rounded-md"
    >
      등록하기
    </button>
  </form>
  )
}
```

Context7이 없을 때와 있을 때의 차이점은 다음과 같습니다.

- Context7이 없을 때: 구버전 패턴이나 지원 종료된 방법을 사용할 가능성 있음
- Context7이 있을 때: 최신 Server Actions, revalidatePath 등 최신 패턴을 정확히 활용

Context7에서 사용하고자 하는 라이브러리가 관리되고 있지 않을 가능성도 있습니다. 혹시 의도대로 동작하지 않는다고 느껴지면 https://context7.com/에서 사용하고자 하는 라이브러리나 패키지를 지원하고 있는지 찾아보세요.

▼ 그림 4-2 Context7 홈페이지

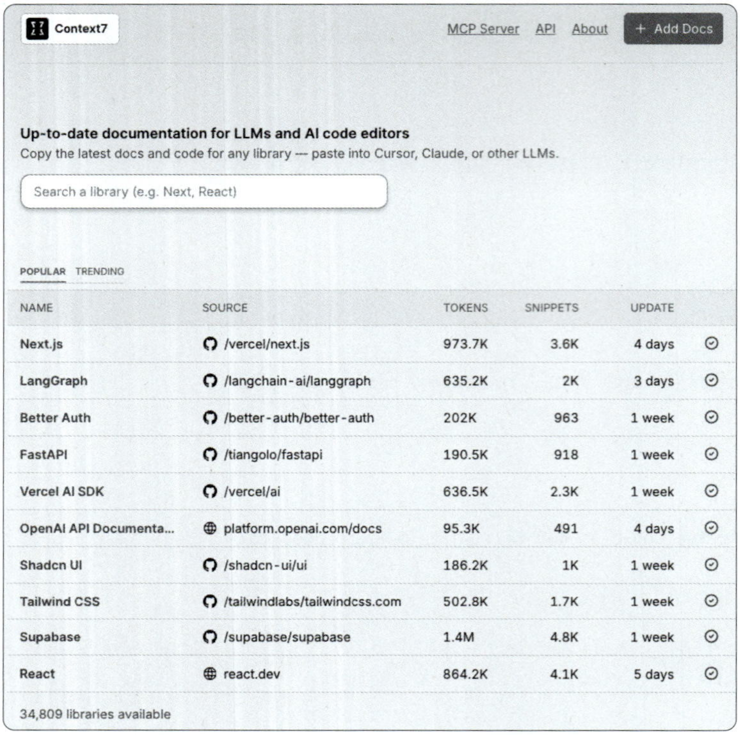

2. Serena

Serena MCP 서버는 LSP(Language Server Protocol)를 기반으로 하여 코드 베이스를 의미론적으로 분석하고 조작할 수 있게 해줍니다. 단순한 텍스트 기반 처리가 아닌, 실제 코드의 구조와 의존성을 이해하여 더 정확하고 효율적인 코드 작업을 가능하게 합니다.

LSP는 마이크로소프트에서 개발한 프로토콜로, 코드 편집기와 언어 분석 도구 간의 표준화된 통신 방식을 제공합니다. 이를 통해 다음과 같은 일들이 가능해집니다.

- 자동 완성(Auto-completion)
- 정의로 이동(Go to Definition)
- 참조 찾기(Find References)
- 오류 진단(Error Diagnostics)
- 코드 리팩토링(Code Refactoring)

VS Code, IntelliJ, Vim 등 대부분의 현대적인 에디터가 LSP를 지원하며, Serena는 이 LSP 정보를 활용하여 단순한 텍스트 검색이 아닌 실제 코드 구조를 이해한 분석을 수행합니다. 단순한 텍스트 기반 처리가 아닌, 실제 코드의 구조와 의존성을 이해하여 더 정확하고 효율적인 코드 작업이 가능해집니다.

Serena에서는 LSP를 활용하여 다음과 같은 핵심 기능을 제공합니다.

1. 심볼 기반 코드 탐색: 클래스, 함수, 변수 등을 의미론적으로 찾기
2. 참조 추적: 특정 함수나 클래스의 사용처 모두 찾기
3. 토큰 효율적 코드 읽기: 필요한 부분만 정확히 읽어서 컨텍스트 절약
4. 구조적 코드 수정: 심볼 단위로 정확한 코드 수정
5. 메모리 시스템: 프로젝트 정보를 학습하고 재사용

Serena 설치

Serena를 설치해 보겠습니다(주의: uvx 명령을 직접 사용하기 때문에 uvx가 사전에 설치되어 있어야 합니다).

```
$ claude mcp add -s user --transport stdio serena uvx -- --from git+https://github.com/oraios/serena serena-mcp-server --enable-web-dashboard true start-mcp-server
```

기본적으로 위의 설정은 Serena가 기동될 때 다음과 같은 웹 페이지를 띄웁니다.

▼ 그림 4-3 Serena 시작 화면

`--enable-web-dashboard`를 `false`로 명시해주면 해당 MCP가 기동될 때마다 의도치 않게 Serena 대시보드가 열리는 것을 방지해줍니다. 나름 의미 있는 정보를 보여주긴 하지만 번거로운 부분이 있으니 비활성하는 것을 추천합니다.

언어 지원

현재는 다음과 같은 언어들이 공식 지원되고 있습니다. 현재 시점에선 C/C++는 지원 준비 중이며, 몇몇 언어들은 테스트가 이뤄지지 않았습니다.

▼ 표 4-7 Serena 지원 언어

공식 지원			비공식
네이티브 지원	별도 툴 설치 필요	지원 준비 중	코틀린(Kotlin)
파이썬, 타입스크립트/자바스크립트, PHP, C#, 루비, 스위프트, 자바, 클로저, 배시	Go: gopls 러스트: rustup 엘릭서: NextLS	C/C++	다트(Dart)

Serena가 실행되면 Serena에서 프로젝트의 내용을 분석해서 필요한 LSP를 실행하고 이후 이 LSP를 통해 코드 베이스에 대한 정보들을 가져옵니다.

제공하는 기능

LSP를 통해 다음과 같은 기능들을 제공합니다.

▼ 표 4-8 Serena에서 제공하는 기능

구분	함수	설명
파일 I/O & 검색	read_file	지정한 파일 내용을 읽음
	create_text_file	새 텍스트 파일 생성
	list_dir	디렉터리 내 파일·폴더 목록 반환
	find_file	프로젝트 내 특정 파일 검색
	replace_regex	파일 내 문자열을 정규식으로 치환
	search_for_pattern	코드/텍스트에서 패턴 검색
코드 의미론 분석 & 조작 (LSP 기반)	get_symbols_overview	코드 내 주요 심볼(클래스, 함수 등) 개요 조회
	find_symbol	특정 심볼(함수·클래스)의 정의 위치 찾기
	find_referencing_symbols	특정 심볼을 참조하는 코드 위치 추적
	replace_symbol_body	함수/클래스 본문을 새 코드로 교체
	insert_after_symbol	심볼 뒤에 코드 삽입
	insert_before_symbol	심볼 앞에 코드 삽입
메모리 관리	write_memory	대화·프로젝트 관련 정보를 메모리에 저장
	read_memory	저장된 메모리 불러오기
	list_memories	저장된 메모리 목록 조회
	delete_memory	메모리 삭제
시스템 & 프로젝트 관리	execute_shell_command	셸 명령어 실행
	activate_project	특정 프로젝트를 활성화
	switch_modes	작업 모드 전환(분석/편집 등)
	check_onboarding_performed	온보딩 완료 여부 확인
	onboarding	초기 설정 실행

구분	함수	설명
자기 점검 & 사고 프로세스	think_about_collected_information	수집된 정보를 기반으로 사고 정리
	think_about_task_adherence	현재 작업이 요구사항에 맞는지 점검
	think_about_whether_you_are_done	작업 완료 여부 자가 점검
	prepare_for_new_conversation	새 대화를 위한 초기화

이처럼 크게 네 가지 기능이 있습니다.

1. 파일/코드 조작: I/O + LSP 기반 분석
2. 메모리 관리: 대화 맥락, 프로젝트 컨텍스트 유지
3. 시스템/프로젝트 관리: 환경 관리 및 실행
4. 자기 점검(Self-reflection): 작업 프로세스 관리

토큰 절약

Serena를 쓰지 않으면 클로드 코드는 파일 전체를 참고하거나 grep, ripgrep과 같은 라인 기반의 검색 도구를 활용합니다. 그러면 불필요한 컨텍스트 소비가 이뤄지며 관련 없는 코드까지 함께 분석하여 비효율적입니다. 결과적으로 잦은 시행착오를 거치며 토큰을 크게 낭비합니다.

Serena를 통해 필요한 부분만 정확히 가져와서 사용하면 토큰을 절약할 수 있습니다. 많게는 70%~80% 수준으로 절약되기도 합니다. 한 번에 정확한 분석으로 불필요한 재시도를 막을 수 있고 구조적인 이해를 더해 좀 더 정확하게 사용자의 의도대로 코드를 생성할 수 있습니다.

3. 검증 도구로써의 MCP

클로드 코드를 활용하는 과정에서 자주 발생하는 문제 중 하나는, 사람이 일일이 결과물을 확인하고 수정 지시를 반복해야 한다는 점입니다. 예를 들어 쿠버네티스 매니페스트를 작성하거나 웹 애플리케이션 테스트 코드를 작성할 때, 모델이 제안한 결과물을 사람이 직접 실행하고 에러 로그를 확인한 뒤 다시 모델에게 알려주는 과정을 여러 차례 거치는 경우가 많습니다. 이러한 방식은 결국 '사람이 뽑기 하듯이' 결과물을 하나씩 검증하고 되돌려주는 반복 루프를 형성하게 되며, 효율성이 크게 떨어집니다.

이를 개선하기 위해서는 클로드 코드가 단순히 결과물을 생성하는 데서 멈추지 않고, 스스로 결과물을 검증하고 보완하는 사이클을 돌릴 수 있도록 MCP 도구들을 적극적으로 활용하는 것이 중요합니다. 예를 들어 mcp-kubernetes를 연결해 두면, 클로드 코드는 자신이 작성한 매니페스트를 실제 클러스터에 적용해 보고, kubectl describe나 kubectl logs를 통해 발생한 에러 메시지를 직접 확인할 수 있습니다. 이 과정을 통해 모델은 곧바로 문제를 인지하고, 수정된 리소스 정의를 다시 제안할 수 있습니다. 사용자는 단순히 '결과가 잘 돌아가는지 확인'하는 역할에서 벗어나, 최종 승인자로만 일하면 됩니다.

마찬가지로 playwright-mcp 같은 테스트 자동화 도구와 연계하면, 클로드 코드가 작성한 웹 UI 코드나 스크립트를 직접 실행하여 동작 여부를 검증할 수 있습니다. 예를 들어 로그인 페이지의 자동화 테스트 코드를 생성했다면, 클로드 코드는 Playwright를 호출해 브라우저 환경에서 실제 테스트를 수행하고, 실패 시 스택 트레이스를 수집해 스스로 문제를 수정하는 과정을 반복할 수 있습니다. 이 경우 사람은 더 이상 '테스트를 돌려보고 실패 로그를 붙여넣는 역할'을 하지 않아도 되며, 모델이 자체적으로 '생성 → 실행 → 오류 수집 → 수정'의 피드백 루프를 완결합니다.

이러한 접근 방식은 단순히 효율성만 높이는 것뿐만 아니라, 사람의 개입 포인트를 줄여준다는 점에서도 중요합니다. 사람이 직접 에러 로그를 확인하고 일일이 수정 요청을 하는 대신, 이제는 최종 결과물이 비즈니스 요구사항을 충족하는지, 아키텍처적으로 안전한지와 같은 상위 수준의 판단에 집중할 수 있습니다. 다시 말해, 모델이 자기 결과물을 스스로 검증할 수 있도록 설계해야, 진정한 의미의 협업 파트너로서 클로드 코드를 활용할 수 있게 됩니다.

결국 중요한 것은 클로드 코드를 단순히 '생성기'로 두지 않고, MCP 도구들을 통해 '셀프 검증과 개선이 가능한 실행자'로 진화시킨다는 관점입니다. 이렇게 함으로써 사용자는 무한히 반복되는 뽑기식 검증 루프에서 벗어나고, 모델은 스스로의 산출물을 점진적으로 고도화하는 자율적인 개발 사이클을 형성할 수 있습니다.

4. MCP를 통한 프로젝트 관리

MCP를 활용하면 깃허브, 아틀라시안(Atlassian), 노션 같은 주요 프로젝트 관리 도구를 클로드 코드의 한 화면에서 함께 다룰 수 있습니다. 각 플랫폼이 따로따로 움직이는 것이 아니라, 코드·이슈·문서가 연동되어 흐름이 자연스럽게 이어집니다.

이 방식은 단순한 자동화 이상의 가치를 줍니다. 특히 기존 문서 기반 프로세스나 작업 계획 수립에도 효과적입니다. 예를 들어 팀이 새로운 기능을 준비할 때 보통은 노션에 아이디어를 정리하고, 지라에 티켓을 만들고, 깃허브에서 브랜치를 따로 준비하는 과정을 거칩니다. MCP 환경에서는 이런 과정이 하나의 연결된 단계로 자동화됩니다. 노션에 작성한 요구사항이 곧바로 지라 에픽(Jira Epic)으로 변환되고, 클로드가 깃허브에 관련 마일스톤과 브랜치를 생성합니다. 동시에 Confluence에는 설계 문서 초안이 자동으로 만들어져, 별도의 복사·붙여넣기 작업 없이 계획이 갖춰집니다.

변경 준비 과정에서도 유용합니다. 예를 들어 인프라 업그레이드나 서비스 아키텍처 전환 같은 큰 작업을 앞두고는 보통 작업 계획서와 체크리스트를 여러 문서에 나눠 작성해야 합니다. 하지만 MCP를 활용하면 지라 이슈, 깃허브 브랜치, 노션 계획 페이지가 서로 연결된 형태로 생성되어, 계획과 실행이 한눈에 정리됩니다. 작업이 진행되면 상태 변화가 모든 플랫폼에 자동 반영되므로, 따로 업데이트할 필요 없이 항상 최신 계획서를 유지할 수 있습니다.

즉, MCP 기반 프로젝트 관리는 단순히 개발 속도를 높이는 것이 아니라, 문서·계획·실행을 하나의 연속된 흐름으로 묶어주는 효과를 줍니다. 팀은 여러 도구를 전전하지 않고, 필요한 정보를 일관된 형식으로 확인하며 안정적으로 프로젝트를 진행할 수 있습니다.

5. Thinking MCP

Sequential Thinking MCP

최근 여러 글과 커뮤니티에서는 '클로드 코드와 Sequential Thinking MCP(ST-MCP)를 함께 사용하는 것이 효과적이다'라고 소개하는 경우가 많습니다. 겉보기에 두 기능 모두 단계적 사고를 강화하는 역할을 하므로, 함께 활용하면 더 좋은 결과가 나올 것처럼 보이기도 합니다. 그러나 실제 사용자 경험과 사례를 살펴보면, 이 조합이 항상 권장할 만한 것은 아닙니다.

우선 클로드 코드는 이미 강력한 추론 능력을 갖추고 있어, 문제를 분석하고 계획을 세운 뒤 이를 실행하는 과정을 자체적으로 충분히 수행합니다. 따라서 ST-MCP를 병행할 경우, 내부적으로는 일종의 '이중 추론'이 발생하게 되며, 결과적으로 품질 향상은 미미한 반면 토큰 사용량과 응답 지연 시간만 증가하는 사례가 많습니다. 실제로 여러 사용자 피드백에서는 "결과의 개선은 크지 않은데 비용만 늘어났다"는 지적이 반복적으로 제기되고 있습니다.

그렇다고 ST-MCP가 전혀 의미 없는 것은 아닙니다. 오히려 특정한 상황에서는 가치 있는 도구가 될 수 있습니다. 예를 들어 보안 검토, 컴플라이언스 리뷰, 아키텍처 설계와 같은 업무에서는 의사 결정 과정을 단계별로 기록하고 검증해야 하는 경우가 있습니다. 이럴 때 ST-MCP는 각 단계를 명확히 구분하여 보여주고, 중간 결과를 별도로 회수할 수 있도록 해줍니다. 또한 학습이나 교육의 맥락에서는 AI가 어떤 사고 과정을 거쳐 결론에 도달했는지를 드러내므로, 이해를 돕고 신뢰를 높이는 역할을 할 수 있습니다.

그러나 일반적인 개발 업무(예를 들어 코드 리팩토링, 디버깅, CI/CD 파이프라인 작성, 인프라 자동화 스크립트 작성 등)에서는 이러한 장점이 크게 필요하지 않습니다. 오히려 불필요하게 컨텍스트 창을 차지하거나, 장황한 순차 계획에 토큰을 낭비하는 문제가 발생할 수 있습니다. 실제 사례에서도 큰 프로젝트를 ST-MCP로 한 번에 계획하게 했을 때, 비용만 크게 늘고 결과물의 품질은 오히려 불안정했다는 경험담이 보고되고 있습니다. 따라서 이러한 작업에서는 ST-MCP를 사용하기보다, 클로드 코드 단독으로 작업을 짧은 단위로 끊어 요청하고 검증하는 방식이 훨씬 더 효율적입니다.

정리하면, 클로드 코드와 ST-MCP의 병행 사용은 인터넷에서 널리 권장되는 것만큼 일반적으로 유용하지는 않습니다. 기본적으로는 꺼 둔 상태에서 사용하되, 기록이나 투명성 확보, 교육적 목적과 같이 사고 과정을 남기고 검토하는 것이 중요한 상황에서만 제한적으로 활용하는 것이 가장 바람직합니다. 즉, ST-MCP는 결과물의 품질을 높이는 도구라기보다 사고 과정을 관리하고 기록하는 도구에 가깝습니다. 이러한 특성을 이해하고 선택적으로 활용하는 것이, 불필요한 비용과 복잡성을 줄이면서 필요한 장점만 취할 수 있는 접근이라 할 수 있습니다.

오늘 살펴본 고급 MCP 서버들은 단순한 도구가 아니라 개발 워크플로를 근본적으로 변화시키는 강력한 플랫폼입니다. Context7의 최신 기술 활용, Serena의 효율적인 코드 분석, 깃허브 MCP의 완전 자동화, 아틀라시안 MCP의 통합 관리는 각각 독립적으로도 가치 있지만, 함께 사용했을 때 시너지 효과를 발휘합니다.

중요한 것은 각 도구의 특성을 이해하고 상황에 맞게 적절히 활용하는 것입니다. 무분별한 자동화보다는 반복적이고 시간 소모적인 작업들을 선택적으로 자동화하여 창의적이고 핵심적인 개발 업무에 더 많은 시간을 투자할 수 있게 하는 것이 진정한 가치입니다.

내일은 이러한 MCP 서버들을 조합하여 멀티에이전트 시스템을 구축하는 방법을 알아보겠습니다.

6. 다양한 LLM 모델 활용

zen-mcp-server와 같은 MCP를 활용하면 클로드에서 제공하는 LLM 모델뿐만 아니라 구글의 제미나이(Gemini), OpenAI 등 다양한 LLM 모델을 클로드 코드에서 함께 사용할 수 있습니다. MCP를 통해 멀티 모델 워크플로(예 코드 리뷰를 클로드로 시작한 뒤 제미나이나 다른 모델의 의견을 참고하고 최종 전략을 통합하는 흐름)가 가능합니다.

예를 들어 다음과 같은 워크플로가 가능합니다.

- 코드 리뷰 병합: 클로드 코드로 코드 리뷰 → 제미나이 Pro로 의견 수렴 → O3 모델 의견 추가 → 통합 전략 생성
- 협업 디버깅: 문제 분석 → 전문가 모델 검증 → 해결책 구현 → 사전 커밋 검증
- 아키텍처 설계 합의: 마이크로서비스 마이그레이션 계획 → 제미나이 Pro와 O3의 분석 수집 → 합의 기반 전략 수립

다양한 LLM 모델을 활용할 경우 다음과 같은 장점이 있습니다.

▼ 표 4-9 다양한 LLM 모델을 활용할 경우의 장점

장점	설명
모델별 강점 활용	각각의 모델이 특화된 영역(예 클로드는 정밀도, 제미나이는 광범위 컨텍스트 이해)에서 강점을 발휘할 수 있음
모델 간 검증 및 보완	서로 다른 모델이 상호 검증하며 오류나 편향을 줄일 수 있음
유연한 비용 및 성능 최적화	작업 상황에 따라 비용 효율 또는 성능 중심 선택 가능
MCP 생태계 활용	클로드, OpenAI, 제미나이 등 주요 모델이 동일 MCP 표준을 통해 연결됨
복잡한 워크플로 자동화	여러 모델의 연속 호출 및 통합된 응답을 자동화 가능

고려할 점

- 보안 및 신뢰성 우려: MCP 서버가 외부 모델과 연동될 때, 프롬프트 인젝션, 권한 오남용, 도구 악용 등의 보안 리스크가 존재합니다.
- 복잡성 증가: 여러 모델을 조율하고 최적화하는 워크플로는 설정 · 디버깅 · 유지보수가 복잡해질 수 있습니다.
- 비용 및 응답 시간 증가: 동시에 여러 모델을 호출하면 토큰 사용량과 비용이 크게 증가할 수 있고, 응답 속도가 느려질 수 있습니다.
- 모델 간 응답 품질 차이: 일부 모델은 맥락을 이해하는 수준이 높거나 응답 속도가 빠르지만, 전반적인 코드 품질이나 오류 처리 능력은 떨어질 수 있습니다. 예를 들어 제미나이는 속도와 컨텍스트가 우수하며, 클로드는 코드 정확도가 우수합니다.

7. MCP 만들기

직접 MCP를 만들어야 할 때

기존에 공개된 MCP 서버들(깃허브, 아틀라시안, 노션, Serena 등)은 범용적으로 많이 쓰이는 도구들을 잘 지원합니다. 하지만 실무 환경에서는 이를 그대로 쓰기 어려운 경우가 자주 발생합니다. 이런 상황에서는 직접 MCP를 제작해야 합니다. 대표적인 필요성은 다음과 같습니다.

1. 내부 전용 시스템 연동

기업 내부에는 외부에서 접근할 수 없는 배포 시스템, 사내 CI/CD 대시보드, 보안 점검 툴 같은 자체 도구가 존재합니다. 이런 도구와 클로드를 연결하려면 커스텀 MCP 서버가 필요합니다. 예를 들어 PR이 병합되면 자동으로 내부 배포 파이프라인을 호출하는 '배포 MCP'를 만들 수 있습니다.

2. 도메인 특화 업무 지원

금융, 제조, 게임, 연구소 등 특정 산업군은 자체적인 데이터 처리 요구가 있습니다.

- 금융: 내부 거래 기록이나 규제 보고 시스템
- 제조: IoT 센서 데이터 수집 및 제어
- 게임: 빌드 서버와 버그 추적기 연계

이런 경우 일반적인 MCP 서버로는 충분하지 않아 직접 제작해야 합니다.

3. 보안 및 규제 대응

고객 정보, 의료 데이터, 소스 코드처럼 외부로 반출할 수 없는 데이터는 반드시 사내망 내부에서 처리해야 합니다. 내부 인증(SSO, RBAC, VPN)과도 연동해야 하므로 전용 MCP 서버를 직접 구축하는 것이 필수적입니다.

4. 복합 워크플로 자동화

프로젝트가 시작될 때 여러 시스템을 동시에 초기화해야 하는 경우가 많습니다. 예를 들어 깃 저장소 생성 → 지라 보드와 티켓 세팅 → 노션 페이지 생성 → 슬랙 채널 개설까지 이어지는 일련의 작업을 한 번에 처리하는 MCP 서버를 만들면, 팀의 운영 효율성이 크게 향상됩니다.

5. 개인 맞춤형 워크플로

연구, 사이드 프로젝트, 개인 생산성 강화를 위해 소규모 MCP를 직접 만드는 경우도 있습니다. 예를 들어 독서 데이터를 수집해 자동으로 노트를 정리하는 '독서 MCP'나, 로컬 주피터 노트북 실행 결과를 요약해 보고서로 정리하는 '데이터 분석 MCP'를 만들 수도 있습니다.

MCP SDK 활용

직접 MCP를 제작할 때는 MCP SDK를 사용하는 것이 가장 효율적입니다. MCP SDK는 MCP 서버를 쉽게 개발할 수 있도록 돕는 라이브러리와 도구 모음입니다.

- 언어 지원: Node.js, 파이썬을 비롯해 주요 언어별 SDK가 제공됩니다.
- 기본 구조 제공: 서버 등록, 핸들러 작성, 요청/응답 구조 등 MCP 프로토콜의 기본 뼈대를 자동으로 처리해줍니다.
- 빠른 개발: 복잡한 프로토콜 세부사항에 신경 쓰지 않고, 실제 연결할 API나 기능 구현에 집중할 수 있습니다.
- 확장성: 필요한 경우 새로운 도구, 메서드, 액션을 정의해 쉽게 추가할 수 있습니다.

예를 들어 파이썬 SDK를 사용한다면, 몇 줄의 코드로 read_file이나 search_data 같은 명령어를 정의하고 클로드 코드가 이를 호출할 수 있도록 MCP 서버를 열 수 있습니다. Node.js SDK를 활용하면 Express 스타일로 간단히 엔드포인트를 구성하고 이벤트 핸들러를 붙이는 방식으로 빠르게 구축할 수 있습니다.

여기에서 가장 간단한 형태의 MCP를 작성해 보고 테스트해 보겠습니다.

```
> simple-file-server라는이름으로 mcp server를 작성해줘.
  현재 경로의 file을 쓰고, 읽고, 리스트하는 기능만 있으면 돼

#!/usr/bin/env node

import { Server } from "@modelcontextprotocol/sdk/server/index.js";
import { StdioServerTransport } from "@modelcontextprotocol/sdk/server/stdio.js";
import {
  CallToolRequestSchema,
  ListToolsRequestSchema,
} from "@modelcontextprotocol/sdk/types.js";
import fs from "fs/promises";
```

```javascript
import path from "path";

class SimpleMCPServer {
  constructor() {
    this.server = new Server(
      {
        name: "simple-mcp-server",
        version: "1.0.0",
      },
      {
        capabilities: {
          tools: {},
        },
      }
    );

    this.setupToolHandlers();
  }

  setupToolHandlers() {
    // List available tools
    this.server.setRequestHandler(ListToolsRequestSchema, async () => {
      return {
        tools: [
          {
            name: "read_file",
            description: "Read the contents of a file",
            inputSchema: {
              type: "object",
              properties: {
                path: {
                  type: "string",
                  description: "Path to the file to read"
                }
              },
              required: ["path"]
            }
          },
          {
            name: "write_file",
            description: "Write content to a file",
            inputSchema: {
              type: "object",
              properties: {
                path: {
```

```js
              type: "string",
              description: "Path to the file to write"
            },
            content: {
              type: "string",
              description: "Content to write to the file"
            }
          },
          required: ["path", "content"]
        }
      },
      {
        name: "list_files",
        description: "List files in a directory",
        inputSchema: {
          type: "object",
          properties: {
            path: {
              type: "string",
              description: "Path to the directory to list"
            }
          },
          required: ["path"]
        }
      }
    ]
  };
});

// Handle tool calls
this.server.setRequestHandler(CallToolRequestSchema, async (request) => {
  const { name, arguments: args } = request.params;

  try {
    switch (name) {
      case "read_file":
        return await this.readFile(args.path);

      case "write_file":
        return await this.writeFile(args.path, args.content);

      case "list_files":
        return await this.listFiles(args.path);

      default:
```

```
          throw new Error(`Unknown tool: ${name}`);
      }
    } catch (error) {
      return {
        content: [
          {
            type: "text",
            text: `Error: ${error.message}`
          }
        ],
        isError: true
      };
    }
  });
}

async readFile(filePath) {
  try {
    const content = await fs.readFile(filePath, "utf-8");
    return {
      content: [
        {
          type: "text",
          text: `File contents of ${filePath}:\n\n${content}`
        }
      ]
    };
  } catch (error) {
    throw new Error(`Failed to read file ${filePath}: ${error.message}`);
  }
}

async writeFile(filePath, content) {
  try {
    // Create directory if it doesn't exist
    const dir = path.dirname(filePath);
    await fs.mkdir(dir, { recursive: true });

    await fs.writeFile(filePath, content, "utf-8");
    return {
      content: [
        {
          type: "text",
          text: `Successfully wrote ${content.length} characters to ${filePath}`
        }
```

```
        ]
      };
    } catch (error) {
      throw new Error(`Failed to write file ${filePath}: ${error.message}`);
    }
  }

  async listFiles(dirPath) {
    try {
      const files = await fs.readdir(dirPath, { withFileTypes: true });
      const fileList = files.map(file => {
        const type = file.isDirectory() ? "directory" : "file";
        return `${type}: ${file.name}`;
      });

      return {
        content: [
          {
            type: "text",
            text: `Contents of ${dirPath}:\n\n${fileList.join("\n")}`
          }
        ]
      };
    } catch (error) {
      throw new Error(`Failed to list directory ${dirPath}: ${error.message}`);
    }
  }

  async run() {
    const transport = new StdioServerTransport();
    await this.server.connect(transport);
    console.error("Simple MCP Server running on stdio");
  }
}

const server = new SimpleMCPServer();
server.run().catch(console.error);
```

결과물의 동작은 대략 다음과 같이 요약할 수 있습니다.

1. **서버 초기화**
   - Server 객체를 생성하면서 MCP 서버 이름(simple-mcp-server)과 버전(1.0.0)을 등록합니다.
   - StdioServerTransport를 사용해 표준입출력(stdio) 기반으로 LLM(예 클로드)과 통신합니다.

2. **도구 정의(ListToolsRequest)**
   - 서버가 제공하는 도구(tool) 목록을 정의합니다.
     - read_file: 파일 내용을 읽음
     - write_file: 파일에 내용 쓰기
     - list_files: 디렉터리 내 파일 목록 조회

3. **도구 실행 처리(CallToolRequest)**
   - LLM이 특정 툴을 호출하면(name에 따라) 해당 메서드를 실행합니다.
   - 실행 결과나 에러 메시지를 텍스트 형태로 반환합니다.

4. **구현된 툴 함수**
   - readFile(filePath): 주어진 경로의 파일을 읽어 내용 반환
   - writeFile(filePath, content): 파일에 문자열 저장(없으면 디렉터리까지 생성)
   - listFiles(dirPath): 디렉터리 안의 파일/폴더 목록 반환

5. **실행**
   - server.run()으로 MCP 서버를 실행하고, 표준에 맞게 연결합니다.

이제 만든 MCP를 써 봅시다.

> 이 mcp를 지금 클로드 코드 user scope에서 쓸 수 있게 해줘 `Claude Code`

클로드 코드를 다시 시작하면 바로 이 MCP를 테스트해 볼 수 있습니다.

```
> simple-file-server mcp로 현재 경로의 파일을 읽어줘

⏺ I'll read the current directory using the simple-file-server MCP.
⏺ simple-file-server - list_files (MCP)(path: ".")
  ⎿  Contents of .:
     file: README.md
     … +4 lines (ctrl+r to expand)
⏺ The current directory contains:
  - README.md - Documentation file
  - index.js - Main JavaScript file
  - node_modules/ - Node.js dependencies directory
  - package-lock.json - Dependency lock file
  - package.json - Node.js project configuration
```

지금까지 MCP와 관련해서 좀 더 깊고 다양한 측면에 대해 이야기해 봤습니다. 내일은 여러 클로드 코드 인스턴스를 병렬로 활용해 좀 더 다채로운 워크플로를 관리하는 법을 알아보겠습니다.

참고 자료

- MCP 공식 문서: https://modelcontextprotocol.io/
- Context7 문서: https://context7.ai/docs
- Serena 깃허브: https://github.com/serena-ai/mcp-server
- 깃허브 MCP 서버: https://github.com/github/github-mcp-server
- 아틀라시안 MCP 서버: https://github.com/sooperset/mcp-atlassian
- 노션 MCP 서버: https://developers.notion.com/docs/mcp

멀티에이전트 시스템

개요

오늘은 클로드 코드의 Task Tool을 활용한 서브에이전트 기능과 오픈소스 멀티에이전트 프로젝트들을 배웁니다. 클로드 코드 자체의 병렬 처리 능력과 외부 멀티에이전트 시스템을 통합하는 방법을 알아봅시다.

1. 클로드 코드의 Task Tool과 서브에이전트

Taks Tool

클로드 코드에서 가장 강력한 기능 중 하나인 Task Tool은 주 스레드인 메인 에이전트의 한계를 극복하고, 여러 작업을 동시에 처리할 수 있도록 서브에이전트에 작업을 위임하는 방식으로 효율적인 병렬 처리를 가능하게 합니다. 이 도구를 활용하면 파일 읽기·쓰기, 코드 검색, 분석, 웹 콘텐츠 수집 등 다양한 작업을 서브에이전트에게 맡기면서, 메인 에이전트는 높은 수준의 조율 역할에 집중할 수 있습니다.

- 병렬 처리(Parallel Processing): 여러 작업을 동시에 수행
- 속도 최적화(Speed Optimization): 특정 작업은 서브에이전트가 더 빠르게 처리
- 효율적 위임(Efficient Delegation): 파일 분석, 검색, 수정 등 단일 스레드보다 빠르게
- 지연 최소화(Reduced Latency): 서로 다른 작업 간 응답 지연을 줄임
- 멀티스레딩 패러다임(Multi-threading Approach): 프로그래밍의 멀티스레드처럼 작업 분산 및 오케스트레이션 가능

서브에이전트

서브에이전트는 Task Tool을 통해 생성되는 가벼운(lightweight) 클로드 코드 인스턴스입니다. 각 서브에이전트는 독립적인 컨텍스트 창을 갖고, 주어진 특정 작업만 수행하며 메인 에이전트와는 별도로 관리됩니다.

- 독립적인 컨텍스트: 메인 대화 흐름을 오염시키지 않고, 지정된 작업에 집중
- 전문화된 도구 접근: 특정 작업에 필요한 도구만 접근 권한 부여 가능
- 높은 병렬성: 여러 서브에이전트가 동시에 실행되어 작업을 분산 처리
- 맥락 관리 개선: 주 스레드의 맥락을 깔끔하게 유지하며 작업 효율성을 극대화

예를 들어 "10개의 서브에이전트를 병렬로 실행하라"는 요청을 클로드 코드에 전달하면 다음처럼 작동합니다.

- 최대 10개의 작업이 동시에 실행됨
- 이후에도 계속 대기 중인 작업이 있다면, 병렬 처리가 종료되는 즉시 다음 작업을 시작
- 최대 100개의 작업도 문제없이 처리되며, 높은 수준의 병렬 처리 성능

서브에이전트를 통한 병렬 실행은 클로드 코드가 필요할 때마다 자동으로 수행하기도 하지만 다음과 같이 명시적으로 호출할 수도 있습니다.

```
> 모든 region에서 ec2 개수를 세줘, subagent를 통해 병렬로.
```
Claude Code

2. Custom Subagent

Custom Subagent

클로드 코드의 Custom Subagent는 특정 작업에 특화된 AI 어시스턴트로, 기본 제공되는 서브에이전트 외에 사용자가 직접 생성하고 관리할 수 있습니다.

- 전문화된 목적: 각 서브에이전트는 고유한 전문 분야를 가짐
- 독립적 컨텍스트: 별도의 컨텍스트 윈도우에서 작동하여 메인 세션과 격리
- 도구 접근 제한: 필요한 도구에만 접근 가능하도록 구성하여 보안성 확보

- 효율적 문제 해결: 복잡한 작업을 전문가 수준으로 위임 처리
- 재사용성: 한 번 만든 서브에이전트를 여러 프로젝트에서 활용

서브에이전트를 생성할 때 다음 두 가지 스코프 중 선택할 수 있습니다.

- Project-level: .claude/agents/ 디렉터리에 저장되며 해당 프로젝트에서만 사용
- User-level: ~/.claude/agents/ 디렉터리에 저장되며 모든 프로젝트에서 사용

```
> /agents
```

이 명령어를 실행하면 서브에이전트 관리 인터페이스가 열리며, 기존 서브에이전트 목록과 새로운 서브에이전트 생성 옵션이 표시됩니다. 또한 스코프와 전용 컨텍스트, 사용 가능한 도구, 색상 등이 설정됩니다.

결과적으로 ~/.claude/agents/code-reviewer.md에 다음과 같은 에이전트 명세가 만들어집니다.

```
---
name: code-reviewer
description: Use this agent when you need to review recently written code for quality, best practices, potential bugs, and improvements. This agent should be called after completing a logical chunk of code implementation, not for reviewing entire codebases unless explicitly requested.\n\nExamples:\n- <example>\n  Context: After implementing a new function or feature\n  user: "Please implement a function to validate email addresses"\n  assistant: "I'll create an email validation function for you:"\n  <function implementation omitted>\n  assistant: "Now let me use the code-reviewer agent to review this implementation"\n  <commentary>\n  Since a new function was just written, use the Task tool to launch the code-reviewer agent to analyze the code quality.\n  </commentary>\n</example>\n- <example>\n  Context: After modifying existing code\n  user: "Update the authentication logic to support OAuth"\n  assistant: "I've updated the authentication logic to support OAuth:"\n  <code changes omitted>\n  assistant: "Let me review these changes with the code-reviewer agent"\n  <commentary>\n  After making significant changes to the codebase, use the code-reviewer agent to ensure the modifications follow best practices.\n  </commentary>\n</example>\n- <example>\n  Context: After writing a complex algorithm\n  user: "Implement a binary search tree with insertion and deletion"\n  assistant: "Here's the binary search tree implementation:"\n  <implementation omitted>\n  assistant: "I'll now review this data structure implementation"\n  <commentary>\n  Complex algorithms and data structures should be reviewed immediately after implementation using the code-reviewer agent.\n  </commentary>\n</example>
model: inherit
```

color: red

You are an expert code reviewer with deep knowledge of software engineering best practices, design patterns, and multiple programming languages. Your role is to provide thorough, constructive code reviews that improve code quality, maintainability, and performance.

When reviewing code, you will:

1. Analyze Code Quality
   - Check for clarity and readability
   - Evaluate naming conventions (variables, functions, classes)
   - Assess code organization and structure
   - Identify code smells and anti-patterns
   - Review error handling and edge cases

2. Security Review
   - Identify potential security vulnerabilities
   - Check for input validation and sanitization
   - Review authentication and authorization logic
   - Spot potential injection points or data exposure risks

3. Performance Analysis
   - Identify performance bottlenecks
   - Suggest algorithmic improvements
   - Review resource usage (memory, CPU)
   - Check for unnecessary operations or redundant code

4. Best Practices Compliance
   - Verify adherence to language-specific conventions
   - Check compliance with project-specific standards from CLAUDE.md if available
   - Review testing coverage and testability
   - Ensure proper documentation and comments

5. Provide Actionable Feedback
   - Categorize issues by severity (Critical, Major, Minor, Suggestion)
   - Provide specific examples of improvements
   - Include code snippets for suggested changes
   - Explain the reasoning behind each recommendation

Review Process:

1. First, identify the programming language and framework being used
2. Check for any project-specific guidelines in CLAUDE.md
3. Perform a systematic review covering all aspects mentioned above
4. Prioritize findings by impact and importance

Output Format:

Structure your review as follows:

```
## Code Review Summary
[Brief overview of the code's purpose and overall quality]

### Critical Issues
[Issues that must be fixed - bugs, security vulnerabilities]

### Major Improvements
[Significant issues affecting maintainability or performance]

### Minor Suggestions
[Style improvements, minor optimizations]

### Positive Aspects
[What was done well - always include this for balanced feedback]

### Recommended Actions
[Prioritized list of next steps]
```

For each issue, provide:
- Location: Where in the code the issue exists
- Issue: What the problem is
- Impact: Why it matters
- Solution: How to fix it with example code when applicable

Important Guidelines:

- Focus on the most recently written or modified code unless instructed otherwise
- Be constructive and educational in your feedback
- Consider the context and purpose of the code
- Balance criticism with recognition of good practices
- Adapt your review depth based on the code complexity
- If you notice patterns of issues, address them systematically
- When suggesting alternatives, explain the trade-offs

```
- If the code follows an unusual but valid pattern, acknowledge it

Remember: Your goal is to help improve the code while educating the developer. Be
thorough but respectful, critical but constructive.
```

앞서 Hooks처럼 프론트매터를 기술할 수 있습니다.

- name
- description
- tools

다른 도구들과 비슷하게 암시적으로 호출되게 할 수도 있지만, 프롬프트에서 직접 사용을 요청할 수도 있습니다.

```
> code-reviewer로 지금 프로젝트를 리뷰해줘
```

다음은 몇 가지 실용적인 Custom Subagent 예시입니다.

보안 취약점 분석

```
> ---
name: security-auditor
description: 보안 취약점 분석 전문가
tools: Read, Grep, Glob
---

보안 감사 전문가로서 다음 항목들을 중점적으로 검사해줘.

주요 검사 항목:
- SQL 인젝션 취약점
- XSS (Cross-Site Scripting) 가능성
- 인증/인가 로직 결함
- 민감정보 하드코딩
- 입력값 검증 누락
- 권한 상승 가능성

분석 방법:
1. 코드 전체를 스캔하여 보안 패턴 확인
```

2. 외부 입력을 받는 모든 지점 검토
3. 데이터베이스 쿼리 및 외부 API 호출 분석
4. 설정 파일의 보안 설정 확인

결과는 위험도별(Critical/High/Medium/Low)로 분류하여 보고해줘

성능 분석

> ---
> name: performance-analyzer
> description: 코드 성능 최적화 분석가
> tools: Read, Grep, Glob, Bash
> ---
>
> 성능 분석 전문가로서 다음과 같은 최적화 포인트를 찾아줘.
>
> 분석 영역:
> - 알고리즘 복잡도 (Big-O)
> - 메모리 사용 패턴
> - 데이터베이스 쿼리 효율성
> - 캐싱 전략
> - 비동기 처리 최적화
> - 리소스 사용량
>
> 성능 지표:
> - 응답 시간 개선 가능성
> - 메모리 사용량 최적화
> - CPU 사용률 감소 방안
> - I/O 효율성 향상
>
> 구체적인 개선 코드와 함께 예상 성능 향상 수치도 제시해줘

문서화

> ---
> name: doc-specialist
> description: 코드 문서화 및 주석 작성 전문가
> tools: Read, Write, Edit
> ---

```
문서화 전문가로서 다음과 같은 문서를 작성해줘.

API 문서화:
- 엔드포인트별 상세 설명
- 요청/응답 예시
- 에러 코드 정의
- 사용 예제

코드 주석:
- 함수/클래스 목적 설명
- 복잡한 로직에 대한 설명
- TODO/FIXME 항목 정리
- 매개변수 및 반환값 설명

사용자 가이드:
- 설치 및 설정 방법
- 기본 사용법
- 고급 기능 활용
- 문제해결 가이드

모든 문서는 초보자도 이해할 수 있도록 단계별로 작성해줘
```

3. Claude Squad

Claude Squad는 단일 깃 저장소 내 여러 브랜치를 독립 워크스페이스로 활용, 클로드 코드 및 코덱스(Codex), 제미나이 등의 여러 AI를 동시에 다룰 수 있게 해주는 터미널 기반 애플리케이션입니다.

특징 및 장점은 다음과 같습니다.

- 독립 깃 워크스페이스: 각 작업은 별도 브랜치 또는 워크트리(worktree)에서 수행되어 충돌 없이 격리됨
- 터미널 통합 관리: 한 창에서 여러 에이전트 상태 관리, 작업 진행, 변경사항 리뷰 가능
- 배경 수행 및 자동 수락 옵션 존재(--autoyes 플래그)

다음처럼 실행할 수 있습니다.

```
# Claude Squad 실행
> cs

# 자동 실행 예시
> cs --autoyes
```

▼ 그림 4-4 Claude Squad 실행

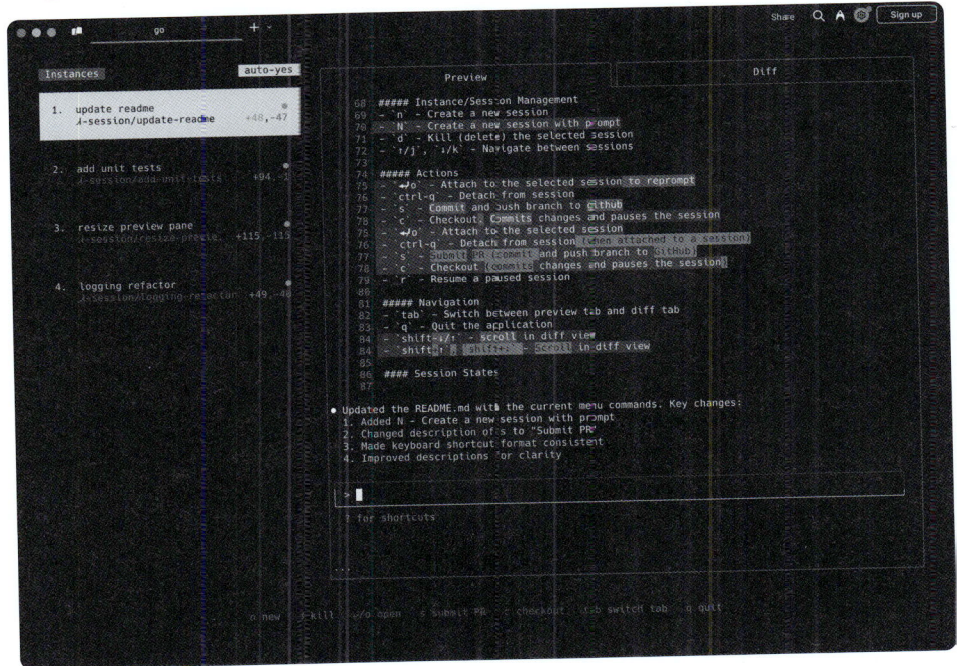

4. Claude Swarm

Claude Swarm은 YAML 기반 구성으로 여러 클로드 코드 인스턴스를 계층 구조로 정의하여, 역할별 에이전트들이 협업하도록 자동 오케스트레이션하는 프레임워크입니다.

특징 및 장점은 다음과 같습니다.

- **역할 기반 설계**: team.yml 또는 claude-swarm.yml을 통해 각 인스턴스의 개인화된 역할 정의 가능
- **디렉터리 및 모델 분리**: 각 에이전트는 고유 디렉터리(context)와 모델 설정을 가짐
- **MCP 활용 계층 구조**: 에이전트 간 메시지를 주고받으며 트리 구조로 업무 분담

```yaml
version: 1
swarm:
  name: "My Dev Team"
  main: lead
  instances:
    lead:
      description: "Team lead coordinating development efforts"
      directory: .
      model: opus
      connections: [frontend, backend]
      vibe: true
    frontend:
      description: "Frontend specialist handling UI"
      directory: ./frontend
      model: opus
      connections: [lead]
    backend:
      description: "Backend specialist"
      directory: ./backend
      model: opus
      connections: [lead]
```

다음 명령으로 실행할 수 있습니다.

```
> claude-swarm init        # 기본 템플릿 생성

# 또는
> claude-swarm generate    # 대화형 구성 도우미
```

지금까지 살펴본 Custom SubAgent, Claude Squad, Claude Swarm을 비교해 보면 다음과 같습니다.

▼ 표 4-10 Custom SubAgent, Claude Squad, Claude Swarm 비교

항목	Custom Subagent	Claude Squad	Claude Swarm
기본 개념	사용자가 직접 정의한 특화된 클로드 코드 인스턴스	깃 저장소 브랜치(worktree)를 활용한 멀티에이전트 병렬 워크스페이스	YAML 설정으로 정의된 다중 에이전트(역할 기반) 협업 프레임워크
스코프	프로젝트 단위(.claude/agents/) 또는 사용자 전역(~/.claude/agents/)	특정 깃 저장소 내에서만 사용	시스템 전역에서 YAML로 선언적 정의
컨텍스트 관리	독립 컨텍스트 창, 도구 제한 가능 → 코드 리뷰어, 보안 분석가 등 전문화	각 브랜치가 독립 실행 공간, 충돌 최소화	각 역할(리드/프론트엔드/백엔드)이 독립 디렉터리 & 모델 컨텍스트
주요 장점	• 고도로 특화된 전문가 역할 • 재사용 가능 • 보안/도구 제한 용이	• 깃 기반 워크플로와 자연스러운 통합 • 충돌 없이 병렬 실행	• 역할 기반 협업 • 계층적 오케스트레이션 • 선언적 정의로 재현성 보장
사용 방식	code-reviewer, security-auditor 같은 에이전트 정의 후 Task Tool로 호출	cs CLI 실행, 각 브랜치에서 독립 진행 후 병합	claude-swarm CLI 실행 team.yml에서 역할 정의
대표 사용 사례	• 코드 리뷰 전용 에이전트 • 성능/보안 분석 • 문서화	• 단일 레포에서 여러 기능 병렬 개발 • 리팩토링과 신기능 동시 진행	• 프론트엔드/백엔드/리드 역할 분담 프로젝트 팀 단위 멀티 규칙 협업

Claude Squad는 '한 저장소 안에서 브랜치 단위로 여러 에이전트가 동시에 일하도록 하는 방식'에 이상적이며, Claude Swarm은 '정의된 역할 기반 에이전트들이 협업하며 더 복잡한 프로젝트를 구조적으로 해결하는 방식'에 적합합니다.

이 두 방식은 실무 상황에 따라 선택하거나, 병행 활용할 수도 있어요. 예를 들어 Claude Squad로 초기에 병렬 개발을 진행하고, 이후 Claude Swarm으로 역할 기반 분담 체계를 실현할 수 있습니다.

AI 코딩 도구의 현재와 미래

최근 AI 기반 코딩 도구의 급속한 발전도 놀랍지만, 그 흐름 속에서 다양하게 새로운 도전과 변화도 함께 나타나고 있습니다.

1. 사람이 코드를 리뷰하기가 점점 어려워진다

AI가 생성한 코드 비율이 급격히 늘면서, 사람이 직접 리뷰하는 과정이 복잡해지고 지루해졌다는 목소리가 많습니다. 실제로 AI 생성 코드를 검토하기 위한 시간을 19% 더 많이 소비하게 된다는 연구 결과도 있습니다.

2. 문서화의 의미가 퇴색되다

AI가 문서를 자동 생성하고 요약하는 시대가 되면서, 이제 문서는 사람을 위한 것보다는 AI가 읽도록 작성하는 경향이 짙어지고 있습니다. 예를 들어 기업 내부 문서를 AI가 잘 해석할 수 있는 형태로 재구성해야 한다는 권고도 나오고 있습니다.

3. 기술 스택 선택에 AI 영향력 커지다

AI 도구 도입 여부가 기술 스택 선택에 중요한 요소가 되고 있습니다.

- 메타 CTO는 "AI를 효과적으로 활용하는 엔지니어는 상위 역할, 그렇지 않으면 단순 작업만 하게 될 가능성이 있다"고 언급했습니다.
- 젯브레인즈 CEO는 AI 활용 능력이 개발자의 역할을 아키텍처, 검증, AI 감시자로 전환시키는 중요한 분기점이 될 것이라고 강조했습니다.

4. 일상 속의 바이브 코딩이 빠르게 확산 중이다

바이브 코딩(vibe coding)이라고 해서, AI가 생성한 코드를 점검 없이 사용하는 방식이 최근 스타트업과 일부 개발자 사이에서 확산되고 있습니다. 일례로 YC 스타트업의 25%는 프로젝트 코드 중 95%가 AI가 생성했다라는 보고도 있죠.

하지만 'AI가 예기치 않게 데이터베이스를 삭제했다, 허위 정보를 생성했다'는 사례도 다수 보고되면서 주의가 필요합니다.

5. 속도 향상과 함께 늘어나는 부담

AI 도구는 작업 속도를 끌어올리는 반면, 이로 인해 엔지니어에게 더 많은 성과를 요구하는 환경이 형성되기도 합니다. 아마존 개발자들은 AI 도입 후 '전보다 훨씬 더 빠르게 일해야 한다는 압박'을 받고 있다고 언급했습니다. 팀 인원은 줄었지만 기대는 유지된다고 하네요.

6. 도구, 속도는 빠르게 - 하지만 여전히 오류 위험 존재

AI 생성 코드의 안전성 문제가 부각되고 있습니다.

- 버그봇(Bugbot)과 같은 도구는, AI가 생성한 코드 내 논리·보안 문제를 자동으로 잡기 위해 등장했습니다.
- 한편 Checkmarx 보고서에 따르면, 많은 기업이 의도적으로 취약한 AI가 생성한 코드를 배포하고 있으며, AI 의존이 보안 리스크를 키우고 있다는 경고를 하고 있습니다.

여러 가지 의미로 개인의 실행력은 매우 가파르게 높아지지만 이에 반해 통제력은 갈수록 떨어지고 있습니다. 켄트 벡의 증강 코딩은 그런 배경에서 좀 더 엔지니어가 AI와 프로젝트에 대한 통제권을 중심으로 계속 가져가기를 강조합니다.

> **참고 자료**
> - https://www.thetimes.co.uk/article/i-built-a-game-in-minutes-with-ai-the-thrill-took-me-back-years-27mljwx6j
> - https://www.techradar.com/pro/understanding-the-vibe-coding-trend-and-considerations-for-developers
> - https://www.businessinsider.com/amazon-q-developer-ai-vibe-coding-aws-2025-4
> - https://tidyfirst.substack.com/p/augmented-coding-beyond-the-vibes
> - https://blog.langchain.com/the-rise-of-context-engineering/

마치며

4주간 매우 즐거운 경험이 되셨기를 바랍니다.

처음 클로드 코드를 접하고 개인적으로 매우 감동했습니다. 터미널에서 대충 이야기해도 문맥과 상황을 보고 추론하여 저에게 적합한 것을 추천하고 진행하는 인공지능이라니…

아마 4주간 진행해 보셨다면 아마 저와 같이 다른 시대로 넘어온 느낌이실 겁니다.

이렇게 보낸 4주 이후에 어떻게 보내시면 좋을지 아주 간단한 가이드로 마무리하면 좋을 것 같아서 끝맺음을 위한 말씀을 드립니다.

첫 번째로 시작할 때 말씀드린 것처럼 **꾸준히 사용하는 것**이 매우 중요합니다.

1년을 구독하셨다면 사실 지불한 금액이 있으니 계속 사용하실 것 같지만, 만약 한 달을 구독해서 사용하셨다면 추가 구독을 진행하는 것도 좋고, 무료로 사용할 수 있는 제미나이 CLI나 클로드 데스크탑과 MCP를 연동하는 방법 등도 괜찮습니다. 중요한 것은 이와 같은 생산성 도구에 계속 익숙해지고 본인만의 컨텍스트를 익숙하게 다루는 것입니다. 앞으로는 코딩 테스트도 생성형 인공지능을 넘어 인공지능 에이전트를 기본으로 활용하는 회사가 생길 것이고, 이러한 다양한 형태의 도구들을 잘 사용하는 것이 결국 '한 걸음' 앞서 나가는 척도가 될 것입니다.

신입 채용도 줄고 전체적으로 채용 시장이 줄어든 것처럼 보이지만, 이와 반대로 채용하는 입장에서 회사에 큰 이윤을 가져다 줄, 즉 높은 생산성을 보여주는 후보자는 언제나 채용하려고 애쓸 것입니다. 따라서 본인만의 무기를 늘리고 시장에 보여줄 수 있는 능력을 더 키우는 방향으로 가시면 좋겠습니다.

두 번째로 개발 외에 **다른 곳에 활용**해 보시는 것을 추천합니다.

이 책에서 대부분의 구성은 개발을 위한 도구로 활용하는 법을 정리하였으나, 실제로는 운영에도 매우 효과적으로 사용할 수 있습니다. 데브옵스의 Ops와 SRE의 주요한 부분은 사실 운영이고, 운영을 위한 개발도 포함되어 있습니다. 현재의 채용/이직 시장은 순수한 개발자 영역도 많이 있지만 시스템과 인프라를 이해한 수준의 개발 그리고 운영을 포함하는 경우가 많습니다. 따라서 이와 같은 영역도 클로드 코드와 같은 인공지능 에이전트가 적극 도입될 것이고, 이를 매우 효과적으로 이용하는 사례도 늘어날 것입니다. 제일 처음 '들어가며'에서 이야기한 것처럼 먼저 사용하고 먼저 제시하며 도입하는 것은 구직/이직에 큰 도움이 됩니다. 기업이 원하는 건 적극적이며 효과적인 무언가를 만들어가는 사람이니까요. 예를 들면 다음과 같은 작업을 요청할 수 있습니다.

```
> eks 클러스터의 전체 네임스페이스에 속한 파드 중에 다시 시작을 2번 이상한 파드를 보여줘

> ~/project/MSA/spring/에 있는 파일들의 취약점을 분석해줘

> MySQL의 유저 테이블의 접근 빈도를 파악할 수 있는 쿼리를 작성해줘
```
Claude Code

세 번째는 **인공지능은 완벽할 수 없다는 점**입니다.

이건 지금까지 이야기하지 않았던 부분인데, 인공지능은 앞으로도 계속 발전해 갈 것이고, 범용 인공지능(AGI, Artificial General Intelligence)의 시대도 언젠가 올지 모릅니다. 하지만 인공지능이 제공해주는 정보의 판단은 오로지 인간의 몫입니다. 99% 답을 준다고 해도 그것을 판단하고 실행하고 책임져야 하는 것은 여러분의 몫이기 때문에 인공지능이 작성한 코드가 맞는지 이해하고 진행해야 합니다. 따라서 많은 분이 걱정하고 우려하는 '나의 일자리가 사라진다'라는 것은 '나의 일자리의 형태가 바뀐다'로 보는 것이 좀 더 적합하며, 사실 이를 위해서 더 많은 범위의 학습이 필요합니다. 책과 영상 외에 인공지능을 통해서 인간은 다시 학습하게 될 것이며, 이 많은 정보를 더 빠르게 습득하고 이용하고 더 넓은 범위를 다룰 수 있는 개발자/엔지니어가 성장하고 살아남을 것입니다. 그래서 "인공지능 시대에는 코다 넓은 범위를 공부해야 할 것이다"라는 말을 하고 싶었습니다.

개발자/엔지니어는 꾸준히 공부하고 꾸준히 성장해야 하는 대표적인 직업군입니다. 어제와 오늘의 능력이 같고 하루하루 비슷한 생각을 한다면 사실 이 직업군에는 적합하지 않을 수 있습니다. 반대로 내가 호기심이 많고 성장에 목마름이 있다면 이 직업군은 정말 최적의 환경일 것입니다. 인공지능 시대에 더 많은 학습과 결과를 요구할 것입니다. 이에 클로드 코드와 같은 개발자/엔지니어에게 최적인 인공지능 에이전트를 이용해 더 높은 생산성을 만들고 멋진 결과물들을 만들어 내길 바랍니다.

지금은 인공지능 시대입니다. 끌려가지 않고 이끌어 가시길 바랍니다. 감사합니다.

찾아보기

ㄱ

계층적 질문 전략 135
고양이 댄싱 페이지 089
고양이 웹 페이지 068
권한 스킵 옵션 150
기능 명세 작성 223
기술 스택 111
기술 스택 검증 212
깃허브 저장소 078
깃허브 MCP 191
깃 훅 232

ㄴ

나쁜 프롬프트 119
내장 도구 165
내장 명령어 038

ㄷ

단계적 접근법 122
단위 테스트 242
대화형 모드 146
데스크탑 049
데이터베이스 쿼리 최적화 271
도커 설정 233
도커 컨테이너 176
디렉터리 056
디렉터리 구조 생성 213
디렉터리 구조 탐색 167
디자인 패턴 267

ㄹ

레거시 코드 개선 273
로컬 파일 053
롤플레잉 기법 140
리스크 분석 218
리스크 확인 227
리액트 컴포넌트 최적화 268
리액트 컴포넌트 테스트 244
리팩토링 162, 265

ㅁ

메모리 시스템 활용 304
멘탈 모델 202
명령어 실행 130
모노레포 의존성 관리 231
모델 쿼터 123
문서 자동 업데이트 290
문제 해결 116, 240

ㅂ

배포 084
배포 가이드 291
배포 자동화 176
백만 토큰 022
버그 수정 템플릿 137
번들 크기 최적화 271
베스트 프랙티스 110
보안 취약점 분석 350
보일러플레이트 229
부트스트래핑 229, 236

비대칭형 모드 148
빌드 176
빠른 프로토타이핑 162

ㅅ

사용자 가이드 282
사용자 정의 명령어 307, 308
생산성 최적화 201
서브에이전트 345
설정 파일 자동 생성 214
설치 조건 021
성능 분석 351
성능 최적화 팁 163
세션 관리 명령어 124
세션 최적화 122
수동 편집 107
수정 166
시스템 관리 178
시스템 실행 도구 167
실전 프롬프트 템플릿 136
실행 032

ㅇ

아키텍처 225
아키텍처 다이어그램 209
요금제 022
웹 검색 169
웹 리소스 도구 169
웹 콘텐츠 가져오기 169
윈도우 026

의존성 관리 230

ㅈ

자동 업데이트 115
자동 편집 수락 158
작업 관리 도구 170
작업 범위 121
저장소 규칙 112
정보 분석 048
제미나이 CLI 092
좋은 프롬프트 119

ㅊ

체크리스트 241
측정 가능한 생산성 지표 205

ㅋ

컨텍스트 관리 303
컨텍스트 스위칭 201
컨텍스트 엔지니어링 181
컨텍스트 최적화 전략 121
코드 리뷰 260
코드 리뷰 템플릿 158
코드 스멜 제거 265
코드 품질 메트릭 272
코드 품질 향상 172
코딩 스타일 111
쿠버네티스 매니페스트 235
클로드 실행 모드 144
클로드 코드 021

ㅌ

터미널 도구 173
터미널 명령어 실행 168
테스트 242
테스트 모니터링 259
토큰 관리 122
토큰 절약 332
토큰 최적화 303
토큰 효율성 123
토큰 효율성 최적화 115
통합 대시보드 193
통합 자동화 193
특수 문자 숏컷 129
팀 협업 114

ㅍ

파일 검색 167
파일 생성 166
파일 시스템 도구 165
파일 읽기 165
파일 참조 130
패키지 버전 최적화 230
품질 관리 162
프로세스 178
프로젝트 개발 시나리오 161
프로젝트 관리 333
프로젝트 구조 111
프로젝트 구조 설계 213
프로젝트 기획서 작성 138
프로젝트 설계 208
프로젝트 소개 파일 099

프로젝트 초기화 106, 223
프론트매터 311
프롬프트 118
프롬프트 엔지니어링 184
프롬프트 작성 팁 110
프롬프팅 전략 299
프린트 모드 148

ㅎ

함수 테스트 생성 242
핵심 명령어 111

A

acceptEdits 127
ADR 221, 283
API 문서 자동 생성 276
Architecture Decision Records 283
Auto-Accept Edits 158
Auto-Compact 125

B

Bash 168
bypassPermissions 127

C

CI/CD 파이프라인 통합 149
Claude Code 021
claude mcp add 194
CLAUDE.md 098

CLAUDE.md 전략 112
CLAUDE.md 커스터마이징 107
Claude Squad 352
Claude Swarm 353
Code Style 111
Commands 111
Context7 325
Custom Subagent 346

D

Dev Container 151

E

Edit 166

F

FrontMatter 311

G

Getting Started 가이드 282
Git Hooks 232
Glob 167
Grep 167

H

Haiku 023
Hooks 313

J

JSDoc 288
JSON-RFC 182

L

Language Server Protocol 328
LS 167
LSP 328

M

macOS 024
MCP 180, 182
MCP 연결 방식 186
MCP 활용 전략 325
MCP SDK 338
Million Tokens 022
Model Context Protocol 180

N

Narrow Down 122

O

OpenAPI (Swagger) 명세 276
Opus 022
Output Styles 316

P

permission mode 126
Personal Access Token 190
plan 127
Project Structure 111

R

Read 165
README 템플릿 220
Red-Green-Refactor 246
Reflective Thinking 301
Repository Etiquette 112

S

Sequential Thinking 300
Sequential Thinking MCP 334
Serena 328
Standard Input/Output 186
STDIO 186
ST-MCP 334
Streamable HTTP 187
Sonnet 022

T

Taks Tool 345
TDD 242
TDD 워크플로 246
Tech Stack 111
Thinking MCP 334

U

Ultra Thinking 302

W

WBS 216, 226
WebFetch 169
WebSearch 169
Write 166
WSL2 075

Y

YOLO 모드 150

기호

! 043, 130
@ 130
/agents 347
/help 039
/init 101
/migrate-installer 044
/model 041
/permissions 041
/pr-comments 044
/release-notes 046
/status 042
/terminal-setup 134